科技论文写作基础

赵 鸣 丁 燕 著

科 学 出 版 社

北 京

内 容 简 介

本书在明确给出科技论文各部分主要内容、结构和写作具体要求的同时，力求将这些要求产生的各种原因解释清楚，做到“授之以渔”。本书内容分为十一章，主要对引言、研究方法、结果的写法，如何进行讨论，结论的归纳与总结，摘要、参考文献的录入，科技论文编辑实用技巧等方面进行说明。

本书可作为高等学校本、专科生及研究生的教材用书，也可作为高等学校、研究所的教师及科研人员，以及企事业单位科研技术人员的参考用书。

图书在版编目（CIP）数据

科技论文写作基础 / 赵鸣，丁燕著．—北京：科学出版社，2014

ISBN 978-7-03-041545-5

Ⅰ．①科… Ⅱ．①赵… ②丁… Ⅲ．①科学技术—论文—写作 Ⅳ．① H152.3

中国版本图书馆 CIP 数据核字（2014）第 177464 号

责任编辑：滕　云 / 责任校对：桂伟利

责任印制：张　伟 / 封面设计：华路天然工作室

科学出版社出版

北京东黄城根北街 16 号

邮政编码：100717

http://www.sciencep.com

北京虎彩文化传播有限公司 印刷

科学出版社发行　各地新华书店经销

*

2014 年 8 月第　一　版　开本：B5（720×1000）

2024 年 1 月第十四次印刷　印张：15 3/4

字数：190 000

定价：59.00 元

（如有印装质量问题，我社负责调换）

前　言

科技论文写作已经从院校、研究机构渗入各类企事业单位。具备一定科技论文写作能力已经成为对很多领域从业人员的内在要求。然而，其中的一部分人并不清楚科技论文的结构、组成，更为重要的是不了解科技论文对各部分组成内容的“**纷繁复杂的内在要求**”。因此，科技论文写作就成为许多人“雾里看花、可遇不可求”的事情。这是本书努力尝试解决的问题。在科技论文写作方面能够真正惠及普通读者是本书写作的最终目标。

本书前言、绪论和第 1 ～ 6 章由赵鸣完成，第 7 ～ 11 章及附录一、二的整理由丁燕负责完成。赵鸣负责书稿的总成。

本书的完成离不开长久以来支持我们工作的家人们！他们给予我们的爱、理解和支持是本书顺利完成的保证。

笔者也要感谢内蒙古科技大学内蒙古自治区白云鄂博矿多金属资源综合利用科技创新团队及973课题（2012CB722802）的大力支持。相关工作给笔者带来的机遇和挑战是促成本书最终成稿的原动力之一。

笔者还要衷心感谢内蒙古科技大学宣传部的黄丽媛。她在百忙之中抽出宝贵时间通读了本书的初稿，修改了其中的许多文字性错误，并提出了许多宝贵的意见。

本书同时得到内蒙古科技大学 2013 年教材立项建设专项基金的支持，在此特别表示感谢。

由于水平有限，书中难免有不足之处。欢迎广大读者批评指正。最后，衷心地希望读者朋友们能在本书的基础上博采众长，真正成为科技论文写作方面的行家里手，并在写作过程中享受写作带来的乐趣！

赵　鸣　丁　燕

2013 年 8 月于鹿城

前言

目　　录

绪　　论

为什么要写这本书

对一流成果的追求是贯穿所有科学研究的永恒之“道”，它值得所有科研人员穷尽毕生精力为之奋斗。同时，一流的科学研究成果永远是科技论文的核心，也是科技论文的基础。任何试图舍弃或跨越坚实的科学研究基础来写出好科技论文的方法均是“舍本逐末”、不切实际的想法。

科技论文本身是科学研究的有机组成。所有科技人员，需要通过阅读科技论文从中吸取已有成果中的经验和教训，从而让自己能够“站在巨人的肩膀上”开始自己的研究。获得了一流成果后，科技人员还需通过撰写科技论文来向同行公布自己的研究成果，使同行可以在自己的研究成果基础上进一步向前发展。因此，科技论文的发表也因此可以推动整个相关领域的发展。科技论文与科学研究就成为一个相互紧密联系又相互促进的整体。

科技论文的撰写对于所有与科技相关的人员来讲都十分重要。这里所说的与科技相关的人员包括：各类院校中的老师、科研院所的专职研究人员、企事业单位中的技术人员等。在中国的高等教育体制下，硕士生和博士生在答辩前也需要发表正式期刊论文。论文发表经历也是国外学校、导师评价学生入学申请的重要依据。此外，科技论文也是科研工作者赢得同行的认可，并以此为基础确立在所涉及研究领域内的地位的基础之一。当然，科技论文还是科技工作者年终考核、基金申请和职称晋升时的重要基础条件之一。

事实上，撰写科技论文还是科技工作者的义务。科技论文是科学研究成果得以延续和传承的重要媒介之一。为此，一个科技工作者就必须在日常的科学研究实践中积累足够的科技论文写作理论与实践经验，并将它们传授给后辈。科学研究成果也会因此而更好地被传承。

总而言之，科技论文写作是科技研究本身的必要组成部分。2011年，David Lindsay[1]在其撰写的一部科技论文写作指导书卷首写道“…regardless of the field，work must be written before it can be considered complete…”。这段话的直译是“不管在什么领域，研究工作在成文（发表的科技论文）之前就没有结束”。对这一段英文稍加意译，就成了“**论文不发，研究不止**”。科技论文写作对于研究人员及其研究本身的重要性由此也可见一斑。

基于上述原因，每一位科技人员都需要切实提高自己的科技论文写作能力。要想达到这一目的，学习一定的理论十分必要。因此，国外一些大学和研究所会为青年科研工作者、博士研究生、硕士研究生和本科生开设专门的科技论文写作课程。例如，美国的斯坦福大学设有专门的Writing in the Sciences课程（https://www.coursera.org/course/sciwrite）；哈佛大学甚至建立了面向全校学生开放的写作学习学院（Writing Learning College）；麻省理工学院也有研修期为一年的科技论文写作硕士点（http://sciwrite.mit.edu/）。国外也为此出版了大量的指导书。例如，早期英国剑桥大学出版的由Janice R. Matthews、John M. Bowen和Robert W. Matthews等三人共同撰写的*Successful Science Writing*（1992年）、德国的Heather Silyn-Roberts和Silyn-Roberts共同完成的*Writing for Science and Engineering: Papers，Presentations and Reports*（2002年）、美国耶鲁大学出版社出版的Robert Goldbort的*Writing for Sicence*（2006年）、英国James Hartleyr的*Academic Writing and Publishing : a Practical Guide*（2008年）、澳大利亚Margaret Cargill和Patrick O’Connor

的 *Research Articles: Strategy and Steps*（2009 年）和由英国伦敦帝国大学出版社出版的 Hilary Glasman-Deal 的 *Science Research Writing For Non-Native Speaker of English*（2010 年）。在如此丰厚的科研资源和成果积累基础上，再加上以上对科技人员论文写作能力培养的重视，使国外研究者科技论文的写作水平与论文质量均高于国内的同行。这在国内研究界已经是一个不争的事实。国外研究者在科技界顶级期刊 *Nature* 和 *Science* 发表文章的数量远高于国内同行也是对此很好的证明。

与国外在科技人员论文写作能力培养方面取得的上述斐然成绩相比，国内在这方面还任重道远。然而，即便是在国外，有统计表明在所有的科研人员中，受过专业写作训练的人仅占总人数的 5%[1]。我国在这方面的情况更糟。与国外一贯重视科技论文写作的情况不同，我国在 2000 年之前，在众多的大学和科研院所中很少有专门的科技论文写作课程或培训。此外，直至目前，学校或科研院所的老师或工程技术人员在指导自己的研究生或课题组的年轻人时，也很少专门针对科技论文写作做系统的理论指导。因此，我国的大多数科技工作者的论文写作之路均是从阅读已有文献、以典型文献为师开始，然后经过若干年的“摸爬滚打”方能参悟其中的精髓。国内研究者在科技论文写作方面的成功在很大程度上取决于个人的“悟性”。若有谁可稍获某位前辈的指点，那真是“人生之一大幸事”。

出现上述情况的原因之一是相当一部分研究者没有意识到科技论文写作与自己从事的科学研究一样，本身就是一门学问，是一门有其内在规律的学问。既然是一门学问，我们就应该像学习其他基础理论一样，通过一定的“专业理论”学习来迅速提高自己的科技论文写作水平，从而为我们省去许多在“黑暗”中独自摸索的辛苦。

国内对科技论文写作理论研究及科研人员科技论文写作能力培养

的重视在2000年前后出现了显著加强。当时，随着改革开放的日益深入和信息的交流，国内的科研工作者对国外在科技论文写作理论、实践及教学等方面的进展逐步有了更深的了解。与此同时，国内的企事业单位、大学、科研院所对科研人员在科技论文写作方面的要求也日益提高。科技论文写作也因此日益得到所有科研工作者的重视。以我国最大的知识网络服务平台“中国知网”的检索结果为例，2012年2月初，以“科技论文写作”为主题得到的检索结果为一千余条，其中2000年之后的就占整个检索结果的80%左右。2000年后，科技论文写作方面的讲座和课程开始在高等学府和科研院所中大量出现。各大学术网站中，与科技论文写作相关的经验总结、分享的网帖或博文总是能引起大量读者的反响。国内的学者也开始为此编著了专门的教材。其中，在2000年8月，高等教育出版社出版了胡庚申教授编著的面向研究生教育21世纪规划英语教材《英语论文写作与发表》。

说到上面的这部教材，还有一段小插曲可以与大家分享。笔者之一在西北工业大学攻读博士学位时，曾一度因投稿于国内外各类期刊的论文屡屡被拒而受挫。最开始，论文直接被拒稿。（编辑在E-mail中很礼貌地写道：“所投文章不适合在本刊中发表，请转投其他合适的期刊。”我当时还天真地按编辑的“意见”将自己的稿件转投他刊。结果还是直接拒稿。到后来我才知道这是因为我文章的水平太“烂”，连编辑的初审都没有通过。）由于没有什么退路，只好硬着头皮向师兄弟们讨教，自己也冥思苦想地修改自己的论文。如此反复了几次再投其他期刊后，结果虽然仍是被拒，但情况稍稍有一点好转。因为，在收到拒稿函的同时，还收到了编辑转发的外审专家评审意见。（Hallelujah！这说明文章终于通过编辑的初审，并被转送给外审专家了。）当时，一个外审专家除了从专业角度给出指导之外，还给出的一条修改意见是“要多看文献，在写作上下功夫”。（说白了，外审专家这是在告诉我文章写作水平不高。）至此，收到外审意见时的那一点小兴奋已经彻底消散。我重新被郁闷吞噬。这样的日子又过了一段时间。有一天晚饭后，在从宿舍返回实验室的路上，正好经过了学校的出版社书店。进去后，在里面发现了胡庚申老师的书。买下并在随后的几天通读了以后，顿时有“拨云见日”的感觉，精神也为之一振。按其中所述方法修改后，我有了第一篇只进行“小修改”后就被国内一级材料研究学报《无机化学》接收的论文。在这个过程中，我深深体会到了在黑暗中独自摸索的艰辛，更为重要的是体会到了从一部合适的科技论文写作书籍中获得的理论指导对提高写作水平的巨大促进作用。这也是促使我写作本书的原因之一。我也衷心地希望通过这本书，与需要和希望提高自己科技论文写作水平的朋友分享自己在科技论文写作方面的经验与教训，最终对大家有所帮助。

除了上述这部研究生教育规划教材以外，2010 年清华大学出版社出版了由《机械工程学报》副主编梁福军编著的《科技论文规范写作与编辑》；2011 年由化学工业出版社出版了由张孙玮、吕伯昇和张迅等三人共同编著的《科技论文写作入门》；2012 年 8 月，清华大学出版社出版了由李达、李玉成和李春艳等编著的《SCI 论文写作解析 :EndNote/RefViz/SPSS/Origin/Illustrator 综合教程》；2012 年 11 月，化学工业出版社也出版了由郭倩玲主编的《科技论文写作》。

毋庸置疑，这些书籍各具特色，会极大地促进我国科研工作者科技论文写作水平的提高。它们毕竟表明国人在科技论文写作能力培养和写作理论探索方面的努力与收获。然而，这些书籍仍然无法满足各专业科技工作者的需要。

由于行业、研究领域及个人背景的不同，每位科技工作者在科技论文写作培养方面的需要是千差万别的。这些需要不可能由上面有限的几部科技论文写作指导书来完全满足。此外，科技论文写作和科学研究一样，本身就是一门学问，有其内在的发展规律性。不同作者在对这个问题进行分析、总结时，会有不同的角度和方法，其最终的结果（如对科技论文写作过程内含规律性的理解、表述等可以“点醒”读者的精华性内容）也会有很大差异性；同时，受个人专业和思维习惯的影响，每一位作者在写作成书时也会有各自不同的风格与侧重点。相应的书籍在适合的读者群方面也会有一定的差异性。以上面刚提到的《英语论文写作与发表》为例，该书的作者——胡庚申老师是清华大学外语系国际交流语用学教授，在写作该书时使用的是英语。因此，该书只适合那些在英语方面已经有一定功底的读者。

众所周知，我们需要在生物领域中保持物种的多样性。这样，我们的世界才会得以延续，并变得多姿多彩。在科技论文写作理论与研究方面也应如此。在这方面，通过鼓励争论、鼓励不同的声音，可以使研究者更加清楚地认识科技论文的结构、写作的内在要求和科技论文写作的未来发展方向。从而使科技论文写作理论体系不断完善、特点日益鲜明、应用进一步拓展。百花齐放、百家争鸣也应是科技论文写作理论与研究领域得以延续和发展的重要源泉。

此外，与其他所有科学研究一样，科技论文写作理论与实践本身处在发展变化之中；在科技论文写作理论及研究方面也需要在研究的不同阶段适时地总结与分析。只有这样，我们才能发现在以往工作中，哪些是应继续传承下去的成果，哪些是在未来发展中应解决的问题；也只有这样，科技论文写作的理论与研究领域才会不断地轻装减负，向着不断修正的目标继续前行。

如上所述，科技论文写作本身也是科学研究的有机组成部分。它对各个领域的研究者都有极其重要的作用，而适当的理论学习对提高一个研究者科技论文写作水平可以起到事半功倍的作用。在这个领域中，同样需要听到不同的声音、鼓励多样性和适时地总结。为此，笔者将自己在科技论文撰写方面学习、实践、教学的经验和感悟汇集成书。希望这本书能在继承已有科技论文撰写理论成果的同时，为这个领域注入新的活力，推动其进一步向前发展。同时，笔者也衷心地希望本书能够满足与本人有类似背景读者的“差异化”需要。这是本书写作的最终目标。

本书适用的读者群

上面曾经提到，统计结果表明：国外只有不到 5% 的科研工作者接受过专门的科技论文写作训练，而在所有从事科技论文写作的人中，只有 10% 的人从中感受到了乐趣[2]。我想，国内的状况也大致如此。除了这 10%，剩余 90% 的国内研究者就是本书想要面向的对象。笔者相信，本书可以减轻这部分读者在写作科技论文时的痛苦，甚至在一些较理想的条件下享受科技论文写作应有的快乐。

此外，本书所涉及的科技论文，主要是那些陈述与分析具体科学实验结果的论文。因此，这本书更适用于材料、化学、物理等“大众”意义上的自然科学研究领域，而不太适合文学、金融、经济等社会科学研究领域的读者朋友。然而，这并不意味着后面这些领域的读者朋友不能从本书中获益。相反，由于所有科学研究领域所具有的通性，本书中所包含的一些内容，如科技论文写作的顺序、科技论文的总体要求、各部分内容和写作方法等内容，也可以给文学、金融、经济等领域的朋友以启发。正如古语云“触类旁通”。

总而言之，如果你想依靠自己的实力发表论文，但觉得自己的写作能力还有些不足；并且，你想通过自己的努力切实提高自己的论文写作理论与实践水平时，无论你的专业是什么，你都是适用本书的读者。

这本书有什么用？

我们都可以看懂自己研究领域内的汉语论文，很多人还能看懂自己所涉及研究领域内的英文文献。然而，真正到了要写作科技论文的时候，为什么在很多情况下，我们自己写出来的文章达不到与自己所看文献一样的水平？这里的主要原因就是一个人的阅读能力和写作能力本身就是存在巨大区别的两个概念；此外，我们在阅读文献方面所受的训练本身就比写作方面多。这导致我们对写作时需要注意的事情缺乏了解，还没有掌握其中的规律性。因此，一般人的写作能力要远低于阅读能力。这就是本书将要解决的问题。

本书将首先简单介绍与科技论文相关的基础理论，如科技论文的基本组成、结构、写作的顺序和我们在写作每一部分时需要达到的要求。进而，按科技论文实际写作的顺序具体介绍引言、实验方法、结果、讨论、结论、题目与摘要等各部分内容的作用、内容、结构和具体的写作方法、具体注意事项和可参考的模型。在此后参考文献相关内容部分，将主要为读者朋友介绍由我国自主开发的一款非常优秀的文献管理软件及其在辅助录入科技论文文献方面的使用技巧。最后，针对科技论文（主要是毕业论文）撰写过程中常出现的问题，以问题及解答的形式来介绍使用 Word 软件撰写及编辑科技论文的技巧。

总而言之，笔者写作本书的主要目的是为想要提高科技论文写作理论及实践水平的读者朋友提供一部随时可参考的工具书。最终，让每一位认真的读者变成科技论文写作方面的高手，让大家的人生之路更加顺畅；并通过大家的努力使我国科技论文的写作水平在整体上有一定的提高。

怎样使用本书?

虽然此后本书的每一章节均会以相应的科技论文写作基础理论知识开始，但笔者不希望读者将本书看成是一部纯粹的科技论文写作理论指导书。说实话，笔者也不相信自己有这样的水平能以这样一个题目写出一部纯理论的书籍；而且，这样的题目似乎也不适于写成一部纯粹的理论性著作。因此，本书就是一部读者朋友们在科技论文写作方面的“实践指导书”。由于读者朋友们的背景和对科技论文写作的需求各不相同，使用本书的情况可分为以下几类。

（1）如果您对科技论文写作了解很少，那就需要从头看起，尤其是 1.4 节“科技论文写作的总体要求”。其中的原则是统领科技论文写作的总纲。此后，要在逐步总结已有实验结果的基础上（最好是在开始自己的实验之前），就开始参照本书中的内容写作引言和实验方法，然后开始实验；接下来，随着实验的进行，继续参照本书结果和讨论等部分的内容，完成对不断出现的实验阶段性成果的分析与讨论。这样，在实验最终结果完成后的一段时间内，就可以完成小论文初稿的写作。**千万不要等到所有的实验都结束后才开始写作**。因为此时，已经积累了许多研究结果。实验结果多、处理量大的时候，很容易让人摸不着头绪。其次，等实验完成后才开始写作还有一个可能让人痛心疾首且无法挽回的坏处，那就是即使你发现了实验过程的某一步出现了问题，你已经无法改变已经成为既定事实的实验结果。所以，在这里强烈推荐大家边做实验、边总结、边写作。这样一旦发现实验中出现了问题，纠正所需的“成本”也会较少。完成了论文初稿后，你可以去做别的实验研究工作，而将它放置一段时间。此后，再次阅读 1.4 节内容，用其中的具体要求作为考评依据来检查、修改自己的论文。如此反复几次后，你就会写出一份相对满意的论文。与此同时，你对科技论文本身及写作方法的理解也会更进一步。

依据笔者自身的经验，如果不接受、借鉴一定的理论指导，科技论文写作入门常常是一个漫长而痛苦的过程。在和同行聊起创作第一篇论文的感受时，有个同行告诉我他当时看到自己的论文都有想吐的感觉。然而，即使是在这种情况下，也一定要咬紧牙关、硬着头皮坚持下来。对此，我相信包括笔者在内的许多同行都会感同身受。在经历多次后，现在回想起来发现，这种时刻就是常听人说到的“黎明前最黑暗的时刻”，也是我们的写作水平即将出现跳跃性提高的临界时刻。因此，一定要坚持下去，黎明就在眼前！

（2）如果你已经有了一定的科技论文写作基础，但是在写作一篇新论文的某一部分时没了思路。这种情况下，你需要直接参照书中相应章节的内容。当然，也建议在此之前先了解 1.4 节的内容。据笔者自身的了解，在科技论文写作指导书中，目前，还鲜有在原则和策略层面上，将科技论文撰写时所需遵循的总纲性内容单独论述清楚的作品。

（3）在指导后辈写作过程中，部分读者可能发现难以找到简单的、合适的语言来指导后辈写作科技论文的某个部分，此时你也需要参阅本书中相应章节的内容。以平实的、带有口语特征的语言、写一部让大多数人易于理解和直接应用的科技论文写作指导书，是本书自构思之初就有的一个理念。这样，这部分读者朋友可以直接采用书中的理论及其表述来指导自己的后辈。

（4）所有读者在学习本书内容的同时，还需要参阅所属领域内的重要文献。本书在写作过程中，始终以“理论与实践相结合”为写作准则。为此，本书在所有章节的理论介绍后，都辅以一定的具体应用实例。然而，在大多数情况下，读者朋友们仅凭本书列举的实例还不足以掌握所涉及理论的内涵。其中的原因可能包含以下几个方面。第一，由于笔者自身专业所限、所选择的实例多属于材料研究领域。因此，其他研究领域的读者在看这些实例的时候就可能觉得很困难。第二，由于篇幅所限，书中的实例在数量上可能也难以满足读者的需求。第三，本书多是直接针对写作过程中出现的非常具体的小问题给出应用实例，而很少给出已有文献中大段的“摘要”、“引言”、“实验方法”乃至于“结果”。这样做的主要目的是尽量弱化本书的专业属性，扩展其普适性。因此，读者在参阅本书的过程中，一定要找几篇自己研究领域中的重要文献进行精读。阅读时，还要想想以下几个问题：

作者在结构层面为什么会这样安排？

文章的前后是怎样进行呼应的？

如何概括不同文献中相同部分内容的共性特征？

文章的每一部分有什么内在的要求？

仔细阅读后，读者朋友们可先写下自己的答案，然后再看看本书相应的内容。思考一下其中存在什么差别，产生的原因是什么。这样的思考非常有助于读者朋友们理解本书的内容，并进一步掌握科技论文写作的精髓。

那么，怎样查找领域内的重要文献呢？您可以借助网络上流行的各种学术搜索引擎。中文的有“中国知网”、“万方数据库”等；英文的包括“Web of Knowledge”、“Springer”、“Proquest”和“Google Scholar”等。这些学术搜索引擎都会提供一个文献被引用次数的统计。任何学术领域，在绝大多数情况下，被引用次数最多的文章就是该研究领域内的重要文献。如果您在获取原文文献上有困难时，可在一些知名学术论坛（如“科学网”、“小木虫”或“阿果资源网”）上注册后发帖求助。当然，你也可以通过自己在北京大学、清华大学或中国科学院等知名大学或研究院所的朋友来获取原文。如果你是教育网的用户，还可以尝试“百链云图书馆”。这个搜索引擎提供的“邮箱接收全文”的功能非常强大。依笔者自身的经验，“百链云图书馆”可能具有在全国教育网用户订阅的所有数据库中搜索并获取全文的权限。以笔者较熟悉的无机非功能材料研究领域文献检索为例，该搜索引擎的原文提供率在 90% 以上。

此外，还要再次强调：除了要在科技论文的写作方法上提高之外，**一篇优秀论文的核心还是优秀的研究成果**。而要想取得优秀的研究成果，除了需要有先进的实验仪器或设备等基础实验平台外，还必须以我们平时对所涉及研究领域的了解和对其中存在问题的准确把握为基础。达到这一目的的唯一途径就是大量阅读本领域已有文献。当所涉及文献数量较多时，许多读者会在相关文献及阅读笔记的检索、查找和管理方面遇到困难。这时，我们可以借助市场上现有的文献管理软件。正所谓“工欲善其事，必先利其器”。本书将在最后一个章节为大家详细介绍我国北京爱琴海公司出品的一款非常优秀的学术文献管理软件“NoteExpress”的使用方法和技巧。根据笔者本人的使用经验，在文献和阅读心得的科学管理和在科技论文写作过程中快速准确录入参考文献等方面，NoteExpress 在同类软件中均有非常突出的表现。

最后，如“为什么要写这本书”中所述，任何一本科技论文写作指导书均会有各自特有的长处与不足。同时，由于笔者本身水平有限，在本书中介绍的包含笔者自身经验或感受的内容中难免存在不足。对此，还请读者朋友们随时批评指正。为弥补可能的不足，本书在最后特意为读者朋友们收集了国外一些与科技论文写作相关的网站，并进行了简单的介绍。有兴趣的读者可以自行参阅相关网站中的内容。

第 1 章　科技论文写作总论

提示：本章将介绍常见的科技论文的一般结构和写作时应该注意的总体要求。了解科技论文的整体结构可以帮助读者朋友们将来在撰写自己的论文时更加容易做到“成竹在胸”。当然，如果对科技论文写作的了解仅限于此，我们胸口中的这棵“竹子”就只能是一棵空心的“竹子”。我们还需要在此基础上根据后面几章中介绍的具体内容来充实这棵“竹子”。本章后续内容介绍的科技论文写作总体要求是指导科技论文写作的总纲。同时，这些内容也是读者朋友将来在撰写论文各个阶段，尤其是在完成初稿后，检查自己文章是否符合相关领域要求的标准。相对于在随后各章中介绍的科技论文各组成部分的具体写作要求，本章所涉及的“总体要求”层次更高。初学科技论文写作的朋友们应对此予以足够重视。

根据“百度百科”给出的定义，“科技论文在情报学中又称为原始论文或一次文献，它是科学技术人员或其他研究人员在科学实验（或试验）的基础上，对自然科学、工程技术科学，及人文艺术研究领域的现象（或问题）进行科学分析、综合的研究和阐述，并进一步地进行一些现象和问题的研究，总结和创新另外一些结果和结论，并按照各个科技期刊的要求进行电子和书面的表达”。

以上定义反映出科技论文具有以下要素：①科技论文以一定的科学实验或试验为基础。②所涉及的领域既包含理工科，也包含人文和艺术研究领域。③对所涉及实验或试验中“现象（或问题）进行科学分析、综合的研究和阐述”是指其内容应包含对所开展实验或试验中现象、规律的描述及其原因的分析。④“进一步地进行一些现象和问题的研究，总结和创新另外一些结果和结论”是指任何一篇科技论文的研究意义不能仅局限于研究内容所涉及的狭小范围之内。它必须对论文范围之外的研究有所借鉴。⑤最后，科技论文是“按照各个科技期刊的要求进行电子和书面的表达”。换言之，科技论文不是按作者意志撰写出的一种随意的文体，而是具有严格的撰写规范的文章。

在形式上，科技论文主要包括发表在各种科技期刊上的科技论文（以下简称为期刊论文）和包括本科生、硕士生及博士生毕业论文在内的学位论文。这两种论文就是本书涉及的主要对象。虽然学位论文在长度上通常会明显长于期刊论文，但它的结构及主要内容均与期刊论文极其相似。因此，此后本书都将以期刊论文为主要对象介绍。学位论文的写作大体上可以参照类似要求，并以期刊论文的结构框架为基础，通过适当的扩展来完成。

1.1 科技论文的组成

按前后顺序，期刊论文在组成上一般包括：题目、作者及其单位、摘要、关键词、引言、实验方法、结果及分析、结论、参考文献和致谢。这些组成的名称在各期刊中可能会有一些细微的差别。例如，有些期刊中的“实验方法”在另外的一些期刊中则被称为“实验步骤”，在一些期刊中“结果”和“分析”是两个独立的部分，而另外一些期刊中的二级标题中可能只有“结果”。

另外一个经常出现差别的部分是“致谢”。在致谢部分，国外文章除了要声明支持文章研究的基金的名称之外，更为重要的是在这里公开感谢那些在研究过程中对其有帮助的、但又不足以作为作者之一的人。感谢的理由多为偏“体力和物质”劳动或帮助，如对数据的整理、文本的校对、提供某种仪器、允许使用实验室等。这部分内容是国外论文非常必要而且也是重要的组成部分，是西方国家普遍重视“感恩”情结的一种体现。与此不同，国内的科技期刊论文中，往往是在第一页的页脚处来介绍论文研究所获的基金资助，而在论文结尾处一般不专门设置“致谢”小节来感谢对自己研究有过帮助的人。个人认为，这是除了语言不同以外，国内外期刊论文差别最大之处。其中的主要原因可能与我国传统文化崇尚内敛、含蓄，强调奉献有关。而且，我们多倾向于通过聚会或宴请等更为“私下”和“实在”的方式感谢那些对研究有帮助但不能列为作者的人，而不采取西方这种更为公开的表达方式。另外，在社会生活中，国人在这方面所受的教育也较少。令人欣慰的是，随着社会的发展和中西文化、科技交流的逐步加深，在我国已经有越来越多的人意识到了这个问题。许多期刊及学校已经开始要求在论文最后单独设置“致谢”环节。

学位论文的主要结构组成在本质上与期刊论文一致。二者的主要差别在于对各组成内容篇幅限制的不同。期刊论文中摘要、引言、实验方法、研究结果与分析、结论、致谢等结构组成仅是以小节的形式存在。在学位论文中，以上各小节均被“扩展”为单独的章节。此外，在“致谢”之后，有些学校还会要求研究生以单独章节写出“对未来研究的建议”，从而为随后的研究者在继续该研究时提供更好的借鉴与参考。

1.2　科技论文的结构

科技论文的基本结构组成如图 1-1 所示。如果不考虑前面的“题目”、“摘要”和后面的“致谢”和“参考文献”，科技论文的主体结构很像沿轴线将一支缠满线的线轴切开后形成的剖面图。因此，本书

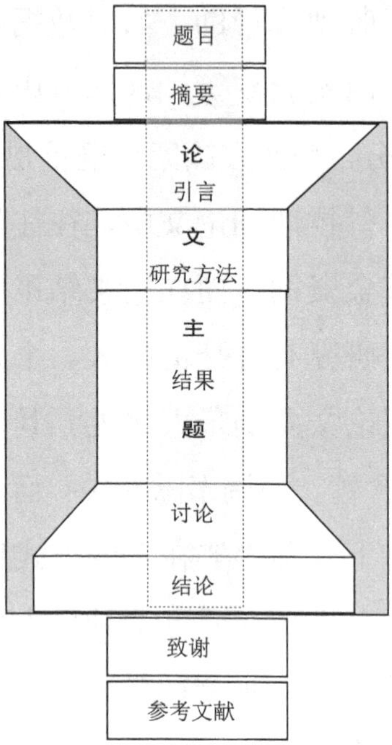

图 1-1 科技论文“线轴”结构组成示意图

中将科技论文具有的这种结构称为“线轴”结构。

在科技论文的线轴结构示意图中，中间无色部分表示论文主体内容在各组成部分中的覆盖范围。以“引言”为例，由于在开头需要阐明研究主题所涉及的研究领域，因此其内容所覆盖的范围最大；此后，在引言中需要简单介绍研究主题内容所涉及的研究现状、分析其中存在的问题，并以此为基础提出研究主题。所以，“引言”内容所覆盖的范围会从开始的整个研究背景逐步减小并最终“会聚”于研究主题及主要研究内容。最终表示“引言”内容覆盖范围的图形就形成了如图 1-1 所示的上大下小的梯形。接下来，“研究方法”和“结果”完全围绕“引言”中声明的研究主要内容展开，因此，它们的内容覆盖前后一致，形成上下等长且与“引言”结尾宽度相同的两个矩形；在随后的“讨论”中，研究者需要从自己的研究结果出发，通过理论分析、与已有文献成果的对比等方法或途径来说明论文所涉及研究成果对于所涉及研究领域与其他相关领域的意义。所以，表明讨论内容覆盖范围的图形就是一个上边长度与结果部分等长的上小下大的梯形。最后，在结论部分，需要总结在此之前的“结果”和“讨论”两个部分内容的重要结论。代表这部分内容覆盖范围的图形就随之成为一个上边长与“讨论”部分等长的矩形。

在上面的示意图中，白色轴心之外深色“缠线”区的面积基本上可以代表对写作各部分内容连贯性和用词量的要求。具体来说，一方面，组成一篇科技论文的文字应该像一根线一样前后连贯、将各部分内容联系起来，使整个论文形成一个有机的整体；另一方面，各部分内容包含的字数应基本上正比于图中相应深色区域的面积。还以“引言”为例，在开始部分，通常只需要一两句话交代研究所属的背景，由于字数不多，深色区域中与之对应的就是该三角形的尖端；此后，引言写作逐步过渡到研究现状及存在问题的分析。这部分内容是引言的主体内容，需要耗费更多的“笔墨”来详细地描述。因此，与之对应的是深色区域中“三角形”面积更大的下半部分。

此外，各部分的用词量还与各部分内容在一篇科技论文中的地位和作用有关。其中最为典型是“结果”，它是整个论文各部分内容写作的核心，也是最为重要的组成部分。因此，示意图中与之对应的深色区域面积最大。这一点非常好理解：“引言”写作是为了使读者更好地理解研究结果所做的铺垫，“研究方法”是连接“引言”和“结果”的桥梁；“讨论”的主要目的是揭示“结果”的意义和作用；而“结论”必须包括“结果”最有意义的精髓。总之，以上所有内容均需围绕“结果”进行组织、阐述。作为核心，写作结果时也当然要“不惜笔墨”，需在用词量上超过其他各部分内容，这就造成与结果对应的深色区域面积达到最大。否则，其主体地位将无法得以体现。

另外，要想使一篇论文成为一个有机的整体，除了需要通过文字（上文中的“线”）将各部分衔接起来之外，更为重要的是用“研究主题”使各部分组成内容在逻辑上构成一个紧密连接的整体。

为了达到上述目的，科技论文各组成部分内容都要紧扣“研究主题”：“题目”要与研究主题直接相关，最好是直接声明主题；“摘要”需包含直接支持研究主题的研究结果；“关键词”必须从研究主题中遴选；在“引言”中，需要通过综述研究现状和分析现有研究中的问题为提出研究主题提供足够的必要性支持；“研究方法”应以完成研究主题所涉及研究内容为目的进行选择；“结果”必须是由研究者从众多实际研究结果中遴选出的、直接支持研究主题的内容组成；在“讨论”部分，一个研究者必须说明所选择的研究结果是否可以完成研究的主题或完成了多少及其意义。如果只能完成部分研究主题，研究者还需在此写出进一步需要开展的工作；“结论”部分是上述“结果”和“讨论”内容精髓的汇总。只有这样，一篇论文才能真正成为一个有机的整体。这方面水平的高低，更能准确反映一个研究者科技论文写作的水平和了解所属研究的程度。这种能力，在很大程度上是研究者“内在”特性的反映。当然，这种能力实现也更难。

1.3 科技论文的写作顺序

如前所述，按照前后顺序，一篇科技论文常由题目、作者（包含其单位和联系方式介绍）、摘要（包括关键词）、引言、研究方法、结果、讨论、结论、致谢和参考文献组成。然而，这并不是科技论文的常见写作顺序。一般情况下，在先行实验的基础上，科技论文的写作顺序是：根据实验结果确定论文主题→根据与论文主题相关度的大小组织实验结果构成“结果”主体→结果写作→讨论（确定上述结果完成研究主题的程度和意义）→结论→实验方法→引言→题目及摘要，最后是致谢和参考文献等。

特别需要指出，随着科学技术，特别是计算机技术的发展，研究者已经不再需要按照所投期刊或学校对论文的要求一个词一个词地录入参考文献了。在 NoteExpress、EndNote 等文献管理软件辅助下，研究者可在写作论文的同时录入一条或几条参考文献。更为方便的是，研究者在修改后再投文章时，可根据最新投稿期刊的要求一次性完成所有参考文献作者、标题、期、卷、出版时间和页码等内容格式的调整。虽然我们都希望完成论文后一投中的，但将文章修改后再投似乎又是对每个初学者来说在所难免的事情。这时，像 NoteExpress 这类软件就可以为我们节省大量的时间和精力。

注：文献管理软件的简单介绍。

国外用户最多的文献管理软件是 EndNote，国内最为知名的要数北京爱琴海软件公司开发的 NoteExpress。根据我个人对以上两种软件的试用情况，EndNote 的主要优势在于其参考文献样式库几乎囊括了国人所知的所有国外期刊，其弱点是对国内期刊的支持不足。NoteExpress 在这方面恰好与 EndNote 相反。NoteExpress 具有 EndNote 全部的主体功能，而且还支持题录及附件在不同数据库中的移动、复制。特别需要指出的是，NoteExpress 在初始界面中就具有“笔记”功能模块。用户可以非常方便地记录或查阅自己的文献阅读心得。在 EndNote 中，无论是记录或查阅笔记，都必须双击某条题录来打开它的编辑框，使用起来非常麻烦。如上所述，对国外期刊输出样式支持不足是 NoteExpress 与 EndNote 相比具有的明显不足。为弥补这一不足，该软件向用户开放了“用户自定义输出样式”功能。熟练用户可在 10 分钟内搞定一个 NoteExpress 还没有涵盖的特殊期刊输出样式，并保存为“我的样式”。以后，当作者再向同一期刊投稿时，就可以用该样式来格式化参考文献。最后，NoteExpress 软件的价格仅相当于 EndNote 价格的 20% 左右。基于这些优点，国内已经有越来越多的研究者开始使用 NoteExpress。当然，参考文献录入只是以上介绍的两种软件功能中的一小部分。这两种软件的最主要的功能还是在于能够帮助研究者“高效”和“科学”地管理好、利用好自己的文献。这种作用是那些没有使用过该软件的用户无法想象的。因此，本书将在最后一章更加详细地介绍 NoteExpress 的主要功能。

1.4 科技论文写作的总体要求

这里的总体要求指写作科技论文时在策略层面上应该注意的重要事项。

1.4.1 要求一：为读者着想

“顾客就是上帝”，是市场营销培训时经常提的一句口号。这句口号在表面上反映出商家对客户期望或要求的认同和想要满足客户期望和要求的决心。当然，商家这样做的目的不会仅止于此。商家这样做的唯一目的是设法让顾客在“觉得”满意的基础上购买自己的产品。需要注意的是，在这里仅需要让顾客“觉得”满意，而并非是所销售的产品在外观、功能和特点等方面可以真正满足顾客的全部期许。因此，营销人员所有行为的实质是通过自己的介绍，不断“**强化**”顾客头脑中对产品优点的认同，同时“**弱化**”顾客对产品缺点的注意力，最终使顾客能接受商品、购买商品。

如上所述的营销过程与科技论文写作过程非常相似。一个想将自己研究成果转化为科技论文的研究者相当于上面的推销人员，读者就是“顾客”，整个写作的过程就像是上面的推销。而且，“推销”论文的难度更大：一个研究者一般没有机会直接面对自己的“顾客”，更不要说通过直接观察“上帝”反应、“揣摩”其心理来调整“推销”策略。这样，研究者为了将自己的论文推销出去，就必须提前了解读者及评审流程，并以此为基础，有针对性地做好所有可能的准备工作。

期刊科技论文的第一批读者是对论文发表与否有“生杀大权”的期刊编辑。这些编辑，尤其是那些高影响因子期刊的编辑，他们每天的工作就是从大量的投稿中选择出一小部分高水平的论文，然后拒绝其余的大部分。第二批读者是外审专家们。他们是论文相关研究领域内的资深学者或专家。他们每天除了需要思考如何搞好自己的研究以取得更大的突破、申请更多基金以外，有的还需做好教学及学科建设和研究生培养等工作。因此，他们通常都是在自己的业余时间评审论文。通过了这两轮的评审，我们撰写的论文才能在相关的学术期刊上发表。这样才能面对第三批读者，即我们的同行。他们是狭义范畴内科技论文的真正的“读者”。他们既包括那些在所涉及研究领域内小有成就的资深研究者，也包括他们的学生和其他进入研究领域不久的新手们。他们虽然不能直接决定论文能否发表，但他们的看法和他们自己在写作中对所看论文的引用，将最终决定该论文作者在所涉及领域中的地位。这部分读者面临的情况可能比论文的第二评审者（领域内的资深学者或专家）更糟：他们中的资深者同样面临着繁重的纵向、横向基金申请任务，还可能需要承担一部分教学工作；新手们则需要同时面对婚姻、住房、学业等各种人生中的“大考”。征得这些读者的认可是我们写作科技论文的终极目标。与上面的终极目标相比，通过编辑和外审专家的评审仅仅是通往这个终极目标的一道道“关卡”。

学位论文的第一批读者是指导老师。他们的主要作用是要在学术水平上保证学生的论文达到相应的标准。出于作为老师的义务和对自己学生的爱，大多数指导老师除了在学术方面要对学生的学位论文做必要的要求和指导外，还会从论文的格式、写作等各个方面帮助学生提高论文的水平。在学生主动性不高的情况下，指导老师在指导、评审中的认真程度基本上就决定了学生学位论文的水平。因此，指导老师通常都会反复地、多角度地审阅自己学生的学位论文，直到认为论文可以送审为止。然后，学位论文会依次通过外审、校内和学校大学术委员会等各级专家“读者”的评审。直到全部通过后，学生才能拿到学位。此后，在导师、学生及学校都同意之后，一些优秀学位论文还会在一些大型数据库（如中国知网、万方数据库等）中公布。这时，学位论文对于作者及其导师的作用就等同于期刊论文。

综合以上科技论文在各阶段面对“读者”的特点，可以发现：首先，所有读者对于科技论文作者的重要作用毋庸置疑；其次，所有“读者”都没有太多的“空闲”时间；在多重压力之下，他们在评审论文时的心态就不总会非常平和。因此，一个作者在写作自己论文的过程中，如果可以严格按各期刊“作者指南”要求撰写论文、精心地挑选、组织研究结果来说明一个明确的主题，并在写作时使用简洁且相对完整的图表标题，这些都会有助于“读者们”更加容易和准确地认识论文的主旨、研究结果的先进性和意义。总而言之，如果有什么事情能让“读者们”的评审工作轻松一点，我们就应该那样做。这样，**处处“为读者着想”就成为隐含在科技论文写作过程中“不为常人所知”的、最为重要的、统领其他要求的最高要求**。

1.4.2 要求二：主题明确

这里所说的主题，就是我们在 1.2 节所述的一篇科技论文所涉及的研究主题。科技论文中的主题，并非是标题，但它与标题密切联系。它可以是我们在研究过程中针对研究问题产生的一个想法或设想，也就是英文中的“hypothesis”或“idea”，是整个科技论文论述、写作的中心。因此，从引言开始，包括随后的研究方法、结果、讨论和最后的结论，都要处处体现主题，最终证实自己的想法或设想；在个别情况下，也有可能是证明自己当初的想法或设想不对，即“证伪”。

看到这里，有些读者对此可能还有疑问，下面就通过两个例子来具体说明什么是科技论文所涉及的研究主题。

例 1　我们在研究某个经济问题时，经过一番研究后，提出一个模型。然后，我们要写一篇文章向同行介绍自己的模型，那么，论文的研究主题就可能是要证明该模型在解决某类经济问题上是有用的。为此，在文章中我们可能需要描述该模型形成的背景、构成、相关参数的定义、该模型在解决所涉及具体问题上的应用、所得结果与实验结果的相符程度等内容。这样，所有内容的描述均是为了说明“该模型是有用的”这一主题服务时，也就做到了主题明确。

例 2　本例是材料研究论文中的一个例子。我们在做材料研究时，最终的目的往往是为了获得一种性能最优的材料；情况稍差点的，即使不能获得综合性能最优的材料，也能使该材料至少有一种性能指标超乎寻常。假设研究已经完成，现在需要写一篇论文。虽然此时文章的题目可能是“某某掺杂或工艺对某材料显微组织、结构及某方面性能的影响”，但此时论文的主题可能是“以某种组分和工艺设计为基础制备出来的材料有多么好、它对所涉及研究领域有多么大的指导意义”。

无论是期刊论文，还是学位论文，其主题最好只有一个。由于篇幅所限，在期刊科技论文中仅设置一个研究主题可能较好理解。在一篇学位论文中，最起码也要有四章。此时，可否设置多个主题呢？答案是最好不要，主题还是一个好。这是目前科技论文写作经多年发展形成的事实，而且已经获得了众多前辈的认同。因此，我们在撰写自己的论文时，要想获得前辈及同行的认可，也就必须这样做。当研究内容较多时，想达到这一要求可能会有点困难。这时，可以将“大”的主题分解为若干小主题。每个小主题对应一个章节。这样，各章节组合在一起就构成整篇论文的主题。

事实上，这里还涉及一个所有研究者都应该在自己的学术生涯中需要提高的素质，即主题的构思。许多读者朋友可能都已经注意到自己研究领域的那些资深学者或专家经常可以基于在一次实验中获得的实验结果写出不止一篇论文。其中的原因之一就在于他们可以根据所投期刊涉及领域的不同，从不同侧面找到不同的切入点，设计出不同的主题；然后，选择相关的实验结果，并按与主题关联度的大小将上述实验结果进行排列和组合；这样，就在一套研究结果基础上形成多篇论文。然而，这些资深学者或专家在此之前，也曾是普通的研究者。因此，读者朋友们应该有信心在将来的某一天取得和那些著名学者或专家们一样的成就；更何况，在我们周边总会有这样一些人作我们的榜样。

如前所述，本书讨论的科技论文包含期刊论文和学位论文。这两类论文虽然在结构、内容、写作方法方面都很相似，然而在主题构思方面却截然不同。

1. 学位论文主题的构思

许多硕士或博士学位论文研究直接来源于导师的研究项目。学位论文的主题在很多情况下就是研究项目的主题（有时就是研究项目的题目）或其中的一部分。其核心是要体现创新性。要想满足这一要求，就必须对该研究领域的现状、其中存在的问题有一个清晰的认识。整个过程和一篇期刊论文的引言类似，只不过其范围有可能要大得多。获取研究主题的途径也可能有很大的区别。

对于国内的许多研究生，在刚入学时，导师就已经为其选择好了研究的题目，学位论文的主题也就随之确定。还有一些研究者可能是在参加学术会议与同行交流时，同行的某一句话就可能使他想到将要进行的研究主题。这两种情况有一个共同点，就是均与某一研究领域内的“资深”研究者有关。这从一个侧面说明了通过学术会议、座谈等学术活动加强与领域内资深研究者交流的重要性，在很多情况下，他们就是学位论文主题的来源之一。

有时，导师很可能只告诉你一个研究的领域，具体研究主题及内容的选取是由研究生来决定的。这就到了真正考验一个研究生水平的时刻。这种情况下，唯一的途径就是踏踏实实地看文献。

首先，要真正地去“看”。这个要求看起来像废话，然而在现实中，确有一些硕士研究生平时不看文献，总是梦想着幸运之神的眷顾、灵感从天而降。此外，在当今中国制造业整体陷入困局、就业前景不乐观的大形势下，也有相当一部分研究生从入学之日起就开始为将来的工作发愁，根本就不能静下心来看文献。

其次，要阅读范围广泛、数量充足。范围广泛是要求我们在看文献过程中不但要看本领域的文献，相关领域也要稍稍了解一些。因为目前某个领域内的研究可能都很充分了，薄弱环节往往出现在交叉领域中，而这恰恰是研究主题可能出现的地方。数量充足是指我们要看足够数量的文献。这个数量会因研究领域和研究者背景的变化而出现很大差异。就我个人的经验，在研究生阶段，仔细看过的文献应该在 60 篇左右；博士阶段，仔细看过的文献至少要在 150 篇左右。

在论文写作的不同阶段，看文献应有不同的重点。

在论文主题确定之前，看文献时可先从领域中较好的综述型文献入手。这样可以较容易地形成对所涉及研究领域的大概认识。然后，可以选取领域内重要的学者或专家的文章来仔细阅读。之所以选择这些人的文章，是因为他们在所涉及领域研究多年后，对领域内的问题及未来的发展趋势把握得都比较准确。而这正是一个入行不久的研究者最需要了解的。在这个阶段，还需要特别注意的就是精读文章的引言。一篇科技论文中，研究现状、存在的问题和该文章研究所针对的问题是“引言”部分中最为重要的组成内容。这些内容同样也是一个研究者在初涉某个领域、确定研究主题之前最需要了解的。

在这个阶段，为了更好地记录阅读文献时的想法，我们可以借助上面提到的 NoteExpress 文献管理软件。如前所述，这款软件的最大特点就是它的“笔记”功能。这个功能允许我们在看每一篇文献时，在该文献对应题录的“笔记”功能区中记录阅读时发现的研究现状和存在的问题等心得。更为难得的是，该“笔记”功能区就在软件的初始界面中，方便记录和查找。而且，所有笔记将自动保存。我们再也不用担心笔记的归类和查找等困扰众多研究者多年的难题。

如果每看一篇文献，读者朋友们都能将引言描述的研究现状、存在的问题和该文献研究所针对的问题摘录于 NoteExpress 软件的“笔记”功能区，当阅读的文献达到一定数量时，读者朋友们就可以将所有笔记按时间排序，逐条浏览上述笔记；当然，读者朋友们也可以利用该软件在 Microsoft Office Word（以下简称为 Word）中生成的“插入笔记”功能，将所有文献中的笔记都插入在一个 Word 文件中。这样，就可以更为方便地找出**尚未解决的**（包括你自己想到应该做、但没有人做的）、**还不完善的**或**已有研究存在矛盾的**问题。这些问题都可能是研究主题的来源，但并不绝对。其中，只有那些现有实验条件可以解决的问题才能成为最终的研究主题。

在研究过程中，文献阅读的重点也要随着研究进程逐渐改变。

例如，在确定研究方案或写作论文的“研究方法”时，看文献的重点就应该是该文献的研究方法部分；在对自己的结果进行分析时，文献阅读的重点就应该转移到类似文献的类似结果分析部分。这样做不但会给我们的写作、分析提供理论基础和灵感，而且还可以为我们自己的研究成果提供比较的基础。只有通过比较，我们才能有理有据地说明自己的研究成果与已有成果的不同，并最终确定自己的成果在整个领域中的地位。这是科技论文，尤其是结果和讨论写作的重点内容之一。对此在后面相应的章节中还会有具体介绍。

总而言之，恰当的文献阅读是我们能够在研究中逐渐“站在巨人的肩膀上”的必由之路。

2. 期刊论文主题的构思

与学位论文研究主题的确定相比，期刊论文主题的确定相对简单。因为，期刊论文所涉及的范围更小。在很多情况下，期刊论文的研究主题就是前面确定的学位论文研究主题的一部分，具体来说，就是学位论文中某章的主题。

关于期刊论文主题的确定还有一个最简单可行的方法，具体的步骤如下。

（1）从文献中找一篇与自己想写的文章类似的研究论文；

（2）试着用一句话总结“结果”各段的主要内容；

（3）各段内容总结能说明的共同问题，就是论文的主题。

研究结果较好时，你甚至可以直接仿照已有文章的结构来完成自己的期刊论文。这时，编辑是不会因为你论文主题不清而拒稿，他们更为重视的还是论文所述研究结果的质量。此外，我们仿照已有文献基本构架创作自己的期刊论文时，所要表达的主题与已有文献的主题就比较接近了。即使在主题是否明确方面有问题，也不会太严重。

1.4.3　要求三：严格按照科技论文的结构组成进行撰写

从上面对科技论文的组成和结构的介绍中我们已经了解到，无论是期刊论文还是学位论文，除标题（作者单位）以外，其主要内容一般包括摘要、引言、研究方法、结果、讨论、结论、致谢和参考文献八个部分。不同学校或期刊对论文结构组成部分及其名称的要求可能会存在细微差别。例如，有些期刊要求论文“结果”与“讨论”必须单独写，而另外一些期刊可能不单独设“讨论”；有些期刊要求写“致谢”，而另外一些期刊，尤其是目前国内的期刊，大多数不要求单独写“致谢”。虽然有上述细微差别，在整体上，科技论文的上述主要结构组成是相对固定的。因此，科技论文可以被称为现代“八股文”。过去科举中，考生在写“八股文”时，要根据朝廷事先确定的题目，严格地按“破题、承题、起讲、入手、起股、中股、后股、束股”这八个部分来写作。类似的，在写作科技论文时，读者朋友们就应该按照论文各部分内容的结构组成及要求来撰写。这样，最起码可以保证论文结构的完整性。

然而，必须特别强调：既然可以被称为“八股文”，科技论文就和过去的八股文一样，每个组成部分的内容都有其严格的撰写要求。所以，我们在撰写科技论文时不能像写作其他文体那样自由发挥。具体来说，就是撰写科技论文时，除了要满足上面八个部分的内容要求以外，还要满足各部分对内容覆盖范围上的要求。以引言为例，写作时必须包括研究背景简介、研究现状、存在的问题、研究主题介绍和论文结构安排这几部分内容。具体写作时，从一个大的研究背景开始到研究现状、再过渡到存在的问题，一定要注意内容所涉及的范围逐渐缩小，并最终集中到论文所涉及的研究主题上。此后，围绕研究主题简单交代论文篇章结构，从而在整体上使引言内容所覆盖内容形成如图 1-1 所示的“倒梯形”。此后，科技论文对研究方法、结果、讨论和结论等各部分的内容及写作有严格的要求。对于这些内容，本书将在随后的章节中一一介绍。

上述严格要求形成的原因主要有以下两个方面：

首先，这是科技论文主要作用要求的体现。科技论文的主要作用是记录科学研究成果和促进成果在领域内同行间的交流。这些同行是科技论文最终需要面对的读者。如果每位研究者都按照上面的结构组成来撰写，将来的读者想要大致了解某文章的研究全貌时，可直接看标题、摘要及结论；想获悉研究背景及现状时，就看引言；想学习样品的制备及检验方法时就看论文的研究方法；最后，想要了解研究的主要规律、解释和意义时，就可以直接去看结果与讨论部分。这样，读者就可以非常方便地根据自己的需要快速获取自己想要的信息。对于作者，在接受并理解了这样严谨的结构和要求之后，就可以像过去药房的医生一样“照方抓药”，非常轻松地完成整篇论文的写作。因此，上述结构及其要求本身就成了科技论文主要作用发挥的基础。

其次，这是科技论文的第一批读者——评审者的要求。为什么这也是评审者的要求呢？我们需要先简单回顾评审者及评审过程。对于期刊论文，在正式发表前，必须通过拟投期刊编辑的初审和此后论文所涉及研究领域内的知名学者或专家的复审。对于学位论文，则需依次通过导师、外审专家、院（校）学术委员会专家的评审。导师和外审专家都必须从论文的选题是否具有创新性、实验方案和研究方法的可行性、研究结果是否有足够的实验数据支撑和意义等几个方面写出论文的评语。因此，科技论文的评审者与论文的最终读者类似，都需要从论文相应部分获取相应信息。如果每一位研究者都按照如前所述的结构、组成及内在要求来撰写科技论文，评审者的工作也会变得更简单。最终，评审者本身也是科技论文严格撰写体制的受益者。

综上所述，科技论文撰写要求的形成一方面是科技论文自身发展的历史使然；另一方面，也得到了大多数科技工作者的认可。因此，这些要求也就成为了科技论文写作界潜在的“行规”或“制度”。业界所有科技人员既受到这种体制的约束，同时又是这种体制和现状的受益者。他们对于这种体制的认识、接受和被这种体制接受，是现有科研工作者在长期的科研和写作过程中，经过不知道有多少次“摸爬滚打”和“四处碰壁”后才逐渐形成的。他们在经过这套“行规”或“制度”的严格洗礼并获得认同后，其本身也自然而然地成为“制度”一部分，并会为维护这个体制的存在而努力。

如果你（特别是“新手”）没有按上面的结构写，他们就不能从论文的各个部分快速获取相应的信息，他们就会觉得“不舒服”。读者朋友们在这里千万不要忘记，根据本书上面的分析，科技论文的“读者们”大多数没有多少空闲时间，并且身负来自工作和生活中的多重压力。这样，让读者不舒服的结果就显而易见，论文被判不通过的概率就会大大增加。

所以，作为一个新手，要时刻牢记“严格地按照科技论文的结构组成及各部分内容的内在要求进行撰写”。这个要求在你成为知名的学者或专家之前会一直存在。此后，你写作时的自由度才会稍大一些。这种情况就像是一个书法家，成名前要严格按某个门派的风格进行创作；成名之后才可以随心所欲地“挥毫泼墨”，而且无论你怎么做，同行都会说你这样做有道理。

总而言之，对于一个新手，本小节的要求基本上可以总结为“人在屋檐下，不得不低头”。

1.4.4 要求四：论文撰写要准确、清楚、简洁、易懂

科技论文写作的最终目的是让读者读懂并接受所涉及研究成果。这样，他们才会从中吸收必要的经验，并付诸于自己的实际研究工作；他们才会在写作自己的论文时引用这篇论文；论文作者在所涉及研究领域中的地位才能得以建立。最终，一篇科技论文在某一科学研究领域中所应起到的作用才真正得到体现。这是科技论文写作的终极目标。在此之前，我们需要完成实验、正确分析处理实验数据、确定论文主题、依论

文主题遴选实验结果，以此为基础写出论文。这些过程是通往科技论文终极目标的必由之路。如果一篇科技论文在用词、句法和文体结构等各方面的内容能具有“准确、清楚和简洁”的特点，显然将有利于读者读懂。因此，这一要求实质上是前面介绍的“**一切要为读者着想**”要求的延伸与具体化。

对于其中的原因，细心的读者可以从前面的文字中体会出些许端倪。其中最为主要的就是前面介绍的“读者们”都很忙、他们都承受着很大的压力，同时他们并不是每个人都有高超的心理调节能力，能让他们在完成了“千头万绪”的事务、经受了方方面面的压力后还能保持清醒的头脑与良好的心理状态。因此，准确、清楚和简洁地撰写，将有助于减轻上述读者审阅文章难度。对于这一点，相信没有一个心智健全的读者会提出抱怨。

1.4.5　要求五：条理清楚

这里所指的条理，就是科技论文叙事过程中的脉络、层次或顺序。例如，我们根据确定的主题选择了依次发生的、密切关联的 A、B、C、D、E 五个事件作为写作素材。接下来需要确定采用什么顺序来叙述这五件事情。对于这个问题，相信读者朋友们会有许多不同的选择，比如，按时间顺序采用正叙式、倒叙式，或者采用插叙式。但是，如果我们能站在读者、尤其是那些需要“日理万机”的知名学者专家审稿人的角度来想一下这个问题（千万不要忘记，他们可没有多少时间仔细看你的文章，陪着你“绕弯子”），答案就可能变成只有一个，即“**正叙式**”。这个顺序就是我们在成为专家前为了写出“条理清楚”的科技论文所需要采用的叙事顺序。关于这一点，一定要铭记在心，并在写文章的时候不时地提醒自己。

在有了正确的写作顺序之后，要想真正实现条理清楚，还需要有一个清晰的“脉络”将组成科技论文的各重要组成部分联系起来。这个“脉络”就是论文的研究主题。此外，还要做到论文的句与句之间也要前后相连，没有意义上的“断档”。这样，就像有一根隐形的“线”将论文每一句话从头到尾串连起来、形成一个有机的整体。这实质上也是前面内容中用“线”来代表书写论文文字的主要原因。如果我们在写作时可以达到上述效果，读者读完第一句话，就可以轻松过渡到第二句话，思维上没有停顿、没有间隙。这样，读者读懂并接受你文章的概率也就会随之变大。

关于提高行文过程中句与句之间的连贯性、减少间隙感的方法，Hilary Glasman-Deal 在其 *Science Research Writing For Non-native Speaker of English* 一书中给出了下面四条非常好的建议：

（1）重叠，即使用前句中出现过的词。例如，在接近句首的位置使用上一句中出现的一个词“读者”，以提高行文的连贯性。此外，需要注意的是：后一句中重复前句中的词语要尽可能放在句首。距离句首的位置越近，两句之间的间隙感就越小，连贯性越好。

（2）使用代词。例如，在“如果我们在写作时可以达到上述效果，读者读完第一句话，可以轻松地过渡到第二句话，思维上没有停顿、没有间隙。**这样**，读者接受你文章的概率也就会随之变大”。这两句话中，后一句句首使用了“这样”来代替前面一句话所提及的情况。

（3）使用连词或连接性词组。从语法角度来讲，连词的最基本作用就是增加句与句之间的连贯性。而且，通过连词可以明确表明其所连接的上下两句之间是什么关系，如因果关系、顺承关系和转折关系等。根据连词在句与句中所起的不同作用，可以将汉语和英语中的连词按表 1-1 进行分类。关于这些连词在实际中应用的实例，相信读者朋友们可以在本书或您的专业文献中找到很多，这里就不再赘述了。

表 1-1　常用的连词和连词性词组

作　用	汉　语	英　语
因果关系	由于、因为、因此、结果	because，due to，on account of，as，in view of，since，therefore，consequently，hence，as a result，which is why，so
对比或不同	然而、但是、却、与……相反、与……不同，而	however，whereas，but，while，by contrast，on the other hand
出乎意料	虽然、即便如此、即使这样、无论	although，despite，nevertheless，even though，in spite of，however，yet，regardless of，nonetheless，even so
进一步或附加	此外、另外、还有、除此之外	in addition to，also，moreover，furthermore，apart from，what is more

（4）恰当地使用分句。这种做法特别适合用于描述那些存在紧密关联的几件类似的事情。每说完一件事后，我们就在句尾处加一个分号，以提示读者事情还没有说完，在后面紧接着要说第二件事情。

在这里需要特别说明，以上四种加强句与句之间连贯性的方法对于汉语和英语论文均适用。如果您使用英语来撰写论文，则还有一种非常好的加强句与句间连贯性的方法。那就是使用定语从句，具体如下例所示。

例　It has received much attention over the past three years due to its outstanding electrical nonlinearity，***which*** offers important benefits.

1.4.6　要求六：尽量使用书面语

科技论文本身属于一种正式书面文体。因此，使用书面语同样是科技论文写作的内在要求之一。接下来分别通过一个中文和一个英文例子来说明。

例 1　为了将工作尽早地完成……

例 2　Each time，we tested three samples.

以上两句话如果被用于日常的口语交流，比如，在某次报告中，就没有任何问题。但是，在科技论文中，这两句话就明显没有下面箭头后的两句正式。

例 1 为了将工作尽早地完成……→为尽早完成工作，……

例 2 Each time，we tested three samples. → Three samples were tested each time.

英文比较好的人在写汉语文章时更容易出现与上面情况类似的非书面语。从例 1 可以看出，这种表述方法明显带有英语思维的痕迹。这句话对应的英文翻译是：In order to finish the task earlier... 造成例 2 口语化倾向严重的主要原因是使用主动语态。无论是汉语还是英语，人与人在日常交流时，都倾向于使用主动语态。它更有利于表达人们在交流时需要表达的主观看法。因此，大量使用主动语态正是日常用语的主要特点之一。然而，科学研究需要客观，客观性也是科技论文的一大特点[2]。如果过多地在科技论文中使用主动语态，就会削弱科技论文的客观性。这是科技论文写作过程中应避免的。

然而，上面的结论并不意味着科技论文写作不能带有主观性。相反，适当地表达自己对实验规律、结果及其机理的主观看法是科技论文的有机组成。对此，将在接下来的内容中予以具体说明。这里不提倡的是“过多”地使用主动语态等典型的非书面语表达方法。

1.4.7 要求七：恰当表达主观看法

承上所述，科技论文文体具有鲜明的客观性特点，但不排斥在其中适当地表达主观观点。能够恰当表达自己的主观看法是科技论文隐藏在客观性文体特点之中的另外一个不广为人知的特点。例如，随着掺杂量的提高，某种材料的密度由 96% 提高到 98%。在某些材料研究中我们可以说这种密度的变化不大，而在另外一些研究领域中，我们可以说随着掺杂量的提高，密度出现了显著改变。其中的“变化不大”和“显著改变”就包含了我们的主观看法。此外，在材料研究文章的结论中经常会有“某某材料是制备某种器件非常合适的备选材料。”此类说法完全是作者基于自己经验做出的主观判断。实质上，这些主观看法才是我们希望将来的读者在读完论文后接受的东西。论文述及的具体的实验或研究结果，只不过是说服读者并让读者接受上述主观看法的依据。

主观看法的表达在英文写作中的表现形式更为复杂。除了选用与汉语表达主观看法时类似的用词之外，英语论文还可以使用时态（主要是一般现在时和一般过去时）和情态动词来表达主观看法。本书将在随后章节中具体介绍这两种方法在引言、研究方法、结果、讨论和结论的应用。这是英文科技论文写作中的一个更高层次的要求。读者朋友们要想写出高水平的论文，就必须掌握这两种方法。

1.4.8　要求八：严格按照论文排版规范撰写

现代科技论文对论文的标题、关键词、引言、研究方法、结果及讨论和结论的字体、字号及其中出现的图、表中文字的字号、字体和图表的尺寸、清晰度等方面均有严格且近似于苛刻的要求。而且，其苛刻的程度远超过一个未受专业训练 的“新手”所能驾驭的范围。因此，许多期刊和大学都给出了论文撰写过程中可以遵循的“模板”。尽管如此，对于一个新手来说，要想写出排版完全符合规范的论文还是十分困难。对此，别无选择，我们只能“硬着头皮”耐心地按模板中的要求做。为满足这部分读者的要求，本书第 10 章中汇总了一些对此有帮助的 Word 排版和撰写技巧，以方便有需求的读者朋友们随时参阅。

1.5　小结

本章的主要内容如下：

（1）科技论文主要包括期刊论文和学位论文两种。

（2）科技论文由题目、作者及其单位、摘要、关键词、引言、研究方法、结果及分析、结论、参考文献和致谢这几部分组成。

（3）科技论文的结构组成可以用一个缠满线的“线轴”的中心剖面图表示：线轴轴心部分，从上至下各部分的面积变化代表相应内容覆盖范围大小改变的趋势；轴心外“缠线区”面积是与写作各部分内容时需要用词量的“忠实”对照。

（4）撰写科技论文时，推荐的顺序是：根据实验结果确定论文主题→根据与论文主题相关度的大小组织实验结果构成“结果”主体→确定上述结果的研究意义→结果写作→讨论→结论→实验方法→引言→题目及摘要，最后是致谢和参考文献等。

（5）“为读者着想”是统领科技论文写作的最高要求。以此为基础衍生出的要求还包括主题明确、条理清楚，严格地按照结构组成及其内在要求撰写，用词要准确、简洁、尽量使用书面语恰当地表达主观看法等。

上述内容是科技论文写作在“策略”层面上的注意事项，还没有涉及写作科技论文各组成部分具体内容时需要注意的“或明或暗”“名目繁多”的具体要求。开始的时候，一个“新手”可能觉得规矩繁多、难以掌握。但是，正是由于这些深入到科技论文细枝末节的要求才使科技论文成为了现代意义的“八股文”。因此，如果有了较好的研究基础，读者朋友们只要对此有清醒的认识，并在实际写作过程中严格按要求执行，科技论文是一种可被大多数人掌握的文体。而且，勤于思考的读者还可以在写作几篇文章后达到融会贯通。到那时，写作一篇科技论文就像你在家筹备一个饭局一样，只要有合格的“原料”——基础研究结果，数日之内就能完成一篇合格的论文。

第 2 章　引言的写法

提示： 引言在一篇期刊论文或学位论文中的主要作用是“开宗明义”。然而，要想达到这样的效果，并非易事。研究者需要在了解上述科技论文写作总体要求基础上，进一步了解引言的作用、内容、结构和写作的最佳时间点等相关内容。这些内容将是本章介绍的重点内容。最后，本章还将介绍使用汉语和英语写作引言时的具体注意事项。

2.1　引言的作用、内容

引言，在不同的科技期刊中也可能被称作“前言”或“序言”。不管名字如何变化，如果用一个词来概括它在一篇科技论文中的作用，就是“开宗明义”：具体来说即指介绍必要的研究背景与研究现状、指出现在研究中存在的问题，在此基础上点明研究主题，最后概括介绍整篇论文的内容安排，从而为后续内容更好地阐述、分析研究结果、结果产生的原因及其意义来做铺垫。

引言在科技论文中的上述作用就像是讲一个故事时使用的“引子”。事实上，科技论文和一个好的故事之间还有其他很多相似的地方。例如，一个好的故事也应该有其明确的线索，故事中的说理也得有理有据等。因此，掌握这些相似性也有助于我们写出更好的论文。也正是因为这个原因，许多国内同行在给课题组的年轻人或自己的学生讲解科技论文写作时，总会打下面这个比方：“写一篇好的科技论文就像是要讲好一个故事。”然而，现实是故事人人都可以讲，但并不是每个人都可以讲好。与此类似，在科技论文写作方面，每个人也都可以完成，但并不意味着每篇论文都能发表。写作本书的目的，就是要详细介绍包括引言在内的科技论文各部分内容的构成、内在要求和写作技巧，以此为基础帮助大家讲“好”自己的“故事”，写“好”自己的论文。

一篇好的科技论文必然始于一个好的引言。那么，一个好的引言需要具备哪些基本要素？① 换言之，应该包含哪些内容？这是我们在写作引言前首先要搞清楚的事情。虽然在科学技术和社会的发展过程中，对于这一问题的回答经历了一定的发展和变化；但在经历了历史的发展和沉淀后，目前，业内许多同行均认同一篇科技论文的引言中应该包含以下要素：研究背景、研究的现状及对存在问题的分析、研究的主要目的、研究内容和研究的价值或意义。这些内容就是写作引言时需要包含的基本要素，也是其主要内容。

2.1.1 研究背景

研究背景包含以下两个层面的内容：研究所属领域及其意义。研究所属领域是指研究主题及对象所在的学术领域，也可以从分类学的角度理解为研究对象所处的分类范围；研究所属领域的意义是这个领域的成果在总体上对人类、国民经济各部门或社会的重要影响。下面通过一个例子来具体说明这两个层面的具体内容。

笔者目前主要研究方向之一是氧化锌 - 氧化钒基压敏陶瓷的掺杂改性。因此，研究对象所属领域是氧化锌基压敏陶瓷。而氧化锌基压敏陶瓷是制造氧化锌基压敏电阻的主要原料。氧化锌基压敏电阻又是目前电子电路领域应用最为广泛的过压保护器件，囊括了高、中、低压等几乎所有的用电领域。因此，对人类社会有巨大的贡献。这部分

① 是否包含应有基本要素是评判引言好坏的标准之一，实质上也是评判整个科技论文好坏的标准之一。只要把握住这一点，我们就可以初步判断那些非“本专业”论文的好坏。这很可能是你身边那些令人敬重的“大家”们所具有的共同特点之一。

内容就是研究所有氧化锌基压敏陶瓷的意义所在。以上两部分内容均属于研究背景介绍范畴。再进一步具体来说，笔者在撰写相关论文的引言时，一般总会以氧化锌基压敏陶瓷的定义、基本组成和分类等研究对象所属领域的基础知识开头。接下来，笔者通常会强调氧化锌基压敏电阻广泛的应用；在此基础上再强调由于烧结温度低、制备成本低的特点，氧化锌 - 氧化钒基压敏陶瓷受到所属领域越来越多研究者的关注。在叙述完所属研究领域基本知识之后，强调上述两部分内容的目的旨在说明研究的意义：其中“应用广泛”就意味着论文所涉及研究成果有用；“属于研究热点”的事实也是论文所涉及研究有意义的一个典型佐证。特别需要注意的是，这里声明的所属研究领域的意义也是说明论文后续研究有必要进行的支撑条件之一。

对上述在引言开头就述及研究所属领域及其意义的做法，部分读者会觉得不习惯。有这种感觉也很自然。因为，许多国人在初中开始学习写作文的时候，都学过一个成语叫“开门见山”。这个成语应用到论文写作过程时就意味着要在文章的开头直接叙述所要表达的事情，而无需做任何提前的铺垫。如果按照这个要求，我们在写作引言的时候就可以直接由研究的主要问题入手来开始写作。这样的做法看似直接，但大多数做类似研究的“小同行①”也能够理解。因此这种做法似乎也不存在什么问题。然而，在科技论文写作中，本书不提倡读者朋友们这样做，而应参照前面例子中的做法，以适当的研究背景作为开头。具体原因如下：

① 小同行指研究领域基本一致的研究者。除此以外，在类似领域研究者即可被称为“大同行”。例如，笔者的研究领域之一是氧化锌基压敏陶瓷的掺杂改性。那么，所有其他研究氧化锌基压敏陶瓷的科研技术人员就都是笔者的小同行，而从事电子陶瓷的研究者就可以被称为笔者的大同行。

1. 有利于新手的理解

写作科技论文的目的除了要向同行介绍自己所取得的成就、建立自己在论文所涉及研究领域的地位之外，另外一个目的是传承知识。也就是说，我们要通过写作论文，将我们在研究过程中取得的经验和教训，传递给我们的下一代。他们既包括那些刚进入所涉及研究领域不久的“新手们”，也包括那些在将来可能涉足本领域的潜在研究人员。这些人对论文所涉及研究领域的了解还没有达到“小同行”的水平。因此，如果能在引言的开始部分以适当的研究背景知识做铺垫，将更有利于那些新手们理解论文随后叙述的研究成果。

2. 有助于读者正确把握研究意义

在大多数情况下，一个读者总是可以根据论文中陈述的研究现状和结果等信息，总结出一些论文所涉及研究的意义。然而，由于所属专业、背景知识结构和个人理解能力等方面的差异，读者自己总结出来的研究意义可能会明显不同于论文作者想让读者认同的研究意义。为了避免出现这种偏差，就需要从引言中就开始逐步声明论文所涉及研究的意义。毕竟，我们写作文章的目的之一是要让读者认同我们的观点，从而最终“接受”我们的论文。采用这种建议的做法，逐渐引导读者认同论文的研究意义，是让读者“接受”我们论文的第一步。

3. 可在评审过程中提高期刊论文的通过概率

如前所述，各类期刊的编审是期刊论文必须面对的第一批读者（除此以外，还有你的导师、帮你修改论文的前辈等）；而我们撰写科技论文的目的之一就是为了发表，只有这样才能让同行逐步了解我们的成果、逐步建立我们在研究领域中的地位。然而，要想让论文发表，就必须先通过编审们的评审。在引言开始部分提供一定的背景知识介绍，同时申明所属研究领域的意义，除了有利于“新手们”的理解之外，也可以提高论文通过编审评审的概率。要想明白其中的原因，有必要先了解一下目前科技期刊的一般评审流程。目前，大多数期刊论文的评审分为以下几步：

（1）当班编辑的初审。当班编辑，尤其是那些涉及多个研究领域的综合类科技期刊编辑，他们基本上都不是我们的同行。他们的主要任务是“去粗取精”。具体来说就是从众多的投稿论文中选出他们认为可以进入下一个评审环节的一小部分，然后拒绝剩余的大部分。那么他们以什么标准来决定一篇期刊论文是否可以进入下一个评审环节呢？这样的标准可能包括：作者的名气、文章的撰写模式与期刊要求的契合程度、文章各部分是否已经包含了应有的要素、文章撰写的流畅程度、是否有基金支持等。下面我们来做一一说明。

由于期刊论文的作者通常不止一个，因此作者的名气是论文中列出的所有作者名气的总和。如果论文的共同作者之一在所涉及研究领域中举足轻重，如某一位院士，当班编审会直接让文章进入下一环节。他们不会因为一篇文章去得罪某一位德高望重的院士。正所谓大树底下好乘凉，就是这个道理。

文章撰写模式与期刊要求的契合程度是指你文章撰写时的字号、字体、段落间距、文献著录格式等是否已经严格按该期刊要求的方式来做。

文章各部分中是否已经包含了应有的要素是指文章各部分的内容组成是否完整。以引言为例，就是其中是否包含了研究背景介绍、现状及分析、主要研究内容和文章的篇章结构安排等要素。

文章撰写的流畅程度、是否有基金支持这两条比较简单，这里就不再赘述。

然后还得看看当班编辑当时的心情和喜好。

在综合考虑以上所有因素的基础上（有些是编辑有意为之，有些因素是编辑在无意识状态下完成的），一个当班编辑才会决定是否让一篇期刊文章进入下一个评审流程。如果你在投稿后的一周内没有收到任何来自于出版社的邮件，那么恭喜你，你通过这一关了。如果你收到了邮件，邮件的大致内容如下"您投稿的文章内容不太适合在本刊发表，请另投他刊"，那你千万不要信以为真，直接将文章投给其他的期刊。这封邮件的主要意思是你写的文章水平有点低，已经被当班编辑直接"拒掉"了。

（2）期刊论文的第二个评审环节是行业专家评审。每一个专业期刊均会在所涉及的行业中聘请有影响力、同时又有一定空余时间的专家作为论文的行业评审专家，让其决定该论文是否可以进入下一个评审环节。注意，由于个人研究领域方面的局限性，这些行业评审专家在很多情况下是论文作者的"大同行"。行业专家评审比上面提到的期刊编辑更加专业。他们在收到当班编辑寄来的所有文章后，主要从作者（们）的声望、文章的学术水平、文章各部分是否包含了足够的要素、论文是否有基金资助及其个人的喜好等方面来决定文章是否将通过这一关的评审。这一关所用的时间大约为 10 天。

（3）外审专家评审。与前面的行业评审专家不同，外审专家大多数是论文作者所涉及领域中的"小同行"，但也不能排除是"大同行"的可能性。以钢铁领域为例，如果投稿文章属耐热钢，行业评审会尽量将文章派送到做耐热钢研究的专家手中评审。但是，当耐热钢评审专家数量不足（少于三个）或没有时间进行评审时，行业评审专家也有可能将论文指派给一个做其他钢种研究的"大同行"。作为外审专家，评价文章是否通过的标准基本上与行业评审专家相同。此外，还需要考虑研究成果及分析是否正确和论文中列举的研究结果是否可以很好地支撑研究主题。

从以上内容可以看出，在绝大多数情况下，决定我们文章命运的当班编辑、行业评审专家，甚至包括一些外审专家，都不是对投稿文章极其熟悉的“小同行”。因此，在引言开头部分所作的必要铺垫，同样可以帮助这些评审专家理解文章后续的结果。如果没有这些铺垫内容，这些编辑或评审人员就必须通过查阅必要的文献资料来了解。有多少“日理万机”的专家们能为了看懂一篇投稿论文而去查文献？这个问题读者朋友们在仔细想后应该会得到自己的答案。虽然我们相信那些职业操守较高的专家们，尤其是负责最后一关评审的外审专家们不会因为文章缺乏必要的背景介绍这一点问题就把我们的文章拒掉；但我们相信一旦出现这样的问题，我们的文章在他们头脑中的分数就会降低。这是我们每一个投稿者都不愿意看到的事情。

在看完上述分析后，相信读者朋友们就可以彻底理解在引言开始部分介绍一点研究背景知识的重要性了。

2.1.2　研究现状及存在问题的分析

研究现状是关于论文主题所涉及领域中，同行已经研究的内容和取得成果的介绍。根据笔者自身的经验，有许多研究生能够在期刊论文的引言或学位论文的文献综述中阐述清楚上述研究现状。然而，这些研究生未必知道或达到下面的要求。按照科技论文写作的内在要求，写作引言过程中，在阐述清楚研究现状的基础上，还必须分析清楚现有研究成果中还存在的问题。然而，由于对此要求认识不足，许多研究者，特别是新手们在写作引言时，对于这部分内容的叙述往往不能到位。更有甚者，会彻底忽视这部分内容。

具体来讲，在某个研究领域中，已有研究中存在的问题可能包括以下几个方面。

（1）已有研究在哪些方面还存在不完善或未知的领域？科学研究本身是无限趋近真理的一个过程。从这个角度来讲，在任何研究的任何阶段总会有不完善、甚至是尚未有人涉足的地方。另外，从发展的角度来看，科学研究就像是一个圆形的边界，越是发展，其边界所涉及的未知领域就会越大。因此，只要我们认真了解、仔细分析，总会从现有研究中找到许多不完善乃至于未知的领域。这些不完善的地方以及未知的领域就是我们在科技论文研究过程中能够探索的地方。

（2）已有研究在哪些地方存在分歧？在某个研究领域，经常会出现几个不同的学派。学派之所以出现，就是因为研究者在针对某个问题进行长期研究后，对于所涉及问题领域出现的实验规律及其作用原理形成了不同的观点或看法，有时甚至会形成不同的理论。将研究者按所持有理论进行划分就形成了不同的学派。以上研究中的所有不同看法或理论等，均可以被称为现有研究领域中的分歧。

不同的科学研究领域内，分歧可能有大有小；而且存在分歧是科学研究发展过程中的一种常态。以钢铁中的基础相变-马氏体相变为例，国内的研究者就马氏体相变机理形成了两种截然不同的解释，一种认为相变主要通过无扩散的替换原子的无扩散切变（原子沿相界面作协作运动）来完成[3]；另一种则认为钢中马氏体相变是碳原子、铁原子均以无扩散方式集体协同位移进行，而且这种位移不是机械式的切变[4]。国内的马氏体相变研究者逐渐就形成了所谓“切变”学派和“扩散”学派。此后，基于马氏体相变机理的“纷争”又逐步扩散至珠光体相变和贝氏体相变等固态相变基础研究领域[5]。哪一派学者将最终获胜，历史的发展将给出最终结果。然而，可以肯定的是无论谁获胜，所涉及领域内的基础研究都将会因此而继续向前发展。因此，各研究领域中的分歧是科学研究不断向前发展不可或缺的原动力。在这里，更为重要的是，这些分歧可以为随后研究内容的提出提供必要的基础。

（3）已有研究在哪些方面有错误？在科学研究的某个阶段，由于研究者自身认识实验条件等方面的局限性，很可能会形成一些错误的理论。天文研究领域曾存在的、广为人知的“地心说”就是这方面的一个典型例子。波兰的天文学家哥白尼经过长年的观察和计算，在其临终前出版的《天体运行论》才提出“日心说”，纠正了前人认为地球是近地天体运行中心的谬误，使世人对包括太阳、地球在内的天体的运行规律有了进一步的认识，天文学也因此继续向前发展。在科学技术飞速发展的今天，在相对成熟的研究领域中，类似“地心说”这种谬误已经为数不多。然而，在许多涉及交叉学科、处于发展初级阶段的学科中一定会有类似的现象。这可能是这些领域内论文研究主题的重要来源之一。

总而言之，在一篇科技论文中，作者应该尽量在综述研究现状的基础上分析出已有研究中存在的没有研究的、不完善的、存在分歧和错误等问题。这些问题是论文所涉及研究得以展开的基础，也是论文得以撰写的必要条件。这样写，也有利于后续读者了解论文研究所涉及领域的现状和开展研究工作的原因。引言中的这些内容已经得到科学研究界许多学者的认同，是引言中必须阐明的内容。更通俗地来讲，这些内容是写作引言过程中的“规定动作”。

对于作者，尤其是一个新手，要想非常出色地撰写这部分内容，就必须学会多角度思考。此外，还需要从已有文献特别是那些知名学者或专家的文献引言中“汲取营养”，仔细领悟他们在开展研究过程中发现问题的角度和方法。最后，尽量在自己的研究中应用上述方法或采用类似的角度来发现问题。这样，在我们自己成为巨人之前，我们就可能站在“巨人”的肩膀上。笔者相信，这是大多数读者梦寐以求的结果。因为这样能让我们看得更宽、看得更远。

2.1.3 研究的主要目的及内容

如前所述，在一篇科技论文的引言中，作者必须在综述所涉及领域研究现状的基础上，分析并指出该领域中存在的问题。对于任何一个研究领域，这样的问题都会有很多。通常情况下，这些问题也绝非一篇科技论文所涉及的研究工作能够解决。因此，在引言接下来的内容中，作者必须从现有的诸多问题中找出一个问题作为论文研究的出发点。这个问题必须是作者在自己已拥有的实验平台基础上，通过一个具体研究方案可以解决的问题，至少也应该解决该问题的某个方面。上述内容就是在引言中需要揭示的研究目的，研究方案涉及的具体研究就是这里需要的研究内容。

能够在分析某领域研究现状基础上，指出存在的问题、选择一个问题、找到恰当的切入点，然后从这个切入点出发，制订合理的研究方案，研究一定的内容，解决目标问题或它的一方面，是一个成熟研究者应该具备的基本素质之一。

2.1.4 论文的篇章结构安排

这是引言的最后一部分组成内容。具体来说就是概括性介绍随后文章中的主要研究活动。虽然目前还有部分研究者觉得这部分内容并不重要；但是在这里，笔者还是要提醒大家千万不要轻视这部分内容，因为已经有越来越多的研究者采纳了这种做法。

产生这种改变的原因还可能与当今科学技术的快速发展有关。目前，我们正处在一个信息爆炸的时代，各种各样的期刊文章数不胜数。作为研究者，必须学会如何从海量文献中获取必要的信息。这已经成为每个研究者所必须面对的问题。引言最后的这部分内容对于读者来说，就像是导游在出发前给旅游者发的一张标有旅游点及参观顺序的地图，可以帮助读者预先了解文章的结构及后续内容，提高文章的阅读效率。因此，读者朋友们在写作自己论文引言时，最好在结束前给出论文的篇章结构安排。本书在前面曾介绍过科技论文撰写的最高要求是“一切从读者出发、为读者考虑”。这部分内容，正是这种最高要求的具体体现。

在这里特别需要指出，除了以上四方面内容以外，在一些现代科技论文中，还有许多研究者会选择在引言的结尾处，用一两句话概括说明论文所涉及具体研究工作中最重要的结果及其意义。虽然每一个文章的作者在这里都知道，仅凭这一两句话还不足以使读者完全认可自己的研究结果及意义，而且一般的读者也不会就此轻信；但是这样做毕竟可以在读者头脑中留下一定的印象。其结果就像是给读者戴上了一副有利于接受论文内容的有色眼镜。由于有了引言结尾处的铺垫，当读者再次从文章的结果及结论中读到重要结果及意义时，对此的陌生感就会降低。因此，读者就更能倾向于认可文章的结果及意义。同时也有助于防止读者在阅读结果和结论过程中根据自己的体会对论文的研究意义得出错误的结论。

从以上内容中可以看出，科技论文的撰写与发表过程更像是在作者与读者之间展开的一场战争。作为作者，要想赢得这场“战争”，就要从战略、战术、心理、生理等各个方面了解读者的状态、特点、需求及喜好等所有需要了解的情况，然后采取相应的策略与行动。正所谓“知己知彼，百战不殆”！

2.2　引言的结构

从前面的内容中了解了引言所包含的主要内容后，接下来讨论引言的结构。讨论重点是引言的各部分内容涉及范围的大小及其相互关系。为了说明这个问题，首先需要回顾一下前面介绍过的“科技论文‘线轴’结构组成示意图”。

按照前面介绍的惯例，在线轴结构图中，科技论文各部分内容覆盖范围均由轴心部标有相应名称的图形来代表。这些图形面积从上至下的变化就代表着相应部分内容覆盖范围大小随写作逐步深入的变化。这里，代表引言的图形是一个上大下小的梯形。这也就意味着：写作引言时，从研究背景开始，到研究现状及其中存在问题的分析，再到研究内容及随后的篇章结构安排，各主要部分内容所涉及的范围逐渐缩小，最后与研究方法和研究结果部分所涉及内容的范围趋于一致。这是写作引言时，在文章的篇章结构方面需要注意的第一点。

此外，在对图 1-1 进行介绍时还讲到过一个惯例：即写作文章主体各组成部分所需要的用词量大体正比于其两侧的灰色区域面积的大小。在引言部分，从前到后，表示用词量多少的灰色区域（如图 2-1 中的虚线圈出的范围所示）是两个上小下大的直角三角形。这表明，我们在写作引言过程中，对于前面的研究背景和研究现状的介绍不能花费大多的笔墨，而应该点到即止。毕竟，这部分内容与论文的主体内容不“直接”相关。此后，需要介绍的是已有研究问题分析、论文研究内容和整个论文的篇章结构安排这三部分内容。由于它们均与论文研究的主体直接相关，因此，需要使用更多的“笔墨”来进行说明。

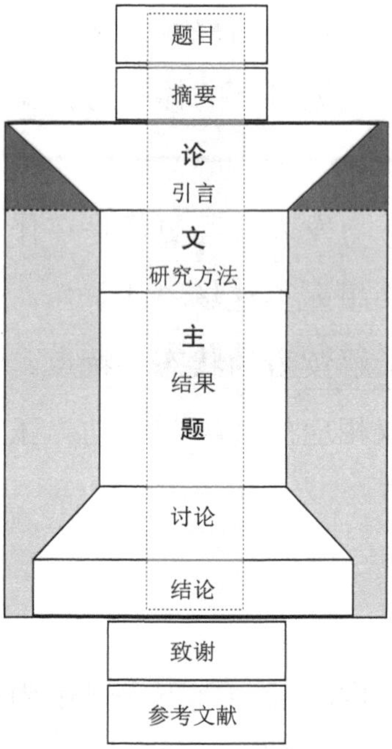

图 2-1　科技论文“线轴”结构组成示意图

从图 2-1 还可以看出，引言的结尾与论文主体在所涉及内容的覆盖范围方面是相同的。它们二者之间存在着严格的一致性与呼应关系，具体表现在以下三个方面：

（1）引言中提出的研究内容是随后在论文主体中提出的各种研究方法的基础；换言之，后面介绍的研究方法应与研究内容互相对应。

（2）研究方法之后介绍的研究结果一定是为了说明研究内容而精选出来的“研究结果”。

（3）引言中介绍的篇章结构安排与随后实验方法与结果中相关内容叙述顺序应一致。

相信每一位读者，都非常容易理解引言和论文主体内容之间的一致性和呼应关系。然而，理解容易，具体实施却并不那么容易。一篇科技论文，从开始构思到最终完成，其间可能需要经历数十次的修改。在很多情况下，一些研究者会根据需要修改前面引言中的内容，却忘记对后续内容作相应调整；反之亦然。这样，就非常容易出现论文前后内容覆盖范围和呼应关系上的不一致。

2.3　引言的写作与完成时间节点

本书涉及的科技论文包括期刊科技论文和学位论文两种。虽然这两种文体在篇章结构、主要内容和写作方法上存在着极大的相似性；但在开始写作的时间方面，期刊论文的引言和学位论文中的相应部分——文献综述之间有很大的差别。

对于学位论文，一般情况下是先有文献综述，然后才会有具体的研究结果。这和我国的研究生培养制度有关。按照我国的三年制研究生培养流程，一般理工科研究生在完成第一年理论课程学习后，需要在随后的一个学期中完成研究方向确定、文献调研、制订研究计划、开展初步实验研究、撰写开题报告并完成开题。实际上，有些研究生导师在学生刚入学时就会给研究生确定具体的研究题目（这已经不仅仅是研究方向了）。这样，该研究生就会有更多的时间来准备开题报告。在开题报告中，一个研究生首先需要简述研究的背景和现状，然后以此为基础指出已有研究中的不足，从中找出适合的问题作为研究的主题。此后，还要根据所提出的研究主题确定相应的研究内容、提出合理的研究方案计划。这些内容与学位论文文献综述要求的内容基本相同。因此，在毕业前，有很多研究生会将自己的开题报告稍加调整甚至是直接拷贝作为自己毕业论文的文献综述。所以，学位论文中，文献综述的写作时间实际上是先于实验结果。

然而，以上做法并不是完成学位论文文献综述的最优方案。在绝大多数情况下，一个研究生在刚入学时，其文献阅读、分析问题和解决问题的能力均十分有限。因此，他们在开题报告中对已有研究中存在问题的认识可能不是很到位，甚至存在缺陷。所以，在开题后，许多研究生会根据研究的实际进展来适时调整接下来研究的进程与内容。因此，在临近毕业之际，所获得的研究成果或多或少会不同于当初开题报告中的预期。

基于上述原因，要想写出一个好的文献综述，研究生就必须在研究过程中，适时地根据研究的最新进展查找、阅读需要的文献，并在此基础上修改开题报告，以便在研究完成时准备好文献综述所需的所有素材。完成研究后，还要最后一次根据获得的研究结果和文献综述的内在要求修正、调整开题报告。只有这样才能写出自成一体、严格呼应论文结果的学位论文文献综述。研究生也可以通过这个过程，锻炼自己分析、总结问题和从全局出发配置文献资料的能力。因此，文献综述写作也是最能体现一个研究生对自己研究领域的把握水平和写作水平高低的方面之一。

然而，据笔者多年的观察，许多研究生不会这样做，而是倾向于在完成所有研究后，将开题报告稍加调整后直接作为学位论文的文献综述。所以，文献综述部分实质上就成为目前学位论文中问题最多的地方之一。Flowerrdew 对香港学生用英语写学术论文常见问题的调查分析结果就很好地支持了笔者的这一观点[6]。由此，研究生们就失去了一个绝佳的锻炼自己分析问题、调整写作素材的能力和培养大局观的机会。这种情况着实让人惋惜。

此外，为节省时间，一些指导老师和外审专家在审查学位论文时，也往往疏于对文献综述的关注，而将注意力主要放在论文研究结果和讨论等部分。这在一定程度上也是造成目前很多研究生文献综述写作能力低下的主要原因之一。笔者认为，这是我国目前研究生教育需要检讨和做出改变的地方。

期刊论文引言的写作顺序与前面介绍的学位论文恰好相反。一般的研究者往往是在取得一定的研究结果，特别是取得了优于已有研究水平的结果后，才觉得有必要去撰写一篇期刊论文。撰写时，多数研究者会从已有成果中抽取其中相关性比较大的、可以说明一个主题（即常说的能“讲好一个故事”）的成果组合在一起，构成期刊文章的主体。接下来，再根据以上主体内容来“量身定制”期刊论文的引言。因此，对于期刊科技论文，基本上是先有结果，后写引言。

虽然许多研究者都是按照以上顺序来写作引言乃至于完成整个期刊论文；但这并不意味着所有读者朋友都必须按这样的顺序来写作，特别是那些身处已经有一定基础的团队中的读者朋友。在这样的研究团队中，由于已经有了坚实的研究基础，即使是刚入门的研究生也可以在老师或学长的指导下，确定合适的研究主题和研究内容、提出合理的研究方案。在这种把握性比较大的科学研究过程中，研究生此后的任务就被“弱化”为按既定方案、保质保量地完成实验研究，并在此基础上完成期刊论文与学位论文的写作。这种情况下，期刊论文的写作完全可以参照学位论文的顺序来完成引言、研究方法及结果的主体框架。此后，可以随着实验的深入，逐步添加结果并进行相应的分析。这样，在实验结束之后，期刊论文也可以随之基本完成。由于研究者必须在实验过程中及时总结、添加并分析所获得的阶段性结果，这样就可以及时发现并纠正实验中出现的错误。因此，对于那些已经有一定基础的研究人员，采用这种顺序来完成自己的实验及期刊论文不失为一种非常好的选择。

总而言之，由于论文的种类和自身情况的差异，一个研究者开始写作引言的时间存在着巨大的差异：或是先于正文主体，或是在论文主体完成之后才开始。然而，从完成引言的时间节点方面考虑，则不存在上述差异性。因为，即使是先于正文主体开始写作的研究者，在主体完成之后，也需要根据自己在论文主体写作过程中不断加深的对研究主题的认识或发现的新情况来重新完善和修正引言。因此，引言应是一篇科技论文最后完成的主体内容。

2.4 引言的写作方法

本书前面的内容中实际上已经包含了引言写作方法的部分内容。例如第 1 章中提到的科技论文写作总体要求中的部分内容。再如，本书前文中曾建议研究生应针对以往学生对文献综述重视程度不足的问题，在大致完成自己的实验研究后，根据自己的实验结果，按照文献综述的内容要求，通过认真修改、补充和调整自己的开题报告来形成毕业论文的文献综述。这对于学位论文文献综述写作来说，是一条非常重要的写作方法。然而，如果仅限于此的话，可能还不足以满足读者朋友们对期刊论文引言（学位论文的文献综述）写作方法的需求。

因此，接下来将分两部分具体介绍写作引言各部分主要内容的方法。其中，第一部分内容主要针对以汉语为写作语言的朋友们；第二部分则主要从时态和语态方面探讨写作英语科技论文引言的方法。不需要写作英语科技论文的朋友，大可以跳过该部分内容，直接参阅随后第 3 章有关实验方法写作的内容。与对汉语写作作者的建议不同，用英语写作的朋友必须参阅 “汉语科技论文中引言写作要点” 相关内容，其中涉及的写作方法完全可以用于写作英语科技论文引言。

2.4.1　汉语科技论文中引言的写作要点

写作汉语科技论文引言时，基本上可以按其主要内容组成分以下四步来进行。

第一步：介绍主要内容及研究的背景

写作这部分内容时，不但需要说明科技论文研究主题所涉及的研究领域，最好还能一并说明该研究领域的重要性或意义。注意，这里的研究领域比论文研究的具体问题的范围更加宽泛。例如，如果论文的主题是研究某种掺杂对某种材料中的一个体系的影响，那么，这里就应该简单介绍这种材料的定义、制备及应用等背景知识。在介绍应用时，还可以特别通过强调这种材料“应用”的广泛性或重要性来凸显研究所属领域的重要。例如笔者在写作某种掺杂对氧化锌 - 氧化钒基压敏电阻陶瓷材料显微形貌、电学特性影响的文章时，会在这里特别强调氧化锌压敏电阻在电力、电子、汽车等国民经济重点领域中的重要作用及其每年在全球几十亿美元的销售量。此后，还会介绍掺杂是改变这种材料显微形貌和性能的最主要的影响因素之一。这样，读者就会明白论文所涉及研究一旦取得了一定进展，必将在应用后产生巨大的经济效益。论文研究主题的重要性也会因此得到彰显。所以，在一篇期刊论文中，用 1 ～ 2 句话就可以说明研究主题的所属领域及其重要性。在学位论文中，由于对字数的限制更加宽泛，这部分内容可以扩充为 1 ～ 2 段。

第二步：综述研究现状并分析现存问题。

这一部分内容是引言中最难写作的部分。它要求：

（1）要在充分了解所研究领域的基础上，根据论文研究主题选出已有研究中的代表性成果进行综述。

（2）在综述的基础上指明其中存在的问题。

（3）当指明的问题不唯一时，还需要特别说明哪一个问题是本论文研究的主题；当现有问题包含内容较多、范围比较宽泛时，就需要在这里说明研究主题是针对现有问题中的哪一个方面。这样写的目的是反证你研究内容的必要性，也就是说明开展论文所涉及研究内容的原因。

以上要求看似简单，却是引言部分中最难把握、也是对研究者要求最高的地方之一。原因是它包含了几个难点。

其中**第一个难点是要充分了解研究现状**。这对于我们国内的研究者来说比较困难，其中的原因包括以下几点：

（1）部分研究者未充分意识到文献调研和阅读的重要性。与相对枯燥的阅读相比，许多人更喜欢做实验。

（2）国内的许多研究者在获取文献方面存在困难，并不是每个科研院所或学校都能筹集到足够的经费购买科研所需的 CNKI（中文）和 Web of Knowledge、Elsevier 和 Springer 等（英文）数据库。

（3）许多研究者在英文文献阅读方面存在困难①。

在充分了解了研究现状之后，**第二个难点是如何在众多已有的文**

① 这是我国英语教育的一个悲哀。虽然我们从初中（有许多从幼儿园）就开始学习英语，并为此耗费了大量的人力、物力和财力。然而，由于在大多数情况下，英语学习是为了考试，而不是应用，以至于大多数国人在学习了近 20 年英语后，仍然不能达到熟练运用的程度。

献成果中找出、确定代表性成果。

在这里需要考虑的因素很多。首先，要考虑已有文献成果与研究主题关联度的大小和文献作者在所涉及领域中的知名度。此外，还需考虑文献来源期刊的知名度及其与你拟投期刊的关联程度等。如果你撰写的是学位论文，则不需要考虑已有文献与拟投期刊的关系。

根据上面的两条要求，大家可以重点考虑以下几类文章：和你研究主题直接相关的成果、所属领域中重要学者或专家的成果、发表在该领域内高级别期刊上的成果和**发表在拟投稿期刊上的成果**都可以作为代表性成果来介绍。将投稿期刊文章成果作为已有研究典型成果介绍的主要原因在于：许多期刊编辑为了提高自己期刊的影响力，会“公然”在投稿指南中或通过修改意见这种方式“暗地里”建议作者们多引用发表在该期刊上的文章。结果将提高该期刊文章的被引用率，加大该期刊在相关学术领域中的影响力。因此，如果你这样做，最起码可以“取悦”期刊的编辑们，从而提高你在该期刊上投稿文章被接受的概率。别忘了，他们是横在你论文发表之路上的第一道“关卡”。（学位论文的撰写不涉及此项内容）

第三个难点是如何对代表性成果进行恰当的“综述”。

这个难点又分为两个层面。第一个层面是“综”，即要简要介绍相关的代表性成果，但不能过于详细。否则，引言部分的篇幅就可能因此变得太长。此外因为在结果分析及讨论过程中，为了给自己论文结果和讨论提供理论或实验支持，往往需要引述已有文献、尤其是那些与研究主题关联度较高的文献。如果我们已经在引言中详述了这些文献的研究成果，就必然造成与结果和讨论中的相应内容的冲突。因此，对这些内容综述详细程度的把握就成为引言写作的内在要求之一。读者朋友们也可以参阅第 4 章及第 5 章来了解相关内容。所以，目前科技论文写作方面似乎有这样一个趋势，就是简写引言或文献综述中的现状分析，而把那些真正对自己结果分析有用的文献放在结果或讨论中进行分析和评述。这样不但会极大丰富自己的分析，同时还会提高自己论文主体（结果、分析及结论）内容在整个论文中所占的比例。

综述现状难点的第二个层面是“述”，也就是要评述已有研究成果，表达自己对已有成果地位或作用等的观点及看法。例如，用自己的语言转述了某人的成果后，继续说这个人的研究成果是该领域中里程碑式的成果或为某个领域研究奠定了坚实的基础。通过这样的看法，你就可以表达自己对已有成果作者及其工作本身地位和作用的认可。因此，这部分内容实质上就是你向领域内重要学者或专家致敬的地方。其中的难点当然是“度”的把握。比较保险的做法就是尽量说点“好”话。即使是稍微有点过，他们在审阅论文时也不会有太多意见。毕竟，绝大多数人喜欢听好话。这似乎是人的本性。

第四个难点是在综述研究现状的基础上指出存在的问题。

这个难点是科技论文写作两个最大的难点之一（另外一个是对研究结果的讨论）。原因可能有以下两个方面。

（1）对已有研究中存在问题的阐述及以此为基础对研究主题的说明要与此前对研究现状的“准确”综述相呼应。当已有研究与你即将开展的研究类似时，这一点尤为重要。在这种情况下，我们首先要在前面的综述里准确“限定”已有研究成果的范围，千万不能让表述的已有研究成果范围覆盖了你自己研究内容的主体。为了避免上面的情况发生，读者朋友们可能还需要找到合适的切入点或角度来说明存在的问题。世界上基本上不存在两件完全相同的事情，科学研究也是如此。然而，这并不意味着每个人都能找到合适的切入点，表述出其中实质性区别。能否选择合适的阐述问题的切入点或角度又涉及以下两个原因。① 对此没有重视或重视不足。目前，许多新手还没有认识到这部分内容是科技论文引言（学位论文文献综述）部分的有机组成。甚至，一少部分研究生导师对此也缺乏足够的重视。因此，他们在给研究生布置任务的时候，会非常清楚地告知研究生所需要开展的研究内容，却很少说明为什么要这样做。② 对此予以重视后，能否从已有研究中看出问题，还和研究者自身的知识体系、对所研究主题的理解程度等多种因素有关。例如，我们现在将一篇量子力学领域的最新研究论文交给一个中学生，让他（或她）说出其中存在的问题，这几乎是一件不可能的事情。所以，高水平的科技论文的重要基础之一就是研究者本身就具备更高的素质和研究水平。这也是我们在刚进入某一研究领域时，难以写出高水平文章的最根本的原因。要达到这一目的，每位研究者都要在平时通过持之以恒的学习和实践提高自身素质。这里面包含的道理很简单，读者朋友们都能理解。然而，能在理解的基础上提出有针对性的改进措施、并在自己研究工作中实施，从而切实提高自身的素质、做好自己的研究、写出高质量论文的研究者还是数量有限。

（2）此外，当前中国社会中存在着非常严重的“浮躁”现象；中国民族文化本身也存在不重视脚踏实地、渐进式积累和崇尚“四两拨千斤”等小概率事件的弊端[①]。这些植根于我们民族文化中的弊端也可能直接影响青年研究者平时在科研中投入的精力和时间。最后，目前过高的房价也使得很多年轻的研究者整天都在想如何挣钱、如何买房、如何在买房后还借款，他们几乎再没有多余的时间和精力来真正的考虑自己的学术研究。面对以上弊端和现实生活中的无奈，希望国家和有能力的读者朋友们能够对此有必要的警醒，并找到破解这些困局的出路。

① 关于我国民族文化中弊端的论述，有兴趣的读者可以参阅《郎咸平说：谁在谋杀中国经济》。

第三步：声明研究的主要目的及主要研究活动。

在前面综述研究现状的基础上，我们可能发现很多的问题；同时在一个问题中可能存在多个方面。因此，我们在做研究时，必须根据自己已有的研究基础和实验条件遴选出论文研究所针对的具体问题；在写论文时，也要声明论文研究针对的是已有问题中的哪个问题或问题的哪个方面。这就是研究的主要目的。此后，还要声明为达到上述目的而开展的具体研究内容。这是编排论文“结果”部分内容前后次序的主要依据。通常，在期刊论文中，这一部分内容用 3 句话左右就可以叙述完毕。

这部分内容在整个科技论文中的作用就像是给将来的读者在浏览论文主体内容前发的一个提纲，其中清楚地给出了需要浏览的内容。这样，就使读者对论文的后续内容提前有了预期，会极大地方便读者理解和把握论文的主旨。

第四步：概述研究取得的重要成果及其价值或意义。

这部分内容需要用一两句话声明论文中主要成果及其在相关研究领域的价值或意义。目前，仍有相当一部分研究者不认为这部分内容是引言的必要组成部分。有些读者朋友可能认为：在引言部分就述及最重要的研究结果为时过早。也有读者朋友觉得这样有点“老王卖瓜，自卖自夸”的感觉。同时，这种做法也恐怕是相对内敛的国人不太擅长的事情。然而，我们写作科技论文的目的之一就是要让读者通过阅读文章来认识到自己研究的价值。但是，正如我们前面提到的，对一个事情的认识是和人的自身素质相关的。因此，即使是阅读了一样的材料，不同的读者也会有不同的认识或达不到我们想让读者达到的认识程度。所以，我们在这方面就需要尽可能早的引导读者，而引言的结尾处就是我们在论文正文中最早的选择。虽然，这里还没有实验数据支撑、读者也不会就此接受，但是，它会起到引导读者的作用。这样的作用是毋庸置疑的。因此，这部分内容虽然不是传统科技论文中的必要组成部分，却已经被越来越多的研究者所认同。

以上，以期刊论文为例为读者朋友们介绍了引言的写法。基于期刊论文主体结构和内容与学位论文之间的相似性，大家完全可以按照如上所述方法、步骤和要求来写作学位论文的文献综述。它们之间的主要差别仅表现在可使用文字多少方面。原来在引言中用 1 ～ 2 句话说的事情，在文献综述中可以写成一两段文字。此外，在学位论文文献综述中，各级标题的排版格式明显不同于期刊论文。各位读者朋友应在撰写时提前对此予以重视。

2.4.2　英语科技论文中引言的写作要点

用英语写作引言时，在内容方面要完全满足上面介绍的各项要求。此外，也要满足 1.4 节介绍的、更深层次的“科技论文写作的总体要求”。然而，用英语撰写引言却不仅限于此，我们还会遇到诸如时态和语态选择等问题。这些问题虽然都是些面上问题，但是，如果处理不当，不但会降低论文通过编辑或外审专家评审的概率，而且还会影响我们想要表达的意思。更有甚者，有时即使是在语法方面没有错误，如果时态或语态方面选择不当，同样也会影响到文章所要表达的意义。接下来，就主要介绍用英语写作引言时在时态和语态上值得注意的几个问题。

1．一般现在时的大胆应用

在引言中，根据一般的英语写作经验，研究背景和现状所涉及的成果均在论文写作时间点的过去，因此，采用一般过去时写作这部分内容似乎也合情合理。事实上，一般过去时也确实是用英语写作引言时大量使用的一种时态。那么，我们在引言写作中还是否需要一般现在时？这个问题的答案是肯定的。我们在用英语写作引言时，仍然需要一般现在时。而且，**一般现在时在引言中应用的好坏是影响整个引言写作水平的重要因素之一**。

上面的说法绝对没有言过其实。一般现在时不仅可以应用于写作引言中的研究现状，而且还有助于更加准确、细致地表达我们对已有成果在所涉及研究领域地位的认识。为了帮助大家理解上面的说法，让我们来一起回顾一下一般现在时在英语表达中的作用。

根据 Geraldine Woods[7] 的说法："Present tense tells you what is going on right now. As mentioned in the previous section, this simple tense has two forms—one is called present, and the other is progressive. **The present form① shows action or a state of being that is occurring now, that is generally true, or that is always happening.** The present progressive form is similar, but it often implies a process."（译文：现在时表达现在发生了什么。如前所述，这个简单的时态又分为两种，一种是一般现在时，另一种是现在进行时。**一般现在时是表达正在发生的、一般情况下是真实的或经常发生的动作和状态**。一般现在进行时具有类似的作用，但其更注重于表达一个进行过程。）在我们国内的英语语法教学中，上述"一般情况下正确的或经常发生的动作和状态"可被称为普遍真理[8]，例如：地球围绕太阳转（The earth moves around the sun）；时间就是金钱（Time is money.）等事情。

在科技论文写作过程中，当然也存在一些可以被认为是普遍真理事情。如果一种材料的制备工艺、某人对某种实验现象原因的解释等已经被同行普遍接受，那么，我们就应该用一般现在时来表述这类事情。下面通过一个例子来说明。这个例子来自于基础物理、固体物理及材料研究领域重要期刊 *JOURNAL OF PHYSICS: CONDENSED MATTER* 上一篇

① 在这里 form 即 tense。

论文的引言[9]。论文研究的主要问题是施主和受主掺杂对 ZnO 压敏陶瓷的影响，作者是英国曼彻斯特大学材料科学中心的 Ian Gilber。

It has been found that trivalent additions，e.g. Ga^{3+}，Al^{3+}，***act*** as donors，increasing leakage currents and displacing the I-V characteristic to higher current densities；

在这个例子中，作者使用了现在完成时“It has been found that”，表明所叙述的内容是所涉及的研究领域发生的到目前都有持续影响的成果；然而，在随后 that 引导的从句中，谓语动词“***act***”却使用了一般现在时形式。此外，在这里还需要特别说明的是，作者在这句话后甚至没有给出参考文献。这表明，作者认为 that 从句所表述的事实已被相关领域内的许多实验证实，并获得了普遍认可，在领域内可被认为是一种普遍真理。这样，用一般现在时所陈述事实的重要性或被接受程度就因为时态的正确使用而显而易见。相反，如果作者在文章中使用过去时“acted”，就说明 that 从句所表述的事实是过去某个研究者的结论或观点。这个理论能否被普遍接受还有待于证实。当然，如果真是这样，为了表明对该研究者工作的认可，在 that 从句后应该给出表明该研究成果的参考文献。

从以上例子中可以看出，仅将 act 由一般现在时改变成一般过去时，that 从句所表述的事实就由一个普遍接受的事实转变成了一个有待验证的理论；这个理论在所涉及研究领域内的重要性也出现了天壤之别。所以，在用英语撰写期刊论文引言（或学位论文的文献综述）时，凡是涉及那些已经被领域内学者普遍接受的实验流程、制备方法或解释某种实验现象的理论，我们都可以用一般现在时表述。反之，就应该用过去时。

那么，如何去判定某个研究领域内的一个实验流程、材料的制备方法或解释某实验现象的理论是否已经被普遍接受呢？对这个问题的评判标准是什么？对于这个问题的回答是：完全由读者朋友们自己来决定[10]。你可能对此有些怀疑，但事实确实如此。在实际写作过程中，我们甚至可以利用这一点来推广自己认可的理论或研究成果，例如自己或课题组前辈的研究成果；也可以利用这个机会向你认可的同行“致敬”。

然而，这种做法也不能滥用。用英语写作引言时采用上述做法必须有一个前提：即所涉及的成果必须足够“正确”。否则，即使你用一般现在时表述某种研究成果，如果评审评委不认可，他们会认为在这里出现了语法错误。因为，他认为你这里应该采用一般过去时。这样，就会降低评委对你文章的印象。所以，所有语法在科技论文写作过程中都只是个工具。最终，它能否在论文中发挥有益作用，关键还是在合理运用。

2. 正确使用现在完成时

现在完成时（present perfect）在英语中的主要作用：show actions or states of being that began in the past but are still going on in the present[7]。这句话的直译是“用来表述那些发生于过去但一直持续到现在的动作或状态”。

初学者非常容易将现在完成时与过去时或过去完成时混淆。虽然现在完成时与过去时或过去完成时表述的动作或状态均发生在过去，**但前者强调的重点是过去动作或状态对现在的影响**。后者仅能说明该动作或状态发生在过去（过去时）或在过去的某个时间点之前就已经发生（过去完成时）。至于上述动作或状态对现在有无影响则并不清楚。现在，让我们来看下面的例子。

这个例子可以帮助读者朋友们理解现在完成时在引言中可以起到的重要作用及其与一般过去或过去完成时的差别。由于所选的例子出版于专业期刊，因此，可能包含了一些读者朋友们并不熟悉的专业词汇。对此，读者朋友们可以不必太在意，而只需将关注的重点放在现在完成时在其中的应用和作用上。这个例子摘自于英国帝国大学材料系的 E. Gomez 等于 2009 年发表在 *Journal of Hazardous Materials* 的综述文章 *Thermal plasma technology for the treatment of wastes: A critical review* 的引言。为在后面叙述方便，在原文中按顺序用带圈的数字①和②标识了其中的句子。

例　① Increasing population，consumerism and industrial development ***have led*** to an increase in the quantities of hazardous and municipal solid waste （MSW） generated worldwide. ② Various thermal processes，including incineration，pyrolysis，melting or vitrification，***have been proposed*** for treating these hazardous wastes prior to disposal；their aim being to destroy the organic fraction and convert the inorganic fraction into an inert silicate slag，or glass，that can either be advantageously reused，or harmlessly disposed of in an inert landfill [1-3].

如上所示，在第①句话中，用现在完成时（***have led***）来表明由于人口、商业和工业的持续发展导致全世界范围内有害固体废弃物和民用固体废弃物的数量均在不断增长。文中动词“导致”（led，lead 的过去分词）的宾语部分“有害和民用固体废弃物的数量在全世界范围内的增长”肯定开始于过去，但文中强调的是这种增长一直持续到“现在”（文章写作的时间点），并且仍然处于增长态势中。因此，在第②句中作者提到为解决上述固体废弃物带来的问题，已经有几种热处理方法（Various thermal processes）被（已有研究）提出（***have been proposed***）来使其中的有机成分分解，并把剩余的无机成分转变为更加稳定的硅酸盐渣或玻璃。所获得的硅酸盐渣或玻璃可再被利用，从而给我们带来收益；或者，也可被用作无害化填充。作者在这一句中强调的依然是过去提出的这几种热处理方法在“目前”（截止于文章写作时）都一直在被使用着，处于活跃状态。如果我们将上面例子中的两个动词分别用其一般过去时来表示，大家看看表达的意义将会出现什么变化？

例　① Increasing population，consumerism and industrial development ***led*** to an increase in the quantities of hazardous and municipal solid waste （MSW） generated worldwide. ② Various thermal processes，including incineration，pyrolysis，melting or vitrification，***were proposed*** for treating these hazardous wastes prior to disposal；their aim being to destroy the organic fraction and convert the inorganic fraction into an inert silicate slag，or glass，that can either be advantageously reused，or harmlessly disposed of in an inert landfill [1-3].

上面的例子的第①句话的意思就变成：过去人口、商业和工业的持续发展导致全世界范围内有害的和民用固体废弃物的数量在不断增长。至于在“现在”（文章写作的时间点），上述固体废弃物的总量是否还在增长就不得而知了。甚至，上述固体废弃物可能已经完全被综合利用了。第②句的意义也转变为：在过去，为解决上述固体废弃物带来的问题，曾经有几种热处理方法（***Various thermal processes***）被（已有研究）提出（***were proposed***），但在“目前”（截止于文章写作时），这几种热处理方法是否一直还在发挥着作用，作者也不清楚。言外之意，这几种方法对于目前的固体废弃物综合利用可能已经不具备参考价值，已经有新的方法将上述方法完全取代了。

综上所述，现在完成时与一般过去时或过去完成时均可用于表述已有研究成果。**现在完成时重点在于强调已有研究成果对现在的影响，**

而两种过去时态仅能说明已有成果在过去出现过的事实，不能说明其对现在还有没有影响。因此，用英语撰写引言过程中，**当需要表述已有研究成果对目前有影响、到目前为止一直都在发挥着巨大的作用时，一定要使用现在完成时的肯定语态来进行表述**。可以说，与一般现在时一样，**现在完成时的恰当使用也是一篇好的英文引言的标志之一**。

3．小心使用主动语态

如“科技论文写作的总体要求”小节所述，为了避免行文的口语化、增强叙事的客观性，许多研究者在科技论文中大量使用被动语态[11]。这也成为科技论文有别于其他类型文体的特点之一。然而，这并不意味着写作科技论文就完全不能使用主动语态。例如，在引言中研究现状的后半部分、研究的主要目的或主要研究内容的介绍过程当中，有很多的研究者会采用主动语态来进行叙述。下面我们就通过一个实际例子来说明。这个例子摘自于 Minay[12] 等于 2004 年发表在 *Journal of Materials Processing Technology* 上的一篇题为 *Processing of novel glass matrix composites by microwave heating* 的文章。

例　In the present work，***we*** explore the application of microwave radiation as the heating source for the processing of glass matrix composites-containing metallic particles as reinforcement.

由于文章的作者不止一个人，上面的例子中使用“***we***”来作主语，用来强调后面的“用微波辐射作为热源来处理玻璃基金属颗粒增强复合材料”是自己研究小组的工作。这种表示方法的优点是所表述事实的“功劳”归属非常明显，不会有任何歧义。

如果上面的例子使用了被动语态，由于主语不会出现，“用微波辐射作为热源来处理玻璃基金属颗粒增强复合材料”功劳的归属就变得不清楚，需要参阅上下文才能搞清楚。因此，在一篇充斥着被动语态的文章中，在恰当的时间、恰当的位置，偶尔使用一下主动语态来陈述自己课题组的工作，不但不会影响整个科技论文的客观性，还会给文章增加一定的活力，使文章在整体上显得不那么呆板。与此同时，还明确表明了自己团队的成果。然而，由于使用主动语态陈述实验事实毕竟带有强烈的主观性，过多地使用主动语态，必然会损害整个文章的客观性。因此，在引言中使用主动语态时一定要谨慎，使用的范围和次数要适度。

在这里特别需要指出：主动语态很少用于学位论文的文献综述。原因之一可能是学位论文的作者只能是作者本人，而研究工作多是在导师及学长的指导下完成。因此，如果使用主动语态，就必须使用“I”作主语。这样，就会把老师和学长的指导完全撇开。同时，用“I”作主语的情况也确实很少出现在科技论文写作中。此时，为严格限定所述内容就是自己的工作，读者朋友们可以参照以下两个例子中列举的弗吉尼亚理工学院暨州立大学的 M. M. Mahmoud [13] 和 R. R. Thridandapan [14] 博士论文中的做法。

例 1 （Mahmoud M. M.）***The goals of this study were as follows***:

• To determine under what conditions，other than 2.45 GHz，VFM processing could crystallize LS2 glass.

• To provide clear experimental evidence of the non-thermal effects of microwave processing （“microwave effect”） on the crystallization process of LS2 glass.

• ……

例 2 （Thridandapan R.R.）

The following objectives have been outlined to achieve the goals set-forth for this dissertation:

1. A thorough literature review in the area of conventional and microwave intering （Section 2.3 and 2.4）.

2. Develop a microwave dilatometer to validate the temperature measurements and to monitor the microwave sintering process（Section 3.3.6）

3. ……

2.5　引言实例解析及点评

实例文章选自《人工晶体学报》（Ei 源期刊，2014 年），作者为笔者所在课题组的研究生王芳。这篇文章在科技论文一般内容组成基础上，在实验方法部分，按“材料及制备”和“性能检测”将内容进一步细分；在“结果与讨论”中，按“DTA 分析”、“X 射线衍射分析”、“微观形貌分析”和“性能分析”二级标题来分节撰写，呈现出科技论文更显著的“模块化”特征。实质上，这是科技论文“模块化”主体结构特点在“实验方法”和“结果与讨论”中的进一步延伸。在这种模块式文章中，由于各部分内容通过各级标题给出了明确的内容指向性和连续性，因此，在很多情况下，在各小节的开始部分，可以忽略呼应前节的桥段性内容。这样处理，也为作者争取到更多的篇幅来介绍论文的主要研究成果。

除此以外，《人工晶体学报》杂志还要求合并介绍结果与讨论两部分内容。在这种要求之下，实例论文将写作重点放在了展示结果方面，而没有作详细和完整的讨论。然而，该文仍不失为一篇优秀的科技论文范本。该论文从投稿、小修意见返回，到最终被接收仅经历了不到 2 个月的时间。

以下分解析和点评两个部分介绍实例论文：在解析部分说明实例每句话的内容归属和作用，在点评部分进一步揭示实例的成功、不足与启示。最终，尽可能为读者朋友们全面展现如何将本书中提到的原则、方法和要求应用于具体写作，从而全面了解科技论文写作具体过程。

接下来是实例文章研究背景的简明介绍。实例论文的研究方向是“选冶固体废弃物的高附加值利用”；研究目标为通过将矿山选冶过程产生的尾矿、钢渣、粉煤灰等硅酸盐质固体废弃物转化为在冶金、化工及工业建筑等领域有广泛用途的耐磨、耐腐蚀的微晶玻璃材料，来实现高附加值利用。

最后，为了将实例与本书其他文本内容相区别，同时为了随后分析方便，将所有实例内容用5号楷体（原文中为宋体）呈现，同时，用带圈数字在句首标示其中的每一句。

2.5.1 解析

引言实例	解　　析
①尾矿微晶玻璃是以低品位尾矿为主要原料，通过添加晶核剂、助熔剂等原料，经过熔制、成型、热处理等工艺制成的多晶固体材料[1]。②由于其可大幅缩减原料体积固化其中的有害元素，微晶玻璃化被认为是一种处理尾矿等固体废弃物的有效方式。③因此，以尾矿、高炉渣、粉煤灰等固体废弃物制备微晶玻璃的研究逐渐成为世界范围内的研究热点[2, 3]。④课题组已成功采用白云鄂博东尾矿、粉煤灰以及化学试剂，不外加晶核剂制备出性能优良的尾矿微晶玻璃，其硬度仅次于金刚石，并具有优良的耐酸碱腐蚀性能和抗折强度[4, 5]。⑤目前，由这种特殊的微晶玻璃制成的板材和管材已经在包钢西北创业实业发展有限责任公司和神华准格尔能源有限责任公司得到了应用。⑥白云鄂博西尾矿也是白云鄂博矿区大量存在的一种选矿固体废弃物，与东尾矿相比，其稀土含量更少，其中的Ca、Mg、Si等氧化物主成分含量也显著不同于东尾矿。⑦同时已有研究发现，$CaO-Al_2O_3-SiO_2-MgO$（CASM）系微晶玻璃往往容易形成较粗大的枝晶相，降低材料的性能[6]。⑧因此，在充分考虑白云鄂博西尾矿成分特点后，以白云鄂博西尾矿和粉煤灰为主要原料以Cr_2O_3为晶核剂，采用传统熔铸工艺制备微晶玻璃；并在此基础上研究Cr_2O_3含量变化对所制备微晶玻璃显微结构及性能的影响，为实现这种特殊的固体废弃物高值化应用提供理论和实践指导	第①句通过转述已有文献中的定义说明了论文所属的研究领域，属于研究背景介绍。 第②句在说明研究领域的优点（缩减原料体积、固化其中的有害元素）的基础上直接点题说明该研究领域的意义（处理尾矿等固体废弃物的有效方式）。 第③句同样属于研究背景介绍，声明是“研究热点”的主要目的是为了给上面的研究意义提供一个例证支持。 第④、⑤句是研究现状介绍。在这里，突出说明成果已经获得实际应用的目的是为了进一步印证前面介绍的研究意义。 第⑥句和第⑦句指出了研究领域中存在的问题，为随后提出研究内容做铺垫。这两个问题可简单表述为：1）“已经有人研究了东尾矿，成分不同的西尾矿没有人研究”；2）已有研究成果中，材料的显微结构比较粗大影响了最终材料的性能。在微晶玻璃研究领域，显微组织粗大是原料中缺乏晶核剂的直接结果。基于这种内在原因，实例引言第⑧句接着简明介绍了论文的研究过程和内容；在此基础上，提前声明了论文研究的意义

2.5.2 点评

实例引言结构组成完整，包含了科技论文引言应介绍的全部内容。此外，还有几点需要说明。

首先，实例第③句之所以能用“研究热点”来反证研究领域的意义的原因是一件事如果没有意义，一般情况下就不会成为热点。这是研究领域意义的一种“含蓄”表述方式。

其次，在引言中表述研究领域意义是为了给研究内容做铺垫，也可以理解为提供必要性支持。这种说法暗含了两层含义：①某个研究领域有意义时，其中的所属研究当然也有意义；②当某类研究成为热点时，相关研究就有了很好的基础。**在这里特别需要注意**：在引言中陈述某个研究领域的意义时，一定要辅以合适的文献。如果没有文献，以上陈述就成为作者的个人观点。

另外，在研究现状介绍部分，实例仅介绍了自己课题组的已有成果。在引言研究现状综述过程中，可以这样做的依据是 2.4.1 节介绍的研究现状成果选择“**直接相关**”原则。这条原则可被具体理解为：① 文献成果是自己研究的直接基础；② 文献成果是自己研究所针对问题的直接来源；或③ 文献结果是自己论文结果或讨论对比的主要对象。

这样做，就可以证明论文的研究方案是可行的（因为有基础）和值得做的（因为有问题）。对于基于原则③选择的成果，在引言中综述时一定要简略。否则，就会与随后结果或讨论中的内容过度重复。**在引言研究现状综述写作过程中，这三条具体原则是从海量文献中选择在此介绍结果的参考标准**。

最后需要说明，除了与研究内容“直接相关”以外，在引言研究现状综述中选择介绍自己团队成果的另外一个原因是为了宣传。这是目前各个研究领域中的通行做法。细心的读者朋友们只要稍加留意，就可以从已有文献中找到大量实例。

然而，这样做也会带来一个巨大的隐患。期刊评委，尤其是一些重要科技期刊的评委，都是各个领域中的资深研究者。他们的成果必然在各研究领域中占有重要地位。如果在这里只注重介绍自己研究团队的成果，就可能让评审专家觉得作者不熟悉研究现状。如果这种情况发生，论文的评审结果轻则是“大修”，重则就是“拒稿”。

2.6 小结

在科技论文中，期刊论文引言的结构及内容组成均与学位论文中的文献综述类似。这部分内容是最能体现作者对所涉及领域和研究主题理解、认识和写作水平的内容之一。然而，这部分内容的地位和作用长期以来都得不到应有的重视。实际上，撰写一篇合格引言的关键就在于：要按顺序介绍论文所涉及研究的背景及其意义、现状和存在的问题、拟解决的问题和研究内容基本框架。其中的重点和难点是在合理综述研究现状基础上准确分析现存的问题，并能够根据自己的实验平台条件、针对其中的一个问题或问题的一个方面确定研究的内容，制订可行的研究方案。能够这样做的基础是要充分了解所涉及研究领域。这就需要读者朋友们真正地、通过仔细地、尽可能多地、有针对性地阅读所涉及领域的专业文献。这不但是撰写出合格的引言，而且是撰写出整个一篇科技论文、乃至于做好科学研究的基础。除此之外，别无他法。

第3章　如何写研究方法

提示：研究方法是科技论文写作过程中最容易完成的部分。即便是一个“新手”，也可以参照最近的期刊或类似学位论文写出基本合格的实验方法。然而，在这部分内容中存在的问题并不是每一个新手都明白。例如：为什么要概略介绍实验研究流程及所用仪器设备型号及其基本技术参数？实验方法部分内容与后面结果及分析内容之间有什么呼应关系？为什么有人用英文写作实验方法时使用一般现在时，而另外一些人使用一般过去时？上述问题的原因是什么？对于这些问题，并不是每个新手通过简单的模仿就可以理解。对此，在本章中将予以重点介绍。

3.1　研究方法的内容及总体要求

3.1.1　研究方法的内容

研究方法在不同类型的科技论文中经常会以不同的面目出现。例如，在有些科技期刊论文中，这一部分的名称可能是“材料及实验过程”（Materials and Experimental Procedures）；国内一些学校在其本科或硕士学位论文撰写规范中，将该部分称为“试验内容及方法”或“实验”。无论以什么面目出现，这部分内容主要需要回答以下两个问题：即在完成论文所涉及研究成果过程中，①如何获取研究对象？②研究内容如何展开？接下来，具体说明上述两项内容。

以材料研究类文章为例，“如何获取研究对象”包括采用了什么原料及其基本情况、配方和制备工艺来制备样品；以及样品的后期处理过程及所使用仪器设备的介绍等；而“研究内容如何展开”部分主要介绍为完成研究主题，针对研究对象开展或实施具体研究内容的具体过程及所涉及的方法、仪器或设备等的具体介绍。通常情况下，为达到某种研究目的，一篇科技论文中涉及的具体研究内容可能不止一项，相应的检测方法或设备也可能不一样。因此，为叙述方便和避免混淆，多数研究者会按“结果”中具体研究内容的展示顺序来依次介绍这部分的具体内容。

最后，为了让读者事先概括了解整个实验方法内容，许多研究者会在以上两部分主要内容之前做概括性介绍。此外，在这部分内容之后，还有一些研究者会指出所采用实验方法的缺陷。关于这两部分额外内容的具体写法及注意事项，将在本章随后内容中予以介绍。

3.1.2 研究方法写作方面的总体要求

研究方法写作总体要求主要有以下两点。

要求一：要包含足够的信息，使同行在阅读后可以重复论文的工作或得到类似的结果。

这个要求主要是为了促进整个学术界的健康、可持续发展，也是撰写、发表科技论文作用的内在体现。一个研究者撰写论文，主要是为了向同行公布自己所取得的成就、 建立自己在相应学术领域中 的 声望。这是其中的主要作用或意义。 除此之外， 还有一个非常重要的“作用”，那就是向本领域中的后来人传承知识。这一作用要求每一位研究者在写作科技论文时，都要清楚地意识到读者群中既包含资深同行，还包含涉“事”未深的后辈们。他们在阅读论文时，都希望能从文章中了解所涉及研究领域中存在的问题或不足、方法、使用的设备、完成的研究内容，然后，他们才能从现存的问题或不足中选择在自己的实验条件下可完成的问题来研究。为了满足这个要求，我们在写作实验方法过程中，除了要对自己采用的实验方法做必要的陈述以外，还需要简要介绍设备的主要性能指标及一些基础测试条件。因为，即使是同一型号的设备，当采用的测试基础条件，如温度、频率、电平、波长等变化时，测试结果及其作用和意义都会随之改变。这些内容是同行正确理解、评价论文研究结果的基础。对此，那些对检测不太熟悉的读者朋友们可能理解不会很深。下面通过压敏陶瓷研究领域的一个实例来说明。

在压敏陶瓷研究领域，长期以来都是唯 ZnO 基压敏陶瓷独尊。2004 年，韩国 Inha 大学材料科学与工程系（Department of Materials Science and Engineering）的 CHUNG，SUNG-YOON 等[15]在 *Nature Materials* 上发表了一篇题为 *Strong nonlinear current-voltage behaviour in perovskite-derivative calcium copper titanate* 的文章。根据该文章作者的报道，钙钛矿型化合物 $CaCu_3Ti_4O_{12}$ 除了具有超乎寻常的巨介电常数以外，还具有强的非线性电流 - 电压特征。在文章的最后讨论部分，作者声称该研究中获得样品的最高非线性系数可达 900 以上，显著高于普通商用压敏电阻（30 ～ 80）。这是作者表明自己研究卓越程度的主要依据。

然而，包括笔者在内的国内外许多学者在跟进研究过程中发现事实并非如此。分析其中的原因发现，这篇文章的作者及审稿专家均犯了一个原则性的错误：那就是没有考虑压敏电阻非线性系数的测试范围。商用 ZnO 压敏电阻的非线性系数的测量范围是 0.1 ～ 1mA/cm^2，而该文中的测试范围是 15.6 ～ 312.5mA/cm^2[15]。这两个在不同测试范围内获得的结果本身不具备直接对比的基础。事实上，在 15.6 ～ 312.5mA/cm^2 电流密度范围内，上述在 0.1 ～ 1mA/cm^2 范围内非线性系数达 30 左右的 ZnO 压敏电阻的非线性系数可以达 1000 以上，因此，其电学特性要远优于韩国研究者所取得的成果。所以，钙钛矿型化合物 $CaCu_3Ti_4O_{12}$ 陶瓷的电学非线性，根本就不像作者宣称的那么好。如果当时的审稿专家意识到这一重大失误，CHUNG，SUNG-YOON 等的文章能否在 *Nature Materials* 上发表就很难说了。从这个例子中我们就可以看出，实验基础条件的准确描述对于同行正确理解、评估论文内容及价值有多么重要。

除了能给读者提供评估论文研究水平高低的基础之外。未来的研究者在选购相关研究设备、搭建自己实验平台时，也可以从中获得有价值的参考。因此，这样要求也有助于推动相关领域科学研究水平的提高。

总而言之，在任何一个研究领域，前人的论文是后辈起步的基础。这一点在科学研究界已经形成共识。因此，研究方法是否包含足够的信息也是评价一篇科技论文是否值得发表、是否有价值的标准之一。

要求二：研究方法写作要有利于提高研究成果的可靠性。

根据这一要求，同样需要作者尽量准确提供实验所需的基础条件，特别是要提供实验设备的生产厂家、型号和实验时的具体配置参数等信息。这一要求与上面要求一的内容相同，但要求提出的出发点不一样。前者主要从促进整个研究界的健康发展角度考虑，后者主要从有利于作者自身角度考虑。下面就此做详细说明。

实验设备的精度、可靠程度本身也是研究成果可靠性的度量标志之一。因此，在实验方法中详细地给出了实验中所使用设备的名称、型号和具体实验参数配置后，可以让读者感受到“作者是真正了解实验设备、真正做了实验”。而且，如果所使用实验设备是业界公认的高精度测试设备，其设备本身就成为“论文中所展示实验结果是准确的”这一结论的有效支撑。此外，准确记录实验基础信息本身也是一个研究者应具有的严谨科学态度的体现。因而，按这一要求去做又证明了作者具备上述优良品质。这种品质同样是获得准确结果的重要支撑之一。因此，从整体上是对作者有利的。

以上是基于为学术界及作者自身两个方面的考虑而提出的“实验方法”写作总体要求。在这里还需要提醒读者朋友们，在两条总体要求之下，实际写作实验方法时要把握**适度原则**。这里的**“度”指写作时的详细程度**。

如前所述，发表论文的目的之一是借此建立自己在相关科学领域的声望和地位。然而，大多数研究者都不希望同行通过参阅论文就能完全“复制”自己的工作。因此，研究者通常都会考虑如何在保证提供“足够信息”的同时，又要“适度”保留自己研究团队在实验方法及过程中的“诀窍”。这对于一个入行不久的研究生或研究者来说非常困难。**解决这一问题的最好方法是征求自己的导师或团队负责人的意见**。实际上，这也是许多研究团队的通行做法。

在实际指导研究生过程中，经常会碰到一些研究生由于不了解上面的“通行做法”而向笔者“抱怨”让他看的文献中记录的实验过程不全，因而不知道下一步该怎么做。碰到这种情况时，笔者通常要求学生再去查找阅读其他同类文献。这也是在这种现状之下研究新手应采取的对应策略。不同研究团队为保留自己的“诀窍”，在写作实验方法时通常会有不同的侧重点。因此，在一篇文献中被刻意忽略的具体实验方法，在另外一篇文献中就有可能被公布出来。所以，从已有文献中了解某一研究的具体历程并不是一件太困难的事情。

从另外一个角度讲，上述实验方法写作中的刻意保留就像是前辈们留给后辈的一个“小测验”。对于前辈，如果后辈们通过自己的努力通过了上述“小测验”，就说明他们在科学研究上还是具有一定资质，从而是可培养的。对于后辈，如果通过了这个“小测验”，通常也会倍感激励，让自己有更充足的信心在科研之路上继续前行。最终，对这一事件的认识、应对的好坏程度就成为检验一个研究新手是否成熟的标志之一。

要求三：研究方法与结果之间的呼应。

写作内容的前后呼应是增强科技论文整体性、可读性的重要途径之一。实验方法与结果在内容上的呼应主要体现在：实验方法中所陈述检测项目的顺序要与结果陈述顺序完全一致。以材料研究类论文为例，如果在论文结果中陈述内容的顺序依次为所研究的某种因素对该材料密度、显微形貌、晶体结构及电学特性的影响，那么，在实验方法中就要按照相同的顺序陈述得到上述结果过程中所涉及样品的制备方法、检测时所采用的仪器及测试条件等内容。

3.2 研究方法的结构

在篇章结构方面，研究方法内容围绕在引言中声明的论文研究主题展开。因此，其内容所覆盖的范围就和引言相同。其后的“结果”也是研究方法中声明研究内容的自然延续。因此，研究方法覆盖的范围也与结果一致。对此，我们可从图 3-1 中看得非常清楚。另外，从图中还可以看出，为了保证整个论文各组成部分的紧密联系与整体性，读者朋友们在写作时，应尽力实现引言→研究方法→结果间的平滑过渡。

这一要求看似简单，实质上并不容易，特别是对于一个“新手”。为达到这一要求，可以在研究方法的段首重申引言结尾声明的研究主题或实验内容的概括性介绍。为加强研究方法和结果之间的联系与平滑过渡，主要通过这两部分内容安排及顺序上的一致性上来实现。对此，将在“结果”的结构和写作方法中予以专门讨论。

在写作实验方法的“用词量”要求方面，如图 3-1 所示，表示研究方法这一部分用词量的矩形的面积要远小于随后的结果。这意味着，在研究方法部分，不能为追求“提供足够的实验信息”而过细介绍实验流程。这样会由于用词量过多、篇幅过长而在视觉上冲淡结果在整个科技论文中的主体地位。这一点在撰写国内期刊论文时尤为重要。因为目前许多国内期刊论文要求控制在 A4 版面 4 页范围内。如果在这部分篇幅过长，就会侵占结果写作的空间。结果写作空间不足、包含信息含量不够会直接导致期刊编辑或外审专家拒绝你的稿件。对此，读者朋友们应予以足够的注意。

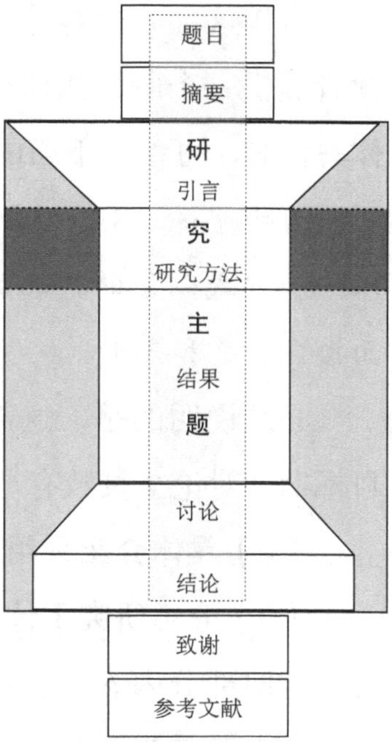

图 3-1　科技论文“线轴”结构组成示意图

为满足研究方法写作涉及的所有要求，最简单、同时也是最保险的做法是参照同类型已有文献。其中已公布的实验方法原本也是本研究领域所熟知的，根本就谈不上“保密”；同时，已有文献在实验细节公布详略方面所把握的“度”也已经为同行所接受。写作时，如果这部分内容能达到 “同行”可接受的度，论文被接受的概率也会随之提高。

3.3　研究方法的写作方法

3.3.1　汉语科技论文研究方法写作要点

综合考虑前面介绍的研究方法内容及整体要求，研究方法写作可参照以下步骤。

（1）重申引言中已申明的研究目的（主题）或概述研究内容及方法。

写作这部分内容的主要目的就是加强与引言的联系，也是为了给读者提供一个所采用研究方法的大致背景，达到承上启下的效果。具体写作时，可参照下面的模式：

为研究……对……的影响，本文采用……方法（或设备）研究了以……方式制备的样品的……、……和……等。具体过程包括：（后面接内容②和③）。

必须说明的是，这部分内容并不是研究方法必要的组成部分。当目标期刊对论文页数有严格要求时，这部分内容完全可以省略。

（2）具体介绍采用了什么研究方法。

（3）介绍研究了什么具体内容。

这两部分内容是科技论文研究方法部分的必要主体组成。为叙述方便，尤其是当所涉及的研究方法和内容较多时，按照“结果”的顺序，步骤（2）和（3）完全可以合并穿插进行。以材料研究类论文为例，如采用电子天平测定样品质量、采用扫描电子显微镜观察显微组织、采用X射线衍射仪确定样品的晶体结构及相组成、采用万能材料试验机测定样品的力学特性等。

此外还需要注意，在这里仅需概略介绍研究方法。如果这部分内容所涉及的方案设计、设备选择或改进是论文创新的主体或基础，我们可以在结果部分的相应内容之前具体介绍自己所采用的特殊方案设计、所选择的设备或对现有设备的改进等内容。

（4）说明对实验研究过程中存在的影响结果精度较小的负面因素。

在科学研究过程中，经常会有一些因素会直接或间接地影响实验结果的精度。当影响比较大时，我们必须准确分析影响因素的多少及其轻重缓急，以此为基础改变或调整原有的实验过程，以消除上述因素的影响。此时的实验结果，一般不适宜在期刊论文中报道。

如果负面因素影响较小，以至于不会从实质上改变结果的可信与否，千万不要刻意隐瞒。如果这样做，论文的评审专家一旦发现，就可能直接导致拒稿。相反，我们可以在这里非常“大方”地指出这种对实验结果影响程度比较小的因素。当然，所使用的语言要尽量弱化上述负面影响在读者头脑中的印象。下面通过一个例子来说明。

例　**虽然**实验过程中会不可避免地受到……影响，**然而**，即使按照其最高含量，它对实验结果精度的影响**仅**为 2.5% 左右，其影响程度甚至**小于**业界普遍使用……仪器的测试误差，因此，……的影响**不会**从本质上改变实验结果的可信度。

上面例子中，用粗体标出的词语，如“虽然”、“然而”、“仅”、“小于”和“不会”等，经常在论文中被用来弱化读者或听众对所述事实的主观印象。相信细心的读者朋友们可以从文献中找到许多其他类似的用法。因此，当所用语言及表达都适当时，明确指出实验过程中具有的瑕疵，不但不会招致拒稿，相反，还会使读者或评审觉得论文的作者真正了解实验过程，真的做了实验，并且具有严谨的科学工作态度。

所以，如果写作实验方法时对影响实验结果较小的负面因素处理得当，不但不会导致编辑或外审专家拒绝论文，而且还会提升作者在他们心中的形象。

3.3.2　英语科技论文研究方法写作要点

用英语写作研究方法时，同样需要参照前面介绍的要求及要点。然而，由于英汉两种语言之间的差异，用英语写作实验方法还要注意的最主要问题就是要**准确表述自己的贡献**。

如前所述，研究者发表论文的目的之一就是要让同行了解并接受自己的贡献，以此为基础确定在相关领域内的声望与地位，进而为自己在非学术领域中地位的确定奠定基础。要想达到这个目的，首先需要在科技论文中准确地表达自己的贡献。

研究者对学术界的贡献主要通过其研究成果体现。因此，一篇科技论文中，“结果”部分必然是研究者可以表述自己贡献的最重要的一部分内容。然而，并不仅限于此。事实上，在一篇科技论文中，研究者对所属学术领域内的贡献从“引言”就已经开始。在引言中，研究者需要准确介绍研究背景和现状，在此基础上分析存在的问题，以及最后还要针对其中的某个问题确定研究主题并提出相应的研究内容。以上内容对于同行，尤其是那些“新手”，以及未来的“同行”都具有一定的参考作用。这无疑会推动相关领域向前发展，也有助于确立作者的个人声望。在研究方法部分，研究者同样可以确立自己对所属领域的贡献。其中，最典型的是通过创新型的实验方法和工艺流程。这些本身就是科学创新的重要组成部分。那么，如何用英文表述这些属于自己的贡献？怎样将之与他人的贡献区别开来？我们可以采用下面的几种方法：

1. 被动语态和一般过去时或一般现在时的恰当搭配

众所周知，英语一般用过去时以表述发生在过去的事情。在用英语写作研究方法时，由于论文所涉及研究，包含其中的实验及检验过程均已成为过去，在这里应该使用过去时似乎也无可非议。同时，许多读者朋友也明白，为了增强所表述内容的客观性，就需要使用被动语态。这样，一般过去时 + 被动语态的组合就成为英文研究方法写作中最常用的语法组合。事实上，大量研究者确实是这样做的。然而，这并不意味着我们可以一劳永逸。在许多英文科技论文中，还有许多研究者在用英语写作这部分内容时采用了一般现在时的被动语态。他们为什么这样做？上面的用法和一般过去时的被动语态在陈述事实的效果上有什么区别？这些问题是每一个真正想用英语写好论文的读者朋友们需要彻底搞清楚的。让我们来看下面的例子。

这段话引自英国研究者 Donald 于 1992 年发表于 *Journal of Materials Science* 中文章的“实验方法”。由于该文章属于微晶玻璃研究，其中肯定包含一些难懂的专业名词。对于这些词汇，读者朋友们大可以跳过去，只需将注意力置于其中一般现在时或一般过去时与被动语态的搭配效果。为以后叙述的方便，这里特别用①、②等带圈数字来标识了例子中的每一句话。

例　Dynamic mechanical thermal analysis

① In addition to standard DTA，the relaxation spectroscopy technique of dynamic mechanical thermal analysis （DMTA） ***was*** also ***employed***. ② In this method，a sinusoidal stress ***is applied*** to a clamped sample and the resultant strain ***is measured*** as a function of frequency and temperature. ③ Although used widely in the organic polymer field，the technique ***has only relatively recently been successfully applied*** to the investigation of higher temperature inorganic glasses （e.g. [28，29]）. ④ In the present work，a Polymer Laboratories Mkll DMTA with an operating temperature up to 800℃ ***was employed***. ⑤ Samples in the form of bars 1mm×5mm×10mm in size ***were heated*** at 5℃·min^{-1} in the single-frequency mode at 1 Hz.

从以上的例子中可以看出，除第②句采用了**一般现在时的被动语态**、第③句采用现在完成时被动语态外，其余 3 句话均使用**一般过去时的被动语态进行表述**。那么，以上两种方式的表述效果有什么不同呢？

在用**一般过去时被动语态**表述的三句话中，作者在第①句中说明了已有研究中，大家一般是采用 DTA 这种标准研究方法，而在作者的研究中还采用了 DMTA 这种方法。换言之，DMTA 可能就是作者在实验方面的一个创新。第④句表明作者使用了某聚合物研究实验室中的一台型号为Mkll、最高工作温度可达800℃的DMTA。这句话的言外之意是其他研究者如使用其他型号的DMTA，其工作温度就未必能达到800℃；如此高的工作温度可能也是使其研究结果覆盖范围更宽或更准确的主要原因。最后，在第⑤句，作者详细地说明了自己样品的具体尺寸、加热和测试基础条件（固定频率，1Hz）。作者这样写时，其潜在的含义可能是：在所涉及领域中，同行们在进行类似的实验时，可能会采用不同样品尺寸、加热速率和测试基础频率。通过综合分析，可以发现：以上三句话所表述的事实，除了均发生于过去之外，还具有一个共同的特点，即所表述内容均不同于同行。换言之，这些内容是作者希望同行们了解并记住的，属于作者自己的较为独特的创新类内容。

与上述情况不同，在第②句中，作者使用了一般现在时的被动语态。介绍的是DMTA这种实验方法的一般实验过程：将按正弦规律变化的应力通过样品钳施加到样品表面后，测试所导致的应力随时间和温度的变化。由于一般现在时可用来描述经常发生的事情或被普遍接受的事实，如自然现象和公理等，因此，作者在这里使用一般现在时想要达到的效果可能包含以下两个方面：①表明作者自己认为这种方法在所属研究领域可被普遍接受；②表明他依照了普遍认可的程序进行DMTA测试。因此，作者叙述上述做法的最终目的是证明所获取的结果是可信的。

为了增强自己实验过程的可信度，作者在第③句中又进一步用现在完成时叙述DMTA方法在所属研究领域应用的历史和现状。由于现在完成时的重点并非强调过去，而在于始于过去的事情对现在的影响。因此，作者通过这句话清楚地表明：虽然DMTA方法在所属研究领域中应用的时间不长，但一直被成功地使用着。言外之意，作者是想说他采用了一个正在被成功应用的实验方法，所获得的实验结果当然也是可信的。

综合以上两种情况，可以总结出以下两条**用英语写作实验方法过程可遵行的原则**。

（1）用一般过去时的被动语态表述那些有利于在所属研究领域建立自己个人声望的实验方法、工艺、样品的制备等创新型内容。

（2）用一般现在时的被动语态叙述那些在所属研究领域已经被普遍接受的实验的相关内容。

在这里特别需要注意，使用一般现在时或现在完成时进行表述时，最好在适当的位置上给出相应的文献出处。这样，既表明了对相关文献作者实验方法或过程影响力和地位的认可，同时也可避免抄袭，还可以提高实验过程的可信度。

对于以上原则，理解和表述起来简单，然而，具体实施时却并不容易。它要求作者要事先充分了解自己的实验方法和过程，要抽丝剥茧般地区分实验过程中有哪些操作属于所研究领域的标准操作或常识，哪些属于自己在实验过程中的独创。在实践中，或是由于没有认识到这个问题，或是由于粗心，国内许多同行在写作这部分内容时，会不加区别的选用一般过去时的被动语态，好像所有的实验过程及方法都是自己的独创。这就让西方的研究者觉得我们好大喜功①，更有甚者，会怀疑我们是否真正了解已有的类似研究的过程及方法。如果这种怀疑再进一步，就直接到我们的人品了。

当然，上面这一条原则还不能覆盖各种可能情况。比如，我们在研究过程中经常会碰到这样的情况，某个同行的工作对我们自己的研

① “好大喜功”本身是根植于文化之中的中国人在人性方面的一个弱点。关于这一点，郎咸平教授在他所著的《郎咸平说：谁在谋杀中国经济》一书中有精彩的论述。有兴趣的读者可以找来参阅。

究特别有参考价值，但是该同行的工作还没有达到被普遍认可的程度，这时就必须采用一般过去时的被动语态来叙述这部分工作。此时，如果没有其他可被用作区分标准的依据，读者很可能将已有研究成果与你自己的贡献相混淆。为避免出现这种情况，我们可以采用上面例子中的第③句的方法，在句中的适当位置插入相应的参考文献标号，以此来表明所述事实来自已有文献成果。除此以外，还可以尝试以下几种方法，将自己的工作与领域内其他研究者的工作区别开来。

2. 使用表示范围的状语短语

如“...in the present study”、“...in the current article”和“in our experiment”等范围状语表明自己的工作，用“in their work”、“in that model”和“in sb's study”等来表明其他同行的工作。使用后面这三种时，需要在文中适当的位置给出文献的来源。

3. 直接用主动语态说明实验当中自己的工作

让我们通过下面的例子[16]来说明。

The smallest angle of incidence achievable in this system is 12° and so henceforth whenever ***we*** refer to normal reflectance ***we*** in fact mean reflectance at a 12° incidence angle.

上面的例子直译意思：本系统能达到的最小入射角是12°，所以此后如果我们谈到标准反射时，我们实际上是指入射角为12°时的反射。

在这里特别需要说明的是，本例摘自一篇期刊论文。在一篇期刊论文中，作者通常不是一个人，因此相应的主语是“we”。而我们写作学位论文时，通常不会采用这种做法。其原因在2.4.2节中已经有具体说明。在学位论文的实验方法部分如果想用主动语态来表明自己的工作，可以用“This experiment”或“The procedure”作主语来叙述。当然，这样做的前提是前面已经对实验或实验的过程进行了描述，如

procedure 这个词在前面已经出现过。在 2.4.2 节中，给出了从两篇博士论文文献综述中摘录的实例，其基本结构完全可以移植在这里应用。

最后，还需要说明，用英语写作接下来的“结果”时，读者朋友们也需要准确区分自己的成果与同行的贡献。这里已经给出的方法同样适用于“结果”写作。届时，读者朋友们可返回来进行参考。

3.4　研究方法实例解析及点评

3.4.1　解析

研究方法实例	解　析
2　实验 2.1　实验原料与基础玻璃配方 ①采用 X 射线荧光测定的白云鄂博西尾矿的化学组成如表 3-1 所示。②针对其中 SiO_2 和 Al_2O_3 含量不足的特点，在原料中适量添加富含这两种物质的包头某电厂粉煤灰，其成分同样汇总如表 3-1。③本文研究所涉及的 CASM 系微晶玻璃的基础玻璃配方及编号如表 3-2 所示。④其中无法由白云鄂博西尾矿和所选用粉煤灰满足的成分，由额外添加的石英砂、硼砂、纯碱等化学试剂补充。⑤上述 5 组样品经配料、球磨混料后，置于氧化铝坩埚中，用电阻炉加热至 1450℃熔融、澄清。⑥然后，将其中一小部分玻璃溶液淬水、烘干、粉碎后，用 DTA 检测；并根据其结果确定热处理制度；其余玻璃溶液浇铸到 40 mm × 60 mm × 8 mm 的钢模具上成型，随后放入电阻炉在 600℃进行退火；退火后，按既定的热处理制度进行核化和晶化处理。	在第①～⑥句中，无论是对实验用原料成分测试方法及其结果展示位置的介绍（第①句）、对引入其他原料原因的解释（第②、④句）、对样品基础配方、编号情况的介绍等（第③句）和对两种样品的制备工艺（第⑤、⑥句）等的描述，从本质上讲，均属于回答“研究对象如何获取”问题的内容。
2.2　结构与性能检测 ⑦热处理样品粉碎后，采用 X 射线衍射仪(Panalytical X'pert Pro Powder) 测定晶相组成；将块状热处理样品打磨、抛光、用质量浓度为 5 % 的 HF 酸腐蚀及喷金后用场发射扫描电子显微镜（Zeiss Supra 55 FESEM）观察样品表面形貌，并采用 Oxford X-max20 能谱仪确定元素在样品表面的分布情况；用阿基米德原理测样品的体积密度；三点弯曲法在电子万能试验机（CSS-88000）上测试样品的抗折强度；根据 JC/T258-1993 标准，用质量浓度为 20 % 的 NaOH 和 20 % 的 H_2SO_4 分别对粒径为 0.5 ～ 1.0 mm 的微晶玻璃颗粒进行 100℃水浴加热、1 h 腐蚀实验，测定试样的耐酸碱度	从 2.2 标题以后，写作主题是具体介绍“研究如何展开”。实例第⑦句不但介绍了研究内容，而且还依次详细介绍了完成这些研究内容使用的仪器设备的型号及相应样品的制备方法。这些内容均是科技论文“研究方法”部分的必要组成

表 3-1　白云鄂博西尾矿与粉煤灰的化学组成（单位：wt%）

原材料	SiO_2	CaO	Al_2O_3	MgO	Na_2O	K_2O	MnO	Fe_2O_3	FeO	CaF_2	损耗
白云鄂博西尾矿	20.70	26.75	1.93	14.03	1.23	1.61	3.28	13.60	5.80	5.00	6.07
粉煤灰	51.68	3.89	30.70	0.76	1.84	1.62	0.12	7.43	—	—	1.96

表 3-2　基础玻璃配方（单位：wt%）

序号	SiO_2	CaO	Al_2O_3	MgO	Na_2O	K_2O	CaF_2	B_2O_3	Fe_2O_3	FeO	Cr_2O_3
C0	46.00	27.00	5.57	7.13	3.95	1.05	6.00	2.00	6.09	6.00	0.00
C1	46.00	27.00	5.57	7.13	3.95	1.05	6.00	2.00	6.09	6.00	0.50
C2	46.00	27.00	5.57	7.13	3.95	1.05	6.00	2.00	6.09	6.00	1.00
C3	46.00	27.00	5.57	7.13	3.95	1.05	6.00	2.00	6.09	6.00	1.50
C4	46.00	27.00	5.57	7.13	3.95	1.05	6.00	2.00	6.09	6.00	2.00

3.4.2　点评

在第一部分，对第一种固体废弃物原料成分的测定结果本质上属于研究成果范畴（如实例表 1 所示）。然而，由于这部分内容是随后基础玻璃成分设计的基础，因此，实例中就将它们与相应测试方法说明一起叙述。只有这样，在随后的内容中，继续展示研究用样品的设计思想及具体研究内容时才顺理成章。

在实例第一小节的后半部分，虽然核化和晶化工艺参数对任意微晶玻璃的制备都非常重要，但相应介绍却异常简略，仅表述为“按既定的热处理制度进行”。这样做的原因，并非是刻意隐瞒需要保护的技术诀窍。实际原因与此相反。为了突出其重要性，作者选择在结果中详细展现相关内容（参见 4.5 节）。这样做既可以加强“研究方法”部分与“结果”部分的呼应，又可以充实“结果”内容，加大“结果”所占篇幅，从而可以从视觉角度突出“结果”在科技论文中的主体地位。

在实例中，不但详细记录了所采用的实验方法、所涉及实验设备型号和部分实验过程，而且提及了一些成分设计的思想；与此同时，在介绍样品耐酸碱性能的检测方法时，不但给出了所依据的国家标准名称，而且还详细摘录了相应国标要求的酸碱的种类、浓度、腐蚀温度、所用样品的粒度范围等信息。这样做除了可以满足包含足够信息的实验方法内容总体要求之外，作者的主要目的还是想通过这种细节向读者展示自己对实验方法及过程的了解，从而有助于增强读者对研究结果的真实性、可靠性的信心。读者在阅读相应内容时，也不必再查阅相应国标。因此，这种做法也有利于读者的理解。总而言之，这种做法是科技论文写作最高要求——“一切为读者着想”的具体体现。

3.5　小结

写作“研究方法”的目的之一：通过对论文所涉及研究方法和过程的适度介绍来为下面“结果”与“讨论”奠定基础，增加“结果”的可信性。目的之二：方便同行参考和验证论文研究成果，最终带动整个研究界向前发展。

其中的难点之一在于如何让实验方法在结构上呼应“引言”和“结果”，并实现内容连续、一致。解决的办法是通过在实验方法开始部分重申实验研究目的，以及采用与“引言”“结果”展示研究内容相同的顺序来叙述本部分的具体内容。需要注意的是，在与实例类似的模块化、紧凑式期刊论文中，向前呼应“引言”内容一般可以忽略。

另外一个难点就是如何在上述过程中适度保持自己研究成果的核心机密。对于一个新手，最好的解决办法是咨询课题组学长或导师，或者也可以参考已有文献的做法。

用英语写作实验方法的主要难点在于如何准确表述自己的成果。读者朋友们可以通过合理使用一般现在时和一般过去时、表示范围的状语和主动语态这三种方法来达到上述目的。

第 4 章　结果的撰写

提示：“结果”是科技论文的主体。一个研究者在获得了具有一定先进性的研究结果后，结果的撰写是否符合业界共识是决定论文能否通过评审的最主要因素之一。这里的共识涉及范围很宽，包括：是否包含了承接上下文的桥段性内容、足够的直接支撑主题的研究结果及其必要解释等。除了这些接近宏观层面的要求以外，上述共识还包括一些近微观层面的要求，如图表尺寸是否前后一致，其形式是否有利于展现实验数据，整体上是否美观等。用英语写作“结果”时，同样会有上一章中碰到的“如何准确区分自己和他人的成果或贡献”的问题。由于包含内容多，需要注意的事项繁琐，“结果”是继“引言”之后科技论文中最难写作的部分。从读者的角度来看，这也是最能体现作者写作水平及其对所涉及研究领域认识层次的地方。对此，每一位研究者都应予以足够的重视。

在不同的科技期刊中，实验结果部分的标题可能会不同。有些期刊中直接称之为“结果”，也有一些期刊会将这部分内容和后面的“讨论”合并成“结果与讨论”。无论以什么名称出现，毋庸置疑，这部分内容是所有科技论文的核心。

“结果”的核心地位在它与标题、摘要、引言、研究方法、讨论及结论等其他科技论文必要组成之间的关系中有非常明显的体现。具体来说，论文的标题应是“结果”最宏观、最贴切的概括；摘要除了介绍研究所属背景、研究的方法、目的等内容，也要引述最重要的研究结果；引言中的主要内容之一就是要说明为什么要开展论文研究。这是研究结果产生的直接基础。此外，引言中还需要简要说明研究结果在所涉及研究领域的重要性；研究方法则是要说明为了得到实验结果而采用的样品制备方法、所使用的设备等基础实验信息；“结果”之后的讨论部分则是直接以研究结果为基础，说明重要结果或其中的某一方面对所涉及研究领域的意义；最后“结论”的主体内容之一就是“结果”获得的重要结论。因此，“结果”就成为沟通、联系科技论文各组成部分的桥梁、纽带与核心。这部分内容一旦处理不好，整个论文就会随之一散俱散。

4.1　结果的内容和总体要求

4.1.1　结果的内容

谈论这部分所应包含的主要内容，有些读者朋友可能会觉得意外。因为他们可能认为，“结果”部分所应包含的内容当然是支持论文研究主题的具体研究结果，如具体实验现象和实验的结果等；所以讨论这个问题似乎没有必要。事情真是这样简单吗？事实上，这部分内容并不像其名字那样简单。下面，就按科技论文“结果”的一般写作顺序来介绍其内容组成。

1. 承上启下的“桥段”

首先说明，这部分内容不是“结果”部分的主体。很多研究者在这里喜欢开门见山，直接叙述自己的研究成果。这种做法当然可以。但是，目前确实有越来越多的研究者选择在正式叙述自己的结果之前，通过一些承上启下的“桥段”来加强“结果”与“引言”或“研究方法”之间的联系。这样做的主要原因就是考虑到将来的读者在读到“结果”部分时，很可能已经淡忘或模糊了刚读不久的“引言”，甚至是“研究方法”部分内容。因此，通过这样的桥段性内容可以帮助读者重新清晰上述已近模糊的记忆，从而可以更好地理解后续正式的“结果”内容。通常，可起到上述作用的桥段性内容包括以下几个方面。

1）研究的目的或所针对的主要问题

如前所述，研究的目的或主题是“引言”中需要描述的重点内容。它是在分析研究现状基础上总结出来的、在所涉及研究领域中没有人研究过的、研究不完善的或有冲突问题中的一个或一个问题的一个方面。它是统领所有“结果”内容的纲领。在“结果”的开始部分重申研究的目的或主题，不但有助于从结构上形成与“引言”的呼应，还可以加深读者对研究目的或主题的印象。

这一点对于一篇文章的作者来说一点也不会成为问题。他们比其他任何人都清楚自己的研究结果所针对的主题或目的。他们对“结果”内容与“引言”及“研究方法”之间的关系也了如指掌。然而，对于一般读者，他们的年龄、知识结构和对论文所涉及领域的了解程度各异；他们在读完了“摘要”、“引言”和“研究方法”，再读到“结果”时，前面读过的内容在他们头脑中的印象可能已经开始模糊。那些有经验的读者遇到这种情况时，会重读“引言”相关内容；而那些没有经验的读者（这部分人很多），就可能是糊里糊涂地继续往下看。这样，他们在已读内容基础上归纳总结出的研究主题及其与结果内容的关系就可能显著不同于作者。因此，这种情况一旦发生，非常不利于读者正确理解论文想要表达的主要意思。

试想一下那些读者，尤其是那些编辑们，如果他们看不懂我们的论文，他们允许论文发表、引用我们论文的概率还会有多少？所以，现在有越来越多的研究者选择在“结果”开头重申研究主题。这样，不但可以在结构上呼应“引言”，还可以更方便读者看懂我们的论文。

2）对研究结果的预期

如前所述，在“引言”结尾，许多作者习惯简单介绍论文随后内容的篇章结构安排。这部分内容的主体实质上是对论文研究结果的预期。它的主要作用是让读者提前大致了解“结果”的主要框架。因此，它相当于一份路线图，一方面使作者可以有的放矢地去写作；另一方面，也可以使读者更加胸有成竹地继续阅读。在“结果”开始对此进行重申，无疑会进一步加强引导读者的阅读思路，使其保持与作者一致。

3）引述真正与研究主题相关的研究成果

如前所述，在“引言”中，为了说明研究现状，需要综述与论文主题相关的已有成果。这部分内容是“引言”内容的重要组成部分。同时，在“引言”写作方法中已经说明，在当前研究领域，许多研究者都倾向于在“引言”写作这部分内容时点到即止，而在“结果”写作时才谈及与自己研究主题真正相关的成果。这样，这部分内容就成为结果内容的重要组成。

本书推荐上面这种做法的好处是，既确保了引言功能的完整，还使其依然短小精悍[①]；同时，还可以为自己的研究结果就近提供比较对象。毕竟，一个结果只有在与其他结果的对比中才能显示出好坏与高下。这也是一个研究者确立自己在所涉及研究领域地位的途径，同时也是科技论文写作的目的之一。

4）重申“研究方法”部分内容

随着科学技术的发展，使用具有足够精度的设备往往仅构成整个研究的基础。在更多情况下，研究设备和方法的创新、更加合理的方案才是决定研究成功的主要因素。这是目前相当一部分科技论文创新

① 保持“引言”的短小精悍是写作国内核心期刊论文时特别需要注意的问题。其中最主要的原因是许多国内期刊为了在一期内为尽可能多的研究者提供发表论文的机会，往往会限制论文的整体长度至多仅为 4 页。

性的核心体现。因此，理论上这部分内容应该是“研究方法”详细介绍的内容。然而，在写作这类科技论文过程中，还是有越来越多的研究者倾向于在“结果”部分才详细介绍上述内容。

出现这种情况的原因可能有以下几个方面：首先，许多读者在潜意识中只将“结果”中出现的内容列入成果范畴。在结果部分详述创新性的研究设备、方法或方案时，就将这些内容纳入研究结果范畴，恰好与读者的潜意识和作者的本意都相符。其次，这样做也可加强“结果”与“研究方法”内容之间的联系，使两部分内容形成良好的呼应关系。此外，这样做也方便了作者对实验结果具体内容的介绍。毕竟，具体的实验结果是创新性实验设备、方法或方案的直接产物。最后，这样做也使读者了解了实验结果的由来，因此也方便了读者的阅读和理解。

至此，“结果”部分可采用的承接性桥段内容正式介绍完毕。以下为“结果”中的其他内容组成。

2．以图、表、公式、照片或模型等形式表示的具体研究结果

这部分内容是科技论文“结果”的固有组成，是读者朋友们熟悉的通常意义上的结果。

由于科学研究涉及的领域种类繁多，这部分内容的具体组成也同样纷繁复杂，覆盖的范围领域极大。材料研究类文章中，表征样品晶相组成的 XRD 图谱、表征样品宏观形貌、微观形貌的照片，表征样品密度、硬度、抗折强度等性能指标随组分、热处理工艺参数的变化图和提出的公式或模型等均属于此类内容。这部分内容的一大特点就是其客观性。其内容应是研究结果的忠实反映。然而，这并不意味着研究结果是什么样在这里就应该怎样展示。相反，为了易于读者的理解，必须提前对研究结果进行适当的“前处理”，然后再以合适的形式进行展示。例如，对展示的图片进行编号、在图片中插入指示性的箭头或其他符号、剔除实验中的异常点、应用特定科学方法对实验数据的拟合和以散点、点线或其他形式的示图来展示某个物理量随某因素的变化等。为了解与此相关的内容，读者朋友们可以参考 4.3 节和相关领域内的专业文献。

3．对图表等内容的说明

在任何一个研究领域，研究背景不同时，即使面对同样的示图，不同的研究者会得到不同的看法。这是每一个研究者在写作自己的论文时应该避免的事情。正如本书中反复强调的：科技论文写作的目的之一是说服读者，让他们认同我们的研究结果及其意义。对图表做必要的说明就是说服读者的重要途径之一。

对图表等说明的内容实质上包含两个部分：其一是图表的标题，其二是一篇科技论文中相应的文字说明。对于其中的第一部分，读者们可以参考 4.3.1 节内容。这里主要讨论第二部分，具体指用简明易懂的专业语言说明图表反映的物理现象、过程或包含的变化规律等，例如，一张材料显微组织照片中反映出的晶粒的形态、平均晶粒直径、显微组织的均匀程度；一幅应力 - 应变曲线图所反映的材料在什么应力值时开始屈服，又在什么时候发生断裂等。与后面对研究结果的解释相反，这部分内容的最大特点是其客观性。这决定了必须如实、准确地叙述上述图表反映出的内容。例如，当某图反映出某物理量的变化接近于抛物线形时，我们就不能用线形变化来描述；如果实验研究样品随组分的变化图中展示某种状态下样品的密度是 3.45g/cm^3，在说明图中蕴含的规律时，就要确切地说明样品在该状态下的密度就是 3.45g/cm^3。

4．对研究结果的主观看法和解释

它与“结果”本身一样重要，甚至更为重要。

如前所述，与已有结果对比是衡量某项结果好坏的重要标尺之一。如果同行制备样品的某种性能指标是 100，你的是 120，同时世界上没有其他同行比你做得更好，那么，你就会备受同行关注。然而，在此需要说明，同行在此关注的不是你将该样品性能提高到 120 的事件本身，而是你为什么能够那样做。而回答这个问题的答案全部包含在你对结果的主观看法和解释中。这才是同行关注一篇论文最主要的原因之一。

在一篇科技论文中，作者对结果的主观看法和解释也可被称为论文的主要观点。它往往需要多项实验结果来支撑。由于主要观点比结果本身更重要，因此，在提前勾画论文的整体框架时，我们需要根据想要表达的主要观点来选择合适的具体研究结果（包括已有文献给出的他人的成果）、配置它们在论文中的位置。换言之，**结果的选择和配置应该为主要观点服务**。这是我们在写作"结果"过程中应该逐渐学会并接受的一个新理念。

此外，在这里还需要说明，当我们刚进入科研领域时，总会听到自己的导师、同行等告诉我们要时刻保持客观性。在科学研究中，客观性十分重要，是一名合格的科技工作者应遵守的工作准则。为此，我们需要客观地开展实验、客观地处理实验数据，最后客观地在科技论文中陈述我们在研究中获得的成果。然而，即便是这样，所展示的内容也因为全部经过了我们大脑的处理，被深深地烙上了主观烙印，因此带有强烈的主观色彩。

上面的判断在表面上似乎与我们经常倡导科学研究应具有的客观性特点相违背。实质上，客观的科学研究并不会完全排斥表达主观看法。相反，一篇科技论文本身就应该是这种主观性与客观性的完美结合。下面来解释产生这种现状的原因。

在一篇科技论文未来的读者当中，除了一小部分从事类似研究的“小同行”之外，包括期刊编辑、部分外审专家和新手们在内的大部分读者属于“大同行”范畴。对于内容“以图、表、公式、照片或模型等形式表示的具体研究结果”中纯粹客观性的规律或数字，即使在有其他文献结果相对比的情况下，许多读者在对实验结果的好坏的判断方面，也很难与作者达成共识。如前所述，这部分读者有时会形成完全与作者初衷相反的看法。因此，不掺杂任何主观看法，将纯粹的实验结果展现给读者就变成了一件非常危险的事情。为了确保读者达到与我们一样的认识水平，我们需要在对比自己的结果和已有文献结果的同时，非常自然地将自己的主要观点逐渐传递给读者。下面让我们看一个例子（图 4-1）。

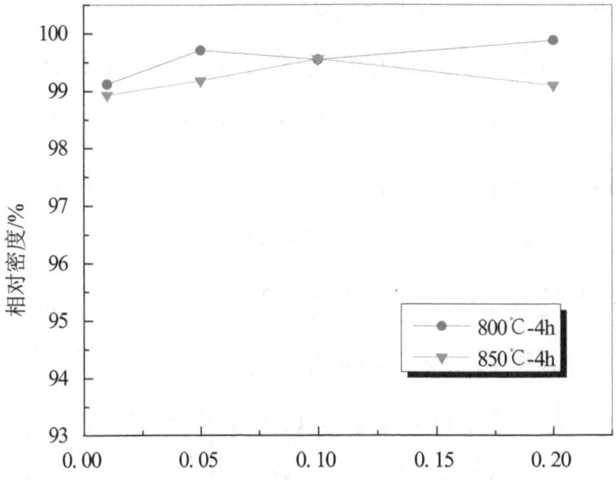

图 4-1　800 ～ 850℃烧结时某种陶瓷相对密度随某掺杂含量的变化图

这个例子来自笔者研究生的中期报告。该研究结果表明，我们研究的陶瓷样品在 800℃和 850℃两个温度烧结时，其相对密度均在 99% 左右；随着掺杂含量的变化，两组样品的密度均表现出一定的波动。对这种幅度的变动，行内专家都知道几乎可以忽略。然而，在中期答辩过程中，这个研究生只客观表述了实验规律变化，并特意说明样品的密度高于已有文献报道的98%。但是，由于该研究生没有明确说明所获样品的密度是业内普遍认可的高密度，其相对密度出现的浮动可以忽略等主观看法，参与答辩的老师提出了下面的问题：

该样品达到99%时是好还是坏，是否可以满足要求？样品在850℃烧结时，样品相对密度随掺杂量先提高后降低的原因是什么？

这表明，即使已经与已有成果做了对比，一个“大同行”仍可能难以形成与我们初衷一致的共识。因此，我们在撰写“结果”内容时，应在客观展示研究结果的基础上表达出我们对研究结果的主观看法，逐步引导读者与我们达成共识。这本身就是我们写作科技论文的目的之一。有了这部分内容作铺垫，我们在最后的结论部分声明研究结果的作用和意义时，读者就能更容易接受。

实质上，上面建议的做法也是基于人类本身的认知习惯。人类在认识新事物时，总会在开始阶段基于自身的历史经验对新事物形成初步印象。然后，在这种初步印象的指导下，我们才真正地开始进一步深入了解该事物。这样，在整个过程中，初步印象就会在很大程度上左右对该新事物的认知过程。这件事就像我们在找对象时，如果对某人一见钟情，就会很容易接受对方；如果在一开始就没有好的印象，无论对方怎么努力，我们最后接受对方的概率都不会很高。

如果用一句话来概括，上面的事实就是读者朋友们都熟悉的戴着有色眼镜待人接物。因此，本书在这里才会建议读者朋友们在客观叙述具体实验结果的同时，渐进地、自然地表达自己的主观观点，逐步引导读者接受我们的观点。换言之，就是**让读者在找到自己的有色眼镜之前，戴上我们给他准备好的有色眼镜**。

此外，在“结果”中，还需要解释具体结果产生及其随所研究因素变化的原因。作为文章的作者，我们在论文中公布了自己的研究结果后，一般不希望同行根据论文中公布的相关信息完全重复自己的研究结果；然而，每一位研究者都希望读者在将来碰到类似结果时会采纳自己的解释。这些解释实质上也是新手们看文献时最想看到的东西之一。只有在觉得这些解释有用时，这些读者将来才会在自己的论文中引用该论文。

5. 自己研究结果中的问题

读者朋友们在此可能会感到疑惑。这样做不是将自己的短处直接示人了吗？因此，许多研究者在实际写作过程中会刻意避免谈及自己研究中的不足。许多潜意识中具有完美主义倾向的研究者甚至会认为根本就不应该将存在问题的研究结果公布于众。因此，如果按照上面的说法，这里涉及的在写作实验结果时提及自己研究结果中的问题似乎就成了一个伪命题。

事实上，我们在这里讨论的问题专指那些不显著影响研究结果可信度的小问题。众所周知，世间不存在没有任何问题或缺陷的事物，即使是那些被定义为成功的科学研究也是如此。换言之，科学研究本身就是向真理的无穷接近，是“对错误的测试和验证”①。如果没有错误、问题或缺陷，科学研究也就失去了前进的动力与方向。因此，在实验结果中总会存在一些大大小小的错误或问题。这本身就与事物普遍不完美的本质属性相符。因此，不会有研究者等到研究结果真正完美后才发表论文。如果这样，这名研究者一辈子就不要发论文了。既然存在问题是一种自然现象，我们也就不用刻意回避。因此，恰当陈述那些不显著影响主要研究结果可信度的小问题就成为许多科技论文的有机组成部分。

① 《郎咸平说：谁在谋杀中国经济》第 5 页。

对这些小问题如果处理得当，就会像处理研究方法中涉及的小问题一样，不会影响我们论文在将来通过编辑和外审专家的评审，相反会提高论文在他们心中的印象。其中的原因也与研究方法中相关论证类似，详见 3.3.1 节内容。这里不再赘述。

4.1.2　结果写作总体要求

1．主题明确

如前所述，科技论文写作总体要求之一就是主题明确。由于“结果”是科技论文的主体，主题是否明确将主要由结果写作来实现。

要想在结果写作过程中做到主题明确，首先需要紧密围绕主题来组织材料。在已经获得了一定实验结果并确定好论文主题后，我们需要根据与主题相关程度的大小将上述具体实验结果分为密切相关、相关、弱相关和无相关几种。与论文主题相关的材料只能从前面三种中选取。如果组织的材料中混入过多与主题关联度不大甚至是无关的实验结果，不仅会冲淡主题，而且还会让审稿人觉得作者本身的科学素养不够，还不具备按一定要求区别实验结果的能力。

2．重点突出

根据主题组织好材料后，为了做到主题明确、重点突出，在实际撰写过程中，需要根据与主题关联度的大小来由详及略论述相应的具体研究成果。以笔者熟悉的材料研究领域的文章为例，在一篇常见的题为“某掺杂对某材料显微结构和某性能影响”的文章中，其研究主题是要表达基于作者独有的组分及工艺设计，所制备出来的材料是如何的好；按上面原则选出的具体实验结果可能包括一定工艺条件下制备材料的密度、显微组织与结构和性能随制备工艺及组分的变化。根据所要表达的主题，在结果写作过程中，就应该将组分及工艺对性能的影响作为叙述重点，而为了说明这个重点，组分与工艺对密度、显微组织及结构的影响就可能成为重点内容的补充。

在科技论文中，可用来突出重点的方法十分有限，不像报刊，可以采用夸张的配图、彩色、倾斜、加大字号等多种方法来突出重点内容。无论是学位论文，还是期刊论文，对能够使用文字的字体、字号、图形的尺寸、样式等方面都有严格的要求，根本没有商量余地，我们只有遵照执行。最终，在科技论文中，可用来突出重点的方法就可能只剩下详述重点内容和使重点内容所占的章节要明显长于非重点内容等方法。这些方法的效果与读者通常对一篇论文重点内容的特征期望相符。其次，我们还可能通过一些标志性的语言来突出重点内容，例如，最为重要的是。已有文献中，不同研究领域、不同作者喜欢使用的标志性语言各不相同。读者朋友们完全可从已有文献中找到类似的标志性语言，并加以效仿。

3．尽量满足上述在内容方面的各项要求

这里的满足并非必须满足，而是尽量。事实上，确实有许多研究者喜欢开门见山、直奔主题。这样，他们在文章中就会省略承接上下文的桥段类内容。如果你觉得自己的研究结果确实很完美，或者你在研究界的地位还没有稳固，不想同行过早根据公布的问题跟进研究，那样，你也可以省略研究中存在的问题。毕竟，领域内的问题就是以后的工作方向。研究中的问题一旦公布，就有可能引起同行的竞争。如果你的研究平台和团队实力均较弱时，在这方面就要特别注意。因为那些有实力的研究团队完全有可能做到后发先至。所以，许多研究者即使选择了在此谈及存在的问题，也会故意将问题说得很笼统。

4．要得出结论

这条要求包含两个层面：其一，结果内容的每一个段落要有各自

的小结论。其二，整个结果也要有结论。这里的结论就是论文研究主题完成后形成的大结论。这个要求，在整体上对于多数国人来说都不陌生。它实质上就是读者朋友们在最初学写作文时即接触到的文章及组成文章的每一个段落要有自己的中心思想。

从结构或相互关系层面讲，每个段落中的小结论就是支撑论文研究主题大结论的一个侧面或一个分支。在这个要求指导下，一个作者在写作整个论文及其中的某个段落时就能够做到目标明确、有的放矢；将来的读者也更容易理解文章内容、把握文章的主题，从而也更容易接受文章。这也将意味着文章会有更高的接受率、引用率。作者本人在学术界的地位也会随之升高。

这里还需说明，虽然在“结果”的每一段中都会有具体实验结果，但这并不等于这一段就有了结论。这里所说的结论是在具体的结果基础上，经过概括、归纳和抽象等方法得出的**更高层次**的、可涵盖本段所述实验结果的总结性判断。

还是以笔者熟悉的材料研究类文章为例。在这类文章中，经常会有表征某种材料显微组织的光学或者电子显微照片。相应地，作者通常也会用一段文字来对此做专门描述。在这段文字中，作者如果只描述照片上反映出的晶粒的外形特点、晶粒平均尺寸统计结果，那么这些对实验具体结果的直观描述均属于具体的实验结果。至此，这段文字还没有自己的结论。如果在此基础上，作者根据晶粒在外形上均呈现多边形、无异常长大的晶粒的特征补充表明了所研究材料样品主要由等轴晶组成，且显微组织均匀，完全符合某应用对材料显微组织的要求，这一段就有了结论。

按照本小节要求写作“结果”中的每一段还有另外一个好处，那就是有利于科技论文主体内容最后一部分——“结论”的撰写。如上所述，“结果”涉及的结论分为两个层面，各段落中的小结论和完成论文研究主题后形成的大结论；前者是后者的一个侧面或一个分支。我们在严格按照上面的要求撰写“结果”后，可直接筛选出其中相对重要的小结论。这些小结论和研究主题完成后形成的大结论将直接构成“结论”的主体。有了主体内容后，结论写作剩余的工作就是添加“讨论”部分的结论和在整体上进一步精炼和润色。关于这部分内容的写作方法，本书第 6 章将详细论述。

5. 结果写作中的前后呼应

前后呼应实质上是第一条结果写作要求的辅助、补充和实现方式。它分为两个层次：向前呼应引言及研究方法；向后呼应讨论及结论。

1）向前呼应引言及研究方法

向前呼应引言指在“结果”开始部分重申引言结尾陈述的研究主题或主要内容，从而加强“结果”与“引言”的联系，并为即将叙述的具体研究结果作铺垫。与研究方法内容的呼应可以通过详细叙述研究细节来实现，特别是那些创新性的研究方法、方案或设备。此外，向前呼应研究方法还要求具体实验结果的展示顺序要与研究方法中相应检测项目的顺序一致。例如，如果研究方法按样品的密度、晶相组成、显微形貌和电学特性描述了研究过程，在“结果”中就应该以相同的顺序展示所研究实验因素对样品密度、晶相组成、显微形貌和电学特性影响的具体实验结果。

2）向后呼应讨论及结论

向后呼应讨论及结论是指凡是讨论和结论中涉及的重点实验结果，在“结果”写作过程中要特别注意详细叙述，并要做到有充分的实验数据或基础理论支撑。简而言之，就是要有理有据。如前所述，在组成“结果”的各单独段落获得的小结论是整个论文结论的主体内容。

因此，为了做到两部分内容的相互呼应，要求所涉及小结论的内容在“结果”和“结论”中以同样的顺序出现。

4.2 结果的结构

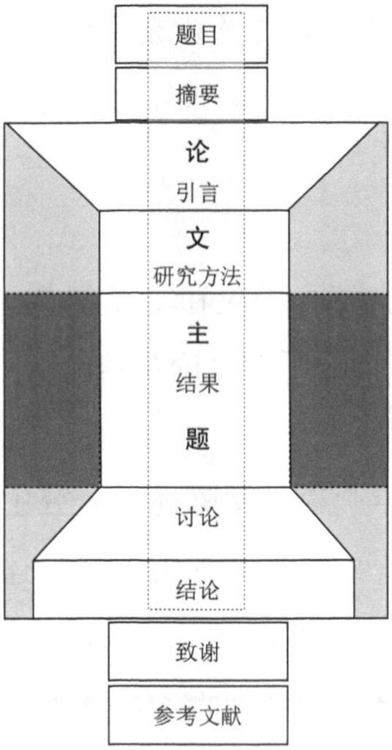

图 4-2 科技论文“线轴”结构组成示意图

从图 4-2 中可以看出，**在结构层面上，“结果”的首要特点体现在其内容覆盖范围与前面刚介绍过的研究方法一致**。这是结果内容的第一个结构特点。这一点对于资深研究者来说不是问题，但值得那些刚开始写作论文的读者朋友引起注意。因为，我们在开始学写论文时，经常会参照已有文献。在此过程中，有时会忽视已有文献研究内容和自己研究的细小差别。因此，经常会出现“研究方法”叙述的检测项目与“结果”中出现的具体实验结果不一致。虽然这不是一个严重失误，然而一旦被审稿人发现，就会使我们很尴尬。结果比研究方法多时还好办，只需在研究方法中补充相应的内容即可。如果是研究方法中写了，“结果”中却没有相应的内容时，我们不能据实相告这是由于自己照搬了已有文献，只能承认是失误。这不但会给审稿人留下我们工作不细心的印象，更严重时会引起审稿人质疑我们其他的结果。

“结果”内容具有的前后一致性还体现在其与“讨论”内容的紧密关联上。如前所述，“讨论”的主要内容必须源于自己论文中得出的结果，尤其是其中的重点结果。因此，“结果”与“讨论”内容覆盖范围上的一致性非常容易保持。

然而，这并不意味着“讨论”的内容应局限在“结果”内容所涉及的范围之内。相反，“讨论”的内容范围一定要拓展，直到超出“结果”的内容范围。只有这样，这篇论文对所涉及领域的同行来说才开始有了意义。如果一篇论文的作用或意义只局限在论文结果所涉及的范围内，这篇论文的作用可能只能局限于有助于读者单纯地复制作者的工作。笔者相信，在任何一个研究领域没有多少研究者对此感兴趣。对此，第 5 章将会给出更加详细的解释。

从结构层面讲，“结果”的另外一个特点就是它自身的整体性。

“结果”自身的整体性是其写作必须满足主题明确要求的直接体现。当一篇论文的所有具体实验结果都围绕着一个贯穿始终的研究主题来选取、组织和陈述时，自然就会浑然一体。

4.3　结果写作的其他注意事项

4.3.1　图表

图和表无疑是科技论文中最为重要的组成内容之一。在这方面有许多值得读者注意的问题。

1. 表格和图形的适用范围

图和表是除文字之外科技论文中最常用的表现形式。虽然在许多情况下一些读者朋友们会觉得某个研究结果用图或表来表示差别不大。但是，仔细了解和体会之后，其中的大多数会认同图与表在科技论文写作中的应用各有专长。

一般来说，**图形适合于表示规律性的变化趋势**。如果在一项研究中，我们对某个指标随影响因素变化趋势的关心程度高于其具体数值，我们就应该用图形来表示相应的实验结果。例如，在材料研究中，我们经常可以用点线图来表示某种材料的性能指标随掺杂含量、压力、加热温度和保温时间等因实验条件变化的规律。在这种图形中，所涉及指标在什么范围增大、减小及取得极值会一目了然。

表格适合记录和强调“具体的”“精准的”实验数据，其中包括实验中获得的如密度、质量、热容等一手数据，也包括在此基础上计算出的平均值、偏差和均方差等一手数据的具体衍生结果。也就是说，当你觉得你必须通过文章告诉读者实验结果的具体数值和精度时，你就需要使用表格。采用表格的另外一个优点是它允许在多因素（列）和多水平（行）上比较自己研究中获得的多组数据。当然,也可以利用表格将自己的结果与已有文献中的结果进行比较。由于通常缺乏具体的数据作支撑，这一点要想在图形上实现是非常困难的。

在了解了图和表的适用范围后，许多读者在实际论文写作中遇到某一类数据时，仍然可能觉得无法在图与表之间做出选择。解决这个问题的有效方法之一就是参照已有文献。因为大多数研究者都在一直关注同行的动向，并注意从同行的文章中汲取经验和教训。因此，经过多年耳濡目染后，他们在科技论文写作过程中会不自觉地采用在领域内流行的、已获大多数研究者认可的特定模式表示特定类型的数据。因此，参照文献选择图或表是这种情况下最简单、最为安全的做法。

当然，你也可以标新立异，根据你自己的个人喜好和需要呈现数据的具体情况来选择合适的图表类型。一般来说，在科技论文中，对于表格的形式会有严格的规定，在图形方面灵活度较大。读者朋友们需要在了解各种图形适合表现数据特点的基础上做出合适的选择。

常用的图形有线形图、直方图和饼图三种。

（1）线形图：适合于展开某个量随参量的变化，如前面提到的某温度下材料密度随某掺杂量的变化。

（2）直方图：适用于比较不同类型或不相关数据间的比较。例如，可以用直方图比较某地鸡、鸭、鱼、牛和羊等行业的养殖数量、收入和需求水平，并以此为基础说明上述各行业在下一年的发展前景。

（3）饼图：适合展现一个或几个分量占总量的比例，如合格产品占总产品量的比例，某科研院所的员工的学源、年龄、男女、民族结构等。

了解了上述图表选用原则后，还不能保证我们在实际写作中做出近乎完美的图表。为此，读者朋友们还需了解以下图表制作的内在要求。

2. 内容丰富、独立、简洁

这是现代科技论文在图表方面最重要的规则之一。

其中的“丰富”是指图表不能太空，不能只包含两三个数据点；同时，还需包含必要的标题、图例等说明信息。图表内容是否丰富，可通过这里涉及的图表的第二个特点——独立性来检验。

图表的独立性特点是一种相对正文内容而言的独立性，具体包含以下三个层面。

（1）指图表（包含标题）中已经包含了足够的信息，使读者在不借助正文文字内容的前提下就能明白作者通过这个图或表要传达的主要内容。

（2）图表内容应尽量不重复“结果”中文字内容，使以上两部分内容形成良好的相互补充。

（3）图表本身与标题之间的相对独立性，具体来说就是标题内容应很好地概括、补充图表内容，尽量少重复。

至此，如果读者朋友们对图表的相对独立性还有疑问，请读者朋友们参照近期已有文献，尤其是那些高影响因子的国外期刊文献。它们会为读者朋友们提供良好的范例。

图表的简洁特点是科技论文应简洁明了的总体要求的延续。毕竟我们写文章的目的是要说服读者、得到他们的认可。因此，要用尽量少的、浅显易懂的文本、数字和曲线将需要表达的事情用图表说清楚。这就是人们常说的要将复杂的事情简单化①，而不是将简单的事情复杂化。

上述要求中，第一个是自科技论文诞生之日起延续至今的要求，后面的独立性要求则是信息技术在近期飞速发展的结果。过去，信息流通远比现在闭塞，科技文献的数目也少，因此，科技人员通常会有比现在更多的时间来参阅为数不多的文献。这样，如果图表的相对独立性不强，读者在看了图表后还有疑问，他（她）完全有时间参阅正文相关文字内容来补充了解。

目前，随着科技、信息技术的进步，世界范围内可参阅的文献的数量出现了爆炸式增长。这种变化显著改变了科技人员的阅读习惯。面对海量的文献，科技人员根本没有足够的时间阅读每一篇文献。为了从海量文献中获取所需的有用信息，唯一的出路就是略读。具体来说，就是通过扫视标题筛选出感兴趣的文献，再通过略读摘要及结论分选出最有用的文献；此后，如需进一步了解，可继续快速略读论文主体中的图表来获取信息。至此，一个科技人员就可以基本掌握领域内一般文献的基本内容与主旨。科技人员通常只在碰到少数与自己研究直接相关的重点文献时，才会继续仔细研读。在这种阅读模式下，具有较高独立性的图表显然更符合科技人员（读者）的阅读习惯，更有利于科技人员（读者）掌握论文中的细节及主旨。

3. 使用符合要求的图表

科技期刊的作者指南或各类学位论文模板都会对可使用的图形提出各种详细的要求，具体包括：图形的文件类型、大小、像素值和表

① 这是“大家”的特点。

格的类型、图表中文字的字体及字号、表格中脚注的标志方式等。以《欧洲陶瓷会志》（*Journal of the European Ceramics Society*）作者指南为例，在图形方面，它要求照片文件最好为 JPEG、JPG 或 BMP 等常见形式，其尺寸要与文章在被发表时图片的尺寸一致，而且其像素值要大于 300dpi。此外，图表中文字大小要和其标题字号一致。

对于表格，达到上面的要求非常容易，只需按要求设置其中文字字号即可。对于图形，想达到上面的要求就没有那么容易。其主要原因在于，我们用 Origin 或 Excel 等图形软件做出来的图通常大于期刊或学位论文的最终要求。此外，为节省版面，许多期刊论文都将 A4 的版面分为两栏。为此，图形的宽度经常需要缩减到 6.5cm 左右。而一般情况下，如果按“增强型 Windows 图元”类型将 Origin 图形拷贝和粘贴到 Word 后，其正常的尺寸为 14.62cm×14.32cm。这样，如果事先在绘图软件中按期刊或学位论文要求设置其中文字的字号，在最终排版时，由于需要将图形尺寸按比例缩小一半以上（在锁定纵横比的条件下，宽度由 14.62cm 缩小至 6.5cm），图形中的文字就会远小于标准要求。因此，读者朋友们在使用绘图软件作图时，所选字号就应稍大一点；然后，通过多次尝试来确定图形中文字的最终字号。以 Origin 为例，要想使图中文字在双栏排版模式下（图形宽度为 6.5cm 左右）达到小五号，作图时字号至少要设置在三十号左右。

对于表格，从形式方面满足前面所说的要求就容易得多。仍以前面刚介绍的《欧洲陶瓷会志》为例，它在作者指南中对表格的类型上没有明确要求，但要求表格中文字大小与表题一致，表格中的脚注要使用非脚注文本的上标方式来表示。这一点与国内学位论文模板要求略有不同。国内，大多数学校学位论文模板都明确要求使用三线表，表格中的脚注不能使用上标，而应使用六号字。

4. 论文前后的图表要力求一致

具体来说就是论文前后同类型的图表要有相同的尺寸。此外，图中的图例、图号和标尺的大小和位置，坐标图中坐标的尺寸、向内或向外方面也要尽可能一致。对此，国外的期刊论文作者指南中有时会有要求，但不会通过加粗字体、斜体等醒目化方式来特别强调。国内的情况更差，常见学术期刊作者指南及大专院校学位论文模板对此基本上没有要求。因此，这项要求基本上可以被称为“结果”图表处理过程中的名副其实的潜规则。

这项要求在表面上没有引起国内期刊编辑及各研究生院的足够重视，并因此成为了潜规则。然而，这并不意味着它不重要。相反，与社会上各行各业的情况类似，潜规则往往才是最重要的规则。读者朋友们千万不要对此不以为然。

根据笔者自己的经验，论文中图表前后不一致及形式不合规是导致很多学位论文在各阶段中评审时出问题的主要原因之一。产生这种现象的原因很简单：对于每一位评审专家，他在很多时候需要面对非本专业的论文。这里所说的“很多时候”的概率究竟有多大呢？以一个大学的学术委员会为例，为了照顾到所有专业，委员的选择就尽可能各专业都有。因此，如果委员会成员上限为20，委员就可能来自于20个不同的专业。所以，在每年的学术委员会上，除了自己方向的论文，每个评委还需要评审其他19个方向的学位论文。因此，上述“很多时候”所涵盖的概率就可以高达19/20。此外，整个学术委员会的会期也很有限，通常为一天左右。因此，评委们基本上没有时间深究自己不熟悉的论文中的专业细节。（为论文内容的专业性把关是研究生导师和研究生院最后指定的外审专家应完成的主要职责）这时，可供评审委员会专家判断论文好坏的标准就只能是这些在短时间内可以看出的表面问题。

对于期刊论文，由于篇幅所限，论文前后图表出现不一致的概率明显低于学位论文。同时，为一个期刊服务的评审专家的数量也远远高于一个大学学术委员会成员的数量，编辑指派评审专家的专业对口率更高。他们更关注论文的专业性、创新性。因此，期刊论文因图表问题而被拒绝的概率要比学位论文低得多。

5. 图表规划与设计

为了使图表美观且重点突出，最好对科技论文中的图表进行一定的规划和设计。

对于科技论文中的图形，从美学角度考虑其**宽高比最好为 3:2**。在坐标图中如果数据点较少，则最好采用四边封闭的框图；如果图形中包含对比的数据组较多（宏观表现为点线图中的曲线多或直方图中的数据柱多)，则最好采用只包含 X、Y 轴，其他两边开放的坐标图来表示。这样，读者在看这些图形时会觉得舒服一点。

对于相当一部分读者朋友们来说，对表格中数据进行规划与设计可能还有点陌生。在需要使用表格时，许多读者朋友们可能会忠实地按要求使用三线表; 然后，客观地填入通过研究或调研获得的原始数据。据笔者观察，在国内，写作论文时，专门花一定时间规划、设计表格中数据展现形式的研究者目前还不多。实质上，通过适当的数据规划和展现形式的设计，可以让表格在汇总、展现原始研究或调研数据基础上，突出重点数据，或像图形一样展现数据的变化趋势。单凭以上文字，读者朋友们理解起来可能也会有困难。下面就通过一个例子来说明。

本例引自 David Lindsay 发表于 2011 年的科技论文写作指导力作 “Scientific writing = thinking in words[1]”。这个例子中，既给出了原表，

也给出了经过规划设计的优化表。据笔者自己的经验，像这样完美体现表格数据规划和设计内涵的例子还真不多。为方便国内读者理解，对表格的标题及第一行做了简单的翻译。

表 4-1　2010 年前五个月某地零售商某品牌柠檬水销售量汇总表（原表）（单位：L）

零售商	1 月	2 月	3 月	4 月	5 月
Family Store	16.54	19.38	19.88	16.59	21.62
Nancy’s Bar	206.48	274.56	275.98	213.78	303.35
Pizza Shed	63.54	77.82	81.76	54.21	89.49
Railway Café	29.70	30.79	33.53	27.41	34.64
Royal Teahouse	142.63	137.6	171.79	162.40	194.26
Ted’s Supermarket	137.63	129.17	149.38	117.21	183.40
The Oasis	47.32	51.83	53.73	49.10	60.23

表 4-2　2010 前五个月某地零售商柠檬水销售量汇总表（优化表）（单位：L）

零售商	1 月	2 月	3 月	4 月	5 月	平均值
Nancy’s Bar	206	275	276	214	303	257
Royal Teahouse	143	138	172	162	194	162
Ted’s Supermarket	138	129	149	117	183	143
Pizza Shed	64	78	82	54	89	73
The Oasis	47	52	54	49	60	52
Railway Café	30	31	34	27	35	31
Family Store	17	19	20	17	22	19
平均值	92	103	112	91	127	105

从原表与优化表的对比可以看出，原表将零售商的名字按常用的字母顺序进行排列，然后将不同月份中柠檬水的销售量忠实地按月份再现。这种形式是读者朋友们熟悉的，也是经常被大家采用的方式。这样的表格虽然忠实地展现了调研结果，却没有呈现数据内含变化的规律或趋势。

相对于原表，优化表中的调整和相应的效果如下。

（1）打破原表中的按零售商名称首字母顺序排列的习惯，按月销售量从高到低的顺序排列；这样，读者可以一目了然地看出不同零售商在该品牌柠檬水的销售业绩方面由高到低的趋势性变化。这种优化也使表格具有了与图形表示法类似的特点。

（2）有意增大了前两名销售商与其他零售商数据之间的行距。这样，读者可一眼看出哪两家零售商是销售业绩的前两名。

（3）增加了各零售商五个月平均销售量和不同零售商的销售量的月平均这两组数据。同时，在展现时有意增大了均值与实际统计数值之间的行距或列距。这样，读者可以从表中了解到哪个月柠檬水销量最大以及平均销售量随销售商的变化。这两组数据可为柠檬水的地区销售总监制定来年营销计划提供依据。这个功能是原表无法直接体现的。

从以上例子可以看出，在科技论文创作过程中，忠实地展现研究或调研数据仅是表格应该具有的初级功能。表格还可以具有展现数据变化趋势、突出重点数据等高级功能。要想达到这样的效果，就必须对原始数据进行一定的处理，如求出均值、方差等；同时，还要从易于读者理解的角度对数据及其展现形式进行规划和设计，例如上面例子中使用的对数据进行排序或在重点与非重点数据之间、非同类数据之间设置间隔等。和研究本身一样，表格的规划设计也是一门学问，也需要我们专门花一定的时间和精力去考虑。想深入了解这方面理论的读者朋友也可以直接参阅数据处理方面的专门教材。

4.3.2　对研究中存在问题的把握

如前所述，研究中存在的问题并不是“结果”不可缺少的一部分。然而，越来越多的研究者选择在“结果”结尾处讨论研究中仍然存在的问题。之所以这样做，是因为研究者认为这是他们应具有的严谨工作态度和对所研究问题全面认识的反映。因此，这种做法似乎正成为当今科技论文写作发展的一个趋势。

然而，这并不意味着我们在写作论文结果时可以放心大胆地谈论自己研究中存在的问题。相反，我们必须十分慎重。其中，最主要的原因是我国为缓解就业市场压力，一直都在执行硕士及博士研究生扩招政策。按大多数研究生培养机构的要求，每个研究生毕业前，必须在所涉及研究领域的正规学术期刊上发表一定数量的论文。然而，当今期刊能够刊载文章的数目远低于研究者的投稿数量。这种情况之下，期刊编辑及外审专家就必须想方设法拒绝掉大多数来稿。因此，如果在这里某研究者将研究中问题说得过多、过细，编辑或外审专家就很可能来个顺水推舟，以“存在较多问题”为由拒绝稿件。所以，在这里，我们必须做到在点出存在问题的同时，让编辑或外审专家觉得存在的问题还不足以给文章的主要结论造成太多负面影响。

为此，Margaret Cargill[17]曾给出建议，即“对研究中存在问题的描述详细程度应与问题本身的严重程度成反比”。具体来说就是存在问题较多、较严重时要尽量少说，存在问题较少、较轻时可细说。根据笔者的经验，我们应该更进一步：即在任何时候，都要点到即止，尽量弱化研究中存在的问题。因为暴露自己研究中存在的问题永远都不可能成为我们写论文的主要目的。尽量弱化是在处理研究中存在问题过程中应遵循的最主要原则。

如果我们按上面的原则来处理研究中存在的问题，文章一旦发表，还会给我们带来以下好处。

（1）它可以坚定我们开展后续研究的信心，因为我们在文中指出的问题已经得到了编辑及评审专家的认可。因此，这些问题可能就是后续研究重点针对的问题。

（2）我们针对所指出的问题完成了后续研究后，在新文章的引言中，我们完全可以正当地引用自己的文章来说明新文章的研究基础与必要性[①]。

至此，大部分读者朋友们应可以彻底理解在结果写作中把握研究中现存问题的原则。由于研究领域的多样性，在这里很难给出一个能让各行各业读者朋友们放心描述并弱化自己研究遗留问题的模板。对此，我们只有通过看文献逐渐学习，并在实际写作中慢慢加以应用、体会。

4.4　英语科技论文实验结果部分写作要点

前面已经介绍了许多写作结果时的注意事项。它们在中英文“结果”写作中同等重要。此外，用英语写作结果，还需要注意以下几个问题。

4.4.1　结果写作中的时态选择

“结果”写作主要涉及以下四种英语语法现象：一般过去时、一般现在时、现在完成时和情态动词。

1．一般过去时

英语一般过去时的基本功能是表述发生在过去的事情。具体到“结果”写作过程中，一般过去时可用来引述他人研究成果、重申研究方法中的部分内容、叙述自己的实验（或研究）结果、对实验结果进行解释或表达主观看法和评述自己实验结果中的问题。下面分别通过一些例子来说明。

1）重申研究方法中的部分内容

结果写作过程中，为了承上启下，有时需要引述在研究方法中用一般过去时描述的研究方法或过程，特别是那些属于作者自己的创新

① 该文章在我们未来基金申请过程中也可以起到类似的作用。

性内容。无论是从语法角度，还是从呼应研究方法、叙述自己的创新性实验内容方面来考虑，在“结果”中重申上述内容时，都应采用一般过去时。

例 1 Values of Tg and Tx ***<u>were extracted</u>*** using the Proteus software...[18]

例 2 By adopting a two-stage hot-pressing schedule，and employing glass powder as starting material in preference to the glass-ceramic，compact densities in excess of 99% of theoretical ***<u>were readily achieved</u>***.[19]

2）叙述自己的实验结果

在写作论文时，实验过程及基于实验结果所获的发现已经成为过去，因此，对这些内容的描述就常采用一般过去时。此时，使用一般过去时可以强调作者亲力亲为获得实验结果的过程。

例 Two peaks，indicating two active traps，***<u>were found</u>*** in the spectra from the sample sintered at 950 ℃（Fig. 3a），whereas only a single peak was observed in the samples sintered at 1100℃（Fig. 3b）and 1300℃ （Fig. 3c）.[20]

3）对实验结果进行解释或表达主观看法

英文科技论文中，许多研究者会采用过去时解释自己的实验结果。这时，千万不要以为作者这样做的原因一定是事情发生在过去。
实质上，作者这样做的原因是由于他认为自己给出的解释可能只适用于论文所涉及研究本身，而不具备更大普适性。

例 Sintered glass-ceramic samples ***<u>showed</u>*** a convenient sintering behaviour，i.e.，the fired samples were homogeneous and free of defects such as large holes，bubbles or cracks.[21]

当然，也有部分作者不知道使用一般过去时有上述功能。所以，写作时，他们在用一般过去时描述了获得结果的过程后，为了保持一段文字中时态一致而错误地选用了一般过去时。此时，如果我们认为给出的解释或主观看法可获业内普遍认可，应该使用一般现在时进行描述。

4）引述他人研究成果

例　Regarding the crystallisation， Mrotzek et al.[24] ***obtained*** an exothermal DSC signal at 650 ℃ with 10 ℃ /min for the crystallisation of an UV-exposed Foturan®sample that was thermally pre-treated at 500℃ for 1 h.[22]

在这里，值得注意的是，上面的例子中，作者用一般过去时引述他人研究结果时，除了要表明被引述的实验事实是发生在过去之外；更为重要的是为了强调作者认为这是一个必须以当时实验背景为基础的实验结果，并不能被看成是一个可被普遍接受的事实。读者朋友们应注意与后面的一般现在时在“结果”写作中应用的情况作对比。

5）评述自己实验结果中的问题

在很多情况下，实验结果中的问题是与实验过程密切相关的。如上所述，对于已完成实验结果的描述需要采用一般过去时。同理，在陈述实验过程中没有完成的实验（这也是实验中存在的问题）或研究工作时，也需采用一般过去时。

例　No attempt ***was made*** to study the compositions containing >50% Sb_2O_5.[23]

2．一般现在时

一般现在时在“结果”写作中的应用主要表现在引述他人成果，描述、解释自己的实验过程或结果和总结阐述自己研究结果中的问题三个方面。

1）引述他人的成果

一般现在时同样可用来引述已有研究成果。之所以可以这样做是因为一般现在时除了可以表示发生于现在的事情之外，还可以用来表示经常发生的事情或被普遍接受的事实或公理等。因此，如果你认为[①]已有文献中所述结果是一种被业界普遍接受的事实，你就可以采用一般现在时来描述。

例 “In general，the thermal effects ***are*** much more pronounced for the high heating rates than for the low ones.” [22]

2）描述、解释自己的实验过程或结果

科学研究过程中，经常会有一些研究过程或结果的普适性比较强，无论在什么时间，任意研究者只要采用相同的工艺和设备就会得到类似的结果。因此对于这种类型的过程或结果，就可以采用一般现在时来描述。这样，读者在任何时候拿起论文阅读时，都会有一种身临其境的感觉，好像是作者本人此时正在给读者讲述自己研究的成果。这在无形中拉近了作者与读者之间的距离，也是其他时态所无法表达的一种效果。具体如下所示。

（1）用一般现在时描述实验过程。

例 Since such a measurement is strongly influenced by the local surface conditions，it is not representative for the whole grain. Therefore，we ***apply*** here the following，rather time consuming procedure: a series of current images ***is*** recorded at various voltages （i.e. 0 to +10V in steps of 1V） and the current values are averaged at certain positions on an area of 1μm×1μm. [24]

（2）用一般现在时描述实验结果。

例 1 Between grain Nr. 2 and the adjacent electrode ***is*** only one grain boundary （see Fig. 2c），but the corresponding switching voltage ***is***

① 这是科技论文主观性的典型体现。不用怀疑，在这里，你完全可以对自己说“我的事情，我做主！”

below the well-known “ideal” varistor voltage of about 3.5V. [24]

如前所述，一般过去时可用来解释自己研究结果规律性变化的原因。这除了与实验结果及其变化均发生在过去之外，更为重要的是作者认为自己给出解释的普适性不强（也可以理解为作者在这里对自己给出的解释没有什么信心，把握性不强），可能只能适用于文章研究所涉及的一个比较小的领域。与这种情况相反，当我们对自己给出的解释非常有信心时（即认为自己的解释已经可以接近一个普适性很强的真理了），我们就需要使用一般现在时来解释自己的研究结果。

例 2　This ***can be*** attributed to the well-known degeneracy for 180° antiparallel crystal domains，which are of the dominate type in ZnO varistor ceramics. [24]

这里值得注意的是，作者确实使用了一般现在时来表明自己解释的普适性。然而，更准确地来说，作者是使用了情态动词的一般现在时。由于情态动词“can”的应用，实质上是稍稍削弱了上述解释的普适性。作者这样做的原因可能并不是由于作者怀疑上述解释的普适性，而是作者在这里不想把话说得太满。正所谓“凡事不能太绝对”。这样做，实质上是进一步增加了作者的解释的普适性，作者也更加安全。关于情态动词在解释结果中的应用将在随后的“情态动词的应用”一节中予以具体介绍。

3）总结阐述自己研究结果中的问题

科技论文中，一个作者必须在系统总结分析自己实验结果的基础上才能发现其中的问题。基于如前节所述的原因，许多科技论文中经常采用一般现在时陈述实验结果。这样，可以拉近读者与作者之间的距离，让读者感觉到更亲切。自然地，我们也可以用一般现在时来阐述在总结分析实验结果基础上发现的自己研究结果中的问题。

例 1　The question then ***arises*** as to why the a-polymorph should form at 900 ℃ by direct，low-temperature synthesis if it is thermodynamically metastable. [25]

例 2　More work ***is*** needed to establish with certainty the reason for formation of the super grains. [26]

3．现在完成时

现在完成时同样可以用来引述他人的研究成果。与一般过去时强调所述成果发生在过去或不具有普适性不同，使用现在完成时引述他人成果时，作者主要强调的是所引述结果对论文写作时的持续影响。使用现在完成时表明作者对所引述事实的认可度要明显高于一般过去时。

例　“This trap ***has been*** linked with high levels of varistor non-linearity and is attributed to the effect of structure modifications by defects introduced through donor additions ［8］.” [20]

4.4.2　情态动词的应用

在前面内容中，已经多次提及客观性是科技论文的主要特点之一。因此，被动语态在英语科技论文中被大量使用。此外，科技论文的这一特点还要求使用简洁、逻辑性强的图、表或数字来准确描述研究结果。为此，在一篇科技论文中，如需要给出实测样品的性能指标时，我们往往不但需要给出这个指标的具体数值，而且还要给出相应的测试精度及单位等。

与此同时，科技论文也带有显著的主观色彩。例如：在科技论文中，常常需要描述某个具体指标是高还是低、是好还是坏，不同组分样品性能之间的差距是大还是小。对于此类问题的表述，均是科技论文主观色彩的典型表现。在汉语论文中，想要表达这种主观色彩非常容易，我们可以找出合适的副词来准确表述所需表达的主观色彩。常用的副词有“非常”“显然”“显著”“稍”“仅”等。在使用英语撰写科技论文时，我们也可以使用与上述词语对等的英语，例如，“extremely”“obviously”“remarkably”“slightly”等。当然，也可以采用不同的时态来表达对结果不同的主观看法。例如，对自己的结果及解释非常有信心时，可采用一般现在时；否则，就采用相应的过去时态。

除了以上表述主观情感的方法之外，用英语写作科技论文时，还可以在使用适当时态的基础上选用恰当的情态动词来修饰句中已有的主观色彩。这样的情态动词包括“may”“can”“must”和“shall”，以及它们的过去式“might”“could”和“should”。下面通过一组句子来说明不同时态下使用情态动词的前后和选用不同情态动词给一个句子主观色彩最终表达效果带来的差异。例如：

Smoking ***is*** harmful to health.

采用一般现在时，所陈述的吸烟有害健康是一个普遍存在的真理。不管你在什么时候，吸入的是一手烟还是二手烟，结果均有害健康。采用这种方式进行陈述时，说话者对所陈述事实的确定性最强。

Smoking ***was*** harmful to health.

如果换成了过去时，其含义就转变为吸烟在过去的某个时候有害。现在是否有害，我们不能确定。因为可能存在着这么一种可能性，或许由于科学技术的进步，我们可以尽情地享受吸烟带来的乐趣，而彻底避免其带来的伤害。

Smoking ***must*** be harmful to health.

以“must”进行修饰时只表示出说话者个人对吸烟有害健康这个事实的强烈的认定。至于其他人是否同意，这里就不得而知了。

Smoking ***can*** be harmful to health.

用“can”同样表达了说话者对吸烟有害健康这个事实的判定，但其确定性较上面的“must”弱。用“can”来修饰时，就意味着吸烟有害的可能性是很大的，也可能无害；但有害的可能性要远大于无害的可能性。

Smoking ***shall*** be harmful to health.

用“shall”时，说话者已经不太确定吸烟真的有害了。这种情况下，甚至可以认为说话者自己都认为吸烟可能无害。

Smoking ***should*** be harmful to health.

用“should”时，说话者对吸烟有害健康这个事实已经不能做出判断了，只能做大概的推测。推测确定程度较上面的“shall”又进一步下降。

Smoking ***may*** be harmful to health.

使用“may”时，同样表示一种可能或推测，说话者对所陈述事实的确定性较上面的“shall”或“should”均低。

Smoking ***could*** be harmful to health.

Smoking ***might*** be harmful to health.

使用“could”和“might”修饰时，其对吸烟有害健康这个事实表述中含有的确定性又在“may”的基础上依次递减。在总体上，说话者已经觉得吸烟有害健康只是一种可能了。

下面再给出情态动词在英语科技论文“结果”中应用的具体实例。读者朋友们可以通过这些例子仔细体会，不同情态动词给句中已有的主观判断带来的不同修饰作用。

例 1 …this ***can*** affect seal quality through thermodynamically favorable reactions between the water and diffusing metallic species… [27]

例 2 If a domain is formed with a lattice parameter, α_β, different from the matrix，α_α，both domain and matrix ***must*** be strained by equal and opposite forces for full coherency. [28]

例 3　According to the Palm-Alexander model for grain boundary EBIC [11] the signal width ***should be*** equal to the width of the electron beam excitation volume，provided the boundary is oriented parallel to the electron beam during the measurement. [29]

例 4　The trap densities were correlated with the varistor properties and it suggested that the L1 trap ***might be*** associated with nonlinearity behavior [15] and the L2 trap ***might be*** associated with sample stability，since the smaller the L2 trap density，the greater the stability of the device. [29]

例 5　In an attempt to achieve a more satisfactory product，it was found that the interfacial chemistry in this system ***could be*** influenced by the addition of transition metal oxides to the starting glass. [27]

例 6　Furthermore，to minimize the activation energy the precipitation process to form hcp TiB_2 ***might*** start with the formation of coherent and/or semi-coherent domains，according to observations made for $Ti_{1-x}Al_xN$ films discussed above. [28]

总而言之，使用情态动词修饰句中已有的主观判断时，只能表现出不同程度的削弱。与前面介绍的副词修饰作用相比，情态动词的灵活性较差。副词既可以表示对已有主观判断的加强，也可以表示削弱。

另外，在这里还需要特别指出，在结果（实质上也包括科技论文的其他部分）写作过程中，在词、时态及情态动词的选择方面，完全由作者本人来决定。因此，为了给读者留下更深的印象，说服读者接受自己的观点或看法，有一些研究者往往会言过其实。也就是说，应该用“might”时，研究者会选用“could”或“may”。对此，读者朋友们在今后阅读文献时应予以重视。为避免这种现象出现，从论文写作的角度讲，大家应尽量本着实事求是原则选用恰当的时态、副词或情态动词，以求准确表达对自己实验结果及其解释的主观看法。

4.5 结果实例解析与点评

4.5.1 解析

结果实例	解　　析
3　结果与讨论 3.1　DTA 分析 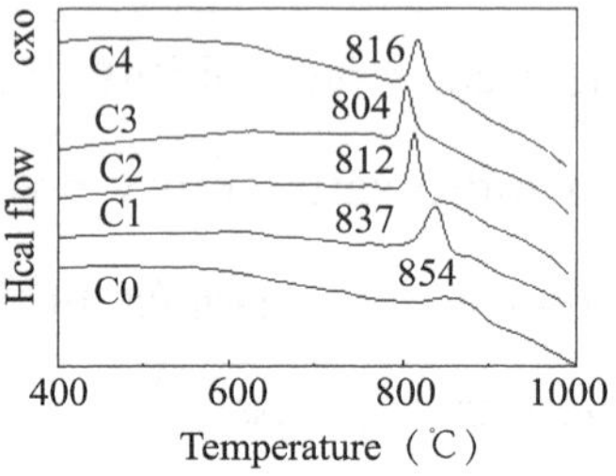 图 4-3　添加 0 ~ 2.0wt%Cr_2O_3 基础玻璃的 DTA 曲线 Fig.4-3　DTA curves of the base glass samples with 0 ~ 2.0 wt% Cr_2O_3 ①五组基础玻璃熔融后水淬样品的 DTA 曲线如图 4-3 所示。② C0 样品中，在 854℃左右存在一个放热“包”；随着 Cr_2O_3 添加量提高到 1.5 wt%（C3），该放热“包”逐渐转化为越来越明锐的放热峰，峰底宽度也逐渐减小，而且放热峰出现的温度也逐渐由 854℃降低到 804℃；Cr_2O_3 含量继续增加后，该放热峰明锐程度下降，峰底宽度增加，且峰位温度由 804℃提高到 816℃。③玻璃在晶化过程中，无序的玻璃网络在向长程有序的晶体转变时，系统熵值下降，因此会出现放热现象[7]，由此所致的放热峰也因此被称为析晶峰。④从样品 C0 到 C3，析晶峰越来越明锐，峰底变窄、峰位向低温区移动，表明没有添加 Cr_2O_3 的 C0 样品晶化能力不足，随着 Cr_2O_3 含量的提高，从 C1 到 C3 这三组样品的晶化过程越来越容易、越来越集中剧烈，说明 Cr_2O_3 在此范围内表现出强烈的促进晶化作用。⑤ Omar[8] 曾发现 Cr_2O_3 在铝硅玻璃中也具有类似的作用，很好地印证本文的上述判断。⑥ Cr_2O_3 含量继续由 C3 增加到 C4（2.0 wt%）时，峰底变宽，峰位反向高温区移动，说明样品的晶化过程又有所推迟，	由于二级标题明确的指示性，3.1 小节第①句直接从介绍图形结果在文中的展示位置开始。随后的第②句进一步介绍了该图形结果反映出的实验研究规律。这两句均属于“结果”内容组成中最基本的具体研究结果介绍。第③句通过转述文献说明了什么叫“析晶峰”。因此，其本质属于结果内容的另一基本组成“对研究结果的解释”。从其与后续内容的关系判断，这句话的最主要作用还是为了展示后续具体研究结果作铺垫。因为，第④句直接使用了刚定义的“析晶峰”来继续说明已有研究结果在微晶玻璃研究领域意味着什么，并得出了 Cr_2O_3 在所研究范围内促进析晶的“阶段性结论”。所以，这句话属于对实验规律的进一步解释和说明。第⑤句是与文献研究结果的对比，目的是印证刚才的阶段性结论。接下来的第⑥句是对实验结果的补充描述。最后一句是对前面实验结果的小结，同时，也为随后实验结果的叙述作了铺垫

续表

结果实例	解　　析
剧烈程度有所减缓。⑦根据以上 DTA 结果，最终晶化温度为 840℃，核化温度为 670℃。 3.2　X 射线衍射分析 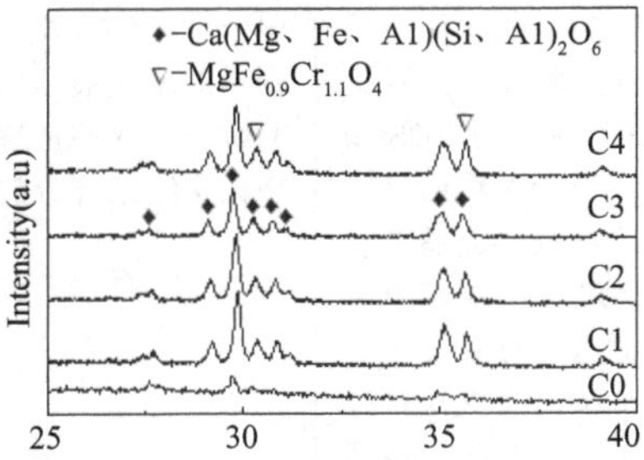 图 4-4　添加 0 ~ 2.0wt%Cr_2O_3 微晶玻璃的 XRD 图谱 Fig.4-4　XRD patterns of the glass-seramics with 0 ~ 2.0 wt% Cr_2O_3 ①图 4-4 为添加 0 ~ 2.0 wt%Cr_2O_3 的微晶玻璃在经过相同核化、晶化热处理后样品的 XRD 图谱。②图中结果表明：5 组样品的主晶相均为辉石相 Ca（Mg、Fe、Al）（Si、Al）$_2$O$_6$。③ C0 样品中，与所有晶相相关的衍射峰均很弱，说明其中的晶体形成量不多，C1 ~ C4 样品主晶相的衍射峰与上述 DTA 结果中的析晶峰一样明锐，进一步印证了 Cr_2O_3 对所研究体系主晶相析出的促进作用，但没有改变主晶相的组成。④同时，XRD 结果还表明，在添加 Cr_2O_3 最多的 C4 样品中，形成了 $MgFe_{0.9}Cr_{1.1}O_4$ 第二相。⑤类似的结果在 Rezvani 研究 Cr_2O_3、Fe_2O_3 和 TiO_2 三种晶核剂对类似体系玻璃晶化性能影响的论文中也曾有过报道[9]。 3.3　微观形貌分析 ①图 4-5 为添加 0 ~ 2.0 wt% Cr_2O_3 含量 CAMS 系微晶玻璃的 SEM 图。② C0 样品的显微形貌带有明显的枝晶特征。③这种显微组织的形成与体系中晶核剂量少、晶体有足够的成长空间有关，同时也和前面 C0 样品的 DTA 和 XRD 结果相符。④ C1 ~ C4 样品由分布均匀但形状不规则的颗粒晶相组成；随着 Cr_2O_3 含量增加，上述颗粒晶相的平均尺寸从 C1 到 C3 先变小，到 C4 又变大。⑤前三组样品中，晶相平均尺寸减小显然与 Cr_2O_3 在所研究微晶玻璃体系中可起到形核剂作用有关。⑥随着 Cr_2O_3 含量提高，微晶玻璃中形成了更多晶核，各晶核可生长的自由空间逐渐减小，最终减小了晶相平均尺寸。⑦ C4 样品中，晶相平均尺寸出现反常增大的原因是由于基体中形成了镁铁铬尖晶石相，直接减少了充当晶核剂的 Cr_2O_3 含量所致	与前节类似，3.2 小节前两句是对具体实验结果的描述。第③句解释了前两句表述的结果，同时呼应了 3.1 小节的结论。第④句补充介绍本小节已有具体研究结果。最后一句介绍了同行结果，目的是通过对比来佐证自己的结果。 3.3 小节中，前两句同样是纯粹的具体研究结果描述。第③句解释说明了前两句描述研究结果产生的原因，属于对研究结果的解释。同时，这句话的后半句还说明了本小节结果与前面两小节结论之间的相符关系，起到呼应和加强内在联系的作用。第⑤～⑦句是对本小节研究结果中特殊现象的解释说明。 3.3 小节第二段中，第①句是过渡性桥段内容，通过指出前一小节研究结果中的一个不足来引出本小节内容。第②句继续通过回顾实验细节来作铺垫。第③句开始叙述具体研究结果。在此基础上，第④句结合前一小节研究结果归纳出本小节的一个研究结论。随后的第⑤句是已有同行研究结果的具体描述。它既是第⑥句表述的本小节内容的佐证，同时也为实例研究成果提供了对比对象。随后，第⑦句特别指出实例论文研究成果与同行已有研究成果的不同。在紧接着的第⑧句中，又补充说明了实例研究成果的特殊之处。因此，以上三句话，实质上应该属于“讨论”内容

续表

结果实例	解　析
①在如图 4-5 所示 C4 样品的 SEM 照片中，为了展示主晶相显微形貌特征随 Cr_2O_3 添加量的变化，并没有特意展示其中的第二相。②实质上，在对以上几组样品显微形貌观察过程中，发现在 Cr_2O_3 含量为 1.5 wt%（C3）样品中，开始出现外形特征显著区别于基体相的第二相，而且具有同样特征的第二相在 Cr_2O_3 含量为 2.0 wt% 样品中显著增加，具体结果如图 4-6A-C 所示。③示于图 4-6 中对 C3（图 4-6A）样品的 EDS 面扫结果表明，块状结构的第二相中 Mg、Fe、Cr、O 等元素富集。④结合上面的 XRD 结果可以确定第二相为镁铁铬尖晶石相（$MgFe_{0.9}Cr_{1.1}O_4$）。⑤ Karamanov A [10] 曾发现富铁尾矿中添加 0.4 ~ 1.0 wt% 的 Cr_2O_3 晶核剂后，只有当 Cr_2O_3 含量大于等于 0.7 wt% 时，它才会与尾矿中的 Fe 元素发生反应生成铁铬尖晶石。⑥因此，其研究结果与本实验结果一致。⑦然而，其研究并没有在显微组织中观察到这种第二相的形貌特征。⑧更加值得注意的是，在尖晶石与基体相的交界处，紧靠着尖晶石周围存在着晶粒尺寸异常细小的晶界层，由此层开始继续向基体过渡的区域，基体显微结构出现了明显的粗化，并且 Ca、F 等元素在此富集。⑨由于尖晶石相形成后，必然造成相邻的过渡区中出现 Cr^{3+} 离子的“贫化”。⑩因此，上述基体显微结构的变化再次证明了 Cr_2O_3 作为晶核剂对细化材料显微结构的促进作用。 3.4　性能分析 ①表 4-1 为本研究所涉及五组样品性能的汇总。②对比不同 Cr_2O_3 含量的样品性能表明，Cr_2O_3 的添加对所研究样品的密度及耐酸碱性都表现出了优化作用。③稍显不同的是其对样品抗折强度的影响：样品的抗折强度随着 Cr_2O_3 引入有明显提高，并在 C1（0.5 wt%）样品中达到峰值 183.41 MPa；此后，样品的抗折强度又出现一定程度下降。④这显然与样品（C3、C4）中形成尖晶石第二相后，其周围过渡区中显微组织出现异常粗化有关。显微组织一旦出现粗化，粗大组织相交形成的界面区相对于其内部就成为抗折强度明显偏低的“缺陷区”。⑤根据 Griffith 微裂纹理论 [11]，材料中的缺陷在外力作用下会产生应力集中的现象。⑥当应力达到一定程度，在上述缺陷区边缘就会形成裂纹源，裂纹进一步在粗大组织的界面区扩展后，就会导致样品整体抗折强度下降	3.4 小节中，第①句没有涉及任何呼应前节的桥段式内容，直接开始展示具体研究结果。第②～③句解释说明了所展示结果的含义。第④～⑥句则是对本段展示结果出现原因的解释。这些内容均是一篇科技论文结果部分的标准内容

续表

结果实例	解　　析

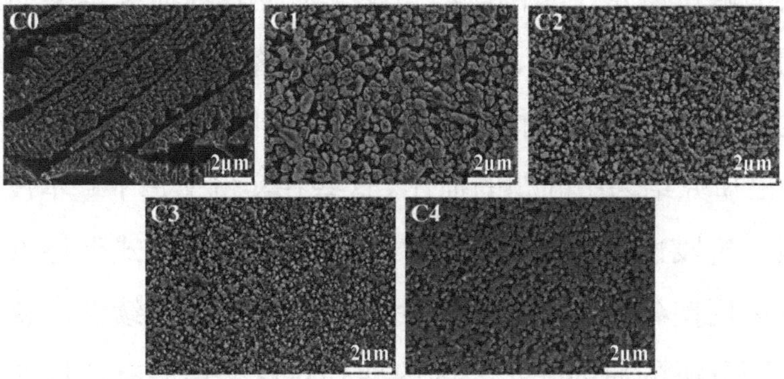

图4-5　添加0～2.0 wt%Cr_2O_3微晶玻璃的SEM图

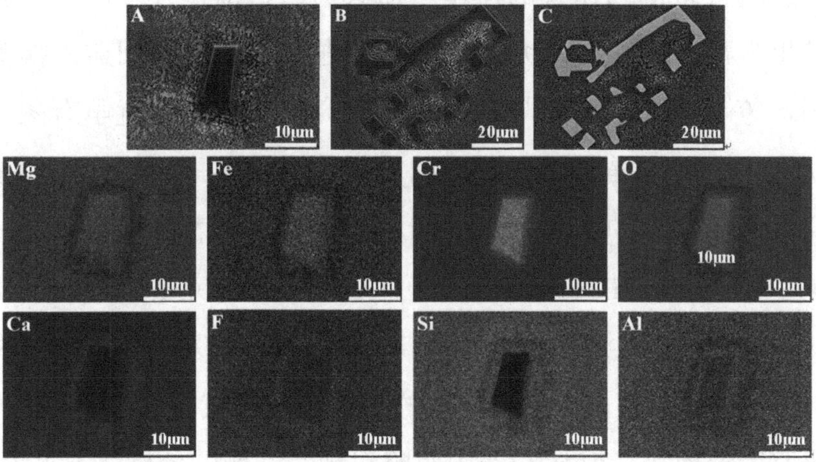

图4-6　添加1.5 wt%和2.0 wt%Cr_2O_3微晶玻璃的SEM图

（A. 1.5 wt% Cr_2O_3微晶玻璃的二次电子像；B. 2.0 wt%Cr_2O_3微晶玻璃的二次电子像；C. 2.0 wt%Cr_2O_3微晶玻璃的背散射图；Mg、Fe、Cr、O、Ca、F、Si、Al图为A图的EDS图）

表4-1　添加0～2.0 wt%Cr_2O_3微晶玻璃性能比较

No.	密度（g/cm^3）	抗折强度（MPa）	耐酸性（20 wt%H_2SO_4）	耐碱性（20 wt%NaOH）
C0	2.95	72.43±20.20	72.76%	98.27%
C1	3.10	183.41±28.29	76.27%	98.53%
C2	3.11	176.67±14.26	77.14%	98.58%
C3	3.11	154.20±24.40	78.42%	98.78%
C4	3.12	139.88±21.56	81.81%	98.99%

4.5.2 点评

如以上解析所示，实例已经包含了表征具体研究结果的图或表、对图表的说明、结果含义、原因和解释等核心内容。除此以外，一篇科技论文“结果”的其他内容组成：呼应引言或研究方法的桥段性内容和对自己研究结果中问题的描述。这些在实例文章中基本没有涉及。究其原因，桥段性内容被弱化与实例论文的“模块式”特点有关，二级标题的运用使各部分内容有了明确的指向性与连续性。忽略对研究中现有问题分析的原因除了与国内期刊对论文篇幅有严格的限制有关之外，还与许多国内作者的写作习惯有关。目前，许多国内作者在写作“结果”部分时，对研究结果现有问题总是会尽量回避。揣测其中的原因，笔者认为这可能与国内科学研究人员的激烈竞争有关。因为一个研究中的问题是未来研究方向的重要来源之一。因此，如果是在一篇文章“结果”中指出存在的问题，也就意味着将未来可能的研究方向也一并示人。在获得了相关信息后，一些研究基础较好的团队很可能在一个月、甚至更短的时间内就完成相关研究工作，撰写发表相关研究文章，从而挤占原论文作者的生存与发展空间。基于这些考虑，一个研究者选择在“结果”写作中忽略对现有问题的分析就不足为奇了。

此外，在这里还能得到一点启示：在分析说明自己结果的含义及其出现的原因时，一定要注意前后具体结果之间的相互支撑。就像在实例中，为了说明 Cr_2O_3 在一定范围内促进所研究基础玻璃核化和晶化，作者综合运用了 DSC（析晶峰随 Cr_2O_3 含量的提高变得明锐）、XRD（添加 Cr_2O_3 后，主晶相衍射峰的增高与明锐化）和 SEM（在越靠近含 Cr 第二相的区域，主晶相越细化）等三种不同检测手段获得的实验结果来作为证据。这样，就能形成相互支撑的“证据链”，从而能更让读者信服。这种做法与司法取证原则类似：正所谓孤证存疑，只有在形成证据链后才可以定罪。科技论文写作的目的之一就是为了“说服”读者。因此，怎样有利于达到上述目的，我们就应该怎样做。

最后，在这里还要特别指出，这种做法还具有另外一个好处：能使结果的各段内容之间相互呼应，从而增加结果内容的整体性。

4.6　小结

一流的研究结果是科技论文的基础，按已有规范撰写“结果”是整个科技论文撰写过程的核心。“结果”除了包含筛选出的可以表明研究主题的具体研究结果及其解释这两项核心内容以外，还包括联系前后的桥段性内容和用于对比的已有文献成果。此外，越来越多的研究者还会在“结果”结尾处阐明现有研究中存在的问题。以上内容是“结果”的常见内容组成。

具体写作时，除了满足以上内容组成方面的要求以外，读者朋友们还需考虑本章介绍的“结果”写作总体要求及涉及的图、表等方面的细节要求。用英文写作时，应特别注意一般现在时、一般过去时和现在完成时这三种时态及情态动词的选择。此时，除了要考虑被描述事物发生的时间之外，更为重要的是要考虑所述事实的普适性。这是结果写作中时态及情态动词选择的最终标准。

第 5 章　如何进行讨论

提示：“讨论”是一篇科技论文中最难写的一部分，尤其是对于那些在这方面没有什么经验积累的读者朋友们。在开始学习写作科技论文时，许多人会通过参阅已有文献的方式来写作自己的论文。由于知识结构、专业背景、思维习惯，有时甚至是由于文化背景方面的差异，使读者朋友们很难完全参悟文献中讨论部分的内容组成、结构和写作注意事项。然而，这些内容恰恰是写好“讨论”的基础。只有了解这些内容后，读者朋友们才能在今后的讨论写作过程中，做到“知其然，知其所以然”。这些内容是本章介绍的重点。

5.1　讨论的内容及写作总体要求

5.1.1　讨论的内容

为说明“讨论”的主要组成内容，首先需简单回顾已介绍的科技论文的前三个组成部分。在引言中，研究者需要在综述研究现状、分析其中存在问题的基础上提出研究主题，并以此为基础选择研究结果构成论文第三部分——“结果”的主体；在第二部分——研究方法中，需要说明完成所选择具体结果对应各项研究内容时采取的方案、方法、样品制备的流程和所涉及的仪器设备等；最后，在结果部分，研究者需要客观、准确和简洁地介绍实验结果。在此基础上，研究者还需要解释、研究结果发生的原因和自己对研究结果高低、好坏等的主观看法。完成了上述内容之后，在一篇科技论文中，还有一些问题还没有被回答。

这样的问题可能包括：

（1）现有研究结果是否可以完成引言中提出的研究主题？

（2）如果现有研究结果仅能在一定程度上完成研究主题，这个程度有多大？其中的原因是什么？

（3）自己的研究结果在整个研究领域中处于什么地位，与已有成果究竟有什么不同？

（4）研究结果对所属及其他研究领域有什么意义？

（5）研究结果对实际应用有什么指导作用？

对以上 5 个问题的回答将构成“讨论”的主体内容。此外，为便于读者理解，同时也为了加强与论文已介绍内容的联系，在“讨论”的开始部分，有些研究者会重申研究主题。当研究方法的创新是整个论文的创新主体时，研究者也会在正式进入讨论前再次强调研究方法中的重要创新点。在更多情况下，研究者会在此选择回顾重要的研究结果，借此来强调并呼应“结果”。此外，在“讨论”中，研究者还需引述必要的已有研究成果来支持自己的讨论。这些借用的已有成果也是“讨论”内容的必要组成。总而言之，按前后顺序，一篇科技论文的“讨论”应主要包括以下内容：

（1）重申研究主题、重要研究方法或重要研究结果。

（2）对研究主题完成情况的说明。

（3）为说明研究结果创新性而做的与已有文献成果的对比。

（4）研究结果在所属及相关研究领域的理论和实践意义。

需要说明，如其文字内容所示，内容（1）实质上包含了三项备选内容。它们均是“讨论”内容的备选项，但不是必选项。读者朋友们需要根据目标期刊的要求做出选择。如本小节开始部分所述，内容（2）非常好理解。对于内容（3），它是“讨论”的重点。

内容（3）成为“讨论”重点内容的原因缘于研究者开展研究工作的目的。在任何研究领域，研究者开展科研工作的最终目的之一主要是确立自己在学术领域的地位。发表科技论文是实现这一目的的基本途径，与已有文献成果对比是具体操作方法。

实质上，与已有文献结果的对比从“引言”就已经开始。在“引言”中，我们根据研究主题从已有文献中选出一些成果进行综述，就像是为我们自己建起来一座可进行参照的“成果墙”；在此基础上，我们对领域中现存问题的分析就像是指出了这座“成果墙”中需要填充的空缺位置；而随后阐述研究主题第一次为读者指明了目标成果想要填充的空缺具体位置或这个空缺中的哪一个具体角落。此后，我们就根据研究主题，有针对性地提出全新的或更加完善的实验方案设计、研究方法或制备工艺等来获得更好的研究结果。最终目标则是填充我们在引言中指出的目标空缺。

然而，我们在这里必须明白，获得研究结果并不意味着自动完成上面的既定目标。衡量既定目标——研究主题完成的唯一客观标准①是与“成果墙”中已有成果进行对比。这是写作“讨论”时需要将自己成果与已有文献成果对比的最主要原因。

在现实写作过程中，有许多研究者为了省事，或是为了满足目标期刊在文章篇幅上的限制，往往会选择在“结果”中仅客观地报道自己的结果，而不在“讨论”中进行比较。这样，就根本无法为读者指明论文成果在已有“成果墙”中的位置。而且，这样做还有一个潜在的危险。未来的读者中，有许多人并不像我们自己一样熟悉相关研究领域，他们手里掌握的相关文献也相对匮乏。因此，在这里，如果我们不在“讨论”中说明自己的研究成果在“成果墙”中的位置，自己

① 另外一个标准是下面即将介绍的主观标准：对研究结果的主观看法。

成果的创新与不同之处，而将纯粹的客观结果留给读者自己去判断，读者们很可能无法理解论文中涉及成果的好坏。更有甚者，有些读者还可能得出与我们写作论文初衷完全对立的看法。

内容（4）同样是“讨论”的必要组成。它包含理论和实践两个层面的面容。根据笔者个人的经验，在科技论文的“讨论”中选择前者的概率要略大于后者。这主要是因为无论什么研究，它对所属研究领域或多或少总会有一定意义。即使是那些纯粹的理论性研究，它的意义也可能是为某理论的建立奠定基础，或是验证某种理论；当然，也可能是澄清某种错误观点、解决存在已久的分歧、推动某理论体系的完善、提出某个新理论等。当然，在某些特殊情况下，一项研究可能兼具对理论和实践的指导意义。这时，我们就须在“讨论”中分别说明研究结果在以上两个层面上的意义。

5.1.2　讨论的总体要求

在一篇科技论文中，“讨论”是继“结果”后又一非常重要的内容。撰写这一部分内容时，除了要满足第一章介绍的“科技论文撰写的总体要求”之外，还特别需要注意以下几个方面。

1. 所有讨论应围绕自己的研究结果来进行

这是一项看似简单、却不是很容易能满足的要求。这个要求实质上可以分解为以下两个层面。

第一层面：要围绕所讨论的主题组织材料。讨论的主要目的是为了说明论文研究所得实验结果完成研究主题的情况、意义或实际应用价值，也就是“讨论”的主题。为此，我们首先需要选择出与所讨论主题最相关的具体研究结果作为讨论的主要对象；其次，还需从已有文献中找出合适的支撑材料。

第二层面：要以自己的研究结果为核心进行讨论。此处由于需要引用已有文献成果，因此，在“讨论”中就非常容易形成自己结果与文献成果的相互嵌套。此时，在写作用词及表达方法方面稍不注意，就会使讨论所应围绕的核心模糊。例如，笔者在审稿或给自己的研究生修改论文的过程中，经常会碰到以下这种表述：

因此，本文结果与文献研究结果相符。

用一句俗语概括这种表述的错误，那就是“用自己结果给别人做嫁衣”。在这种表述中，他人研究结果处于核心位置；作者自己历经千辛万苦获得的研究成果似乎只是为了证明别人结果的正确。这种效果显然是每一位作者都不愿意看到的。然而，如果对此缺乏了解或足够的重视，这样的错误可能会发生在每一个研究者身上。因此，在“讨论”中，每一位读者朋友都要时刻牢记：**引用已有文献成果的唯一目的是要用其证明自己的研究结果正确或有意义**。所以，在这种情况下，一个更好的说法是：

本文得到了……结果，某某文献研究也得到了类似的结果。

这样，我们自己的结果就成为讨论的主体，而他人的成果就成为可以证明我们自己研究成果正确的佐证之一。

在这里，由于已有文献结果均先于自己的结果发生，因而可能会有一些读者会下意识地按事物发生的先后顺序将已有文献成果置于句首，接下来才叙述自己的成果。这也是一种典型的失误。在潜意识中，大多数人倾向于认为先看到的东西更为重要。因此，为突显自己研究成果更为重要，读者朋友们要优先叙述自己的研究结果。

2. 讨论要得出确定的结论

众所周知，在结束一项科学研究之前一定要得出结论。即使当自己的结果没能在整体上优于同行时，证明其中的一方面优于同行结果也可以成为结论。在最差情况下，证明自己采取的工艺路线不可行也是结论。

与科学研究本身一样，一篇科技论文除了客观陈述一些具体实验结果之外，也应该有结论。所以，学位论文和期刊论文结尾处均有专门的“结论”章节。这一部分内容的来源主要有两个方面。其一来自于“结果”中的重要研究结果；其二就是“讨论”中得出的结论。而且，从这两部分在“结论”中的重要程度方面考虑，后者要明显强于前者。因此，“讨论”是比“结果”更为重要的结论产出摇篮。如果将一篇科技论文比作一条生产线，将各条结论看作该生产线产出的各种产品，那么“结果”中的结论仅相当于其中的初级产品，“讨论”中产出的结论才是最后的高级产品。

有些读者可能会对上面的说法存有异议，这很正常。因为传统观点认为“结果”是科技论文的核心部分，所以，也是“结论”的主要来源。事实上，随着科技的发展，已经有越来越多的研究者倾向于在“结果”中只做客观陈述。陈述的内容包括：具体研究结果及其解释，以及因此而引述的已有文献成果等。只有到了“讨论”，这些研究者才会进一步表达自己对研究结果的主观看法，归纳总结研究结果对于其所属及其他领域的作用、意义和对实际应用的指导作用。由于读者可以直接借鉴这部分内容用于指导自己的研究，因此，这些内容是继“结果”中对研究结果的解释之后，一个读者最想在一篇科技论文中看到的东西。他们对这些内容的渴求要远甚于论文“结果”中介绍的具体指标和变化规律；虽然，这些内容有时也会成为“结论”的重要组成部分。

在这里还需要特别注意，当需要讨论的内容比较多时，可以考虑将“讨论”分成若干小段。每一小段讨论结束后，都形成各自的小结论；最后，再由各段的小结论汇总成为整个“讨论”的结论。这是讨论写作的最佳状态。

3. 准确描述研究主题的完成情况、研究意义或作用

准确阐述研究主题的完成情况、研究意义或作用是“讨论”不可或缺的组成部分。研究主题的完成情况主要通过对重要研究结果的综述、分析或总结来完成。在许多研究领域中，描述研究意义或作用的语句就是文献“讨论”中“本研究为……领域奠定了……基础”之类的套话。只要我们对此稍加留意和总结，很容易就能为自己写作“讨论”积累足够的相关素材。接下来，就可以参照文献的说法，选取合适的“素材”阐述自己的研究意义或作用。

这里所说的“参照”绝对不能理解为照搬。不切实际的照搬很容易造成言过其实，造成所声明的研究意义或作用覆盖范围过大。如前所述，科技论文的最终评审人员中，有很大一部分是“小同行”。上述照搬很可能造成所声明的意义或作用适用范围与这部分评审人员自己的贡献重叠，触动他们在研究领域中的地位。这种做法，就好像在现实生活中侵占了评审专家的私有财产。评审专家作为被侵占者，当然要有所“表示”。基于评审专家在论文评审过程中拥有绝对权威和主导地位，上述“表示”在绝大多数情况下就等同于论文直接被拒；情况稍好时，被评审论文能得到一个较低的分数。读者朋友们肯定都不愿意看到这两种情况。为避免这些情况出现，我们在阐述研究结果的意义或作用时，一定要准确拿捏。为保险起见，读者朋友们在写作自己的“讨论”时，甚至要有意缩小自己成果意义或作用所覆盖的范围。这样，就可尽量避免和论文评审人员的自身利益发生冲突，增大论文通过评审的概率。这也是许多研究人员在写作科技论文时默默遵循的一条潜规则。

当然，上面的建议不等于让读者朋友们放弃对表述准确的追求。

毕竟，这也是我们在写作科技论文过程中永远都不能放弃的目标。它既包括了准确描述具体实验结果及其变化规律；也包含了准确评价自己实验结果、所取得成就、研究主题的完成情况、研究的意义和对实践的指导作用。

综合以上两段内容就构成了读者朋友们以后在写作“讨论”研究结果、意义或作用时必须准确平衡的两个方面：有意退让与据理力争。如此需要平衡的事情实际上贯穿了我们工作和生活的各个方面。处理这类事情时的指导原则有些读者朋友实际上也应了解，那就是要根据自己的实力，分不同阶段进行。当我们还是某个领域中的新手时，应以前者为主导策略；随着自身实力的增强，写作这部分内容时的策略重心可逐渐向后者移动。

5.2　讨论的结构

在了解了“讨论”的内容及要求之后，就非常容易理解它的结构。例如，如“讨论的总体要求 1”所示：所有讨论应围绕自己的研究结果进行。按照这一要求，讨论的所有内容应直接源于结果。因此，在如图 5-1 所示的科技论文“线轴”结构组成示意图中，“讨论”起始部分与结果所覆盖的范围相等。

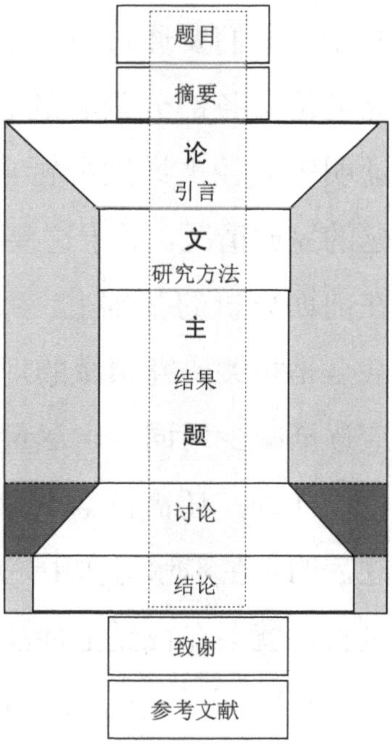

图 5-1　科技论文“线轴”结构组成示意图

然而，必须要注意，讨论的范围绝不能仅限于结果。其中的原因本书在前面的内容中已经有过阐述。简而言之，就是如果一篇论文的研究意义或作用仅局限于论文所涉及的那一点研究范畴，而对该范畴之外的所有研究领域都没有作用或意义，那么，这篇文章基本上就不具有发表价值。所以，随着讨论的逐渐深入，其所涉及的范围必须推衍至论文研究结果以外的范围。最终，代表讨论内容范围的图形就形成了如图中所示的上小下大的梯形。

然而，这并不意味着可以任意扩大“讨论”内容覆盖的范围。因为“讨论的总体要求 3”指出，必须准确描述研究意义或作用。这条要求隐含的重点内容之一就是为了避免与评审专家在所涉及研究领域的贡献相冲突，甚至需要有意适当缩小研究意义或作用的覆盖范围。简而言之就是讨论的范围要扩大，但不能扩得太大。

从图 5-1 中还可以看出，代表“讨论”用词量的图形是两个上大下小的直角梯形。按惯例，这样的图形就表明写作这部分内容时，用词量应按从头到尾的顺序逐渐减小。具体来说，从过渡性桥段性内容开始，我们要通过重申研究主题、重要研究方法或研究结果来加强与此前论文各部分内容的联系；同时，还需要通过推理、引用必要文献证明等途径来详细分析自己的重点研究结果，以此为基础说明研究主题的完成情况。对于这些内容，要不惜笔墨，力求分析有理有据。此后，在前面分析的基础上，我们需要总结说明研究结果对所属研究领域、甚至是相关研究领域的理论及实践应用的作用或意义。在这个过程中，应逐渐减少用词量，尽量言简意赅。否则，就会言多必失。

此外，还需注意代表“讨论”用词量图形的面积小于“结果”。这表明，在实际写作中，应注意控制“讨论”的总体长度。如果“讨论”过长，就会在视觉上冲淡“结果”在论文中的主体地位。

在前面介绍的内容中，曾反复强调讨论是对自己结果的讨论。其中的“结果”指论文中涉及的最重要的研究成果。因此，在结构层面上，“讨论”与“结果”的联系是内在的、天然的。相对于论文的其他组成部分，“讨论”与“结果”之间的联系也更紧密。除此以外，如果想从结构层面上彻底理解“讨论”与论文其他组成部分之间的联系，我们还必须考虑“讨论”与引言、研究方法这两部分的联系。接下来，就分别介绍这两种情况。

1）与引言之间的关系

科技论文写作，尤其是对于一个新手，往往是一个漫长的过程，短的可能是几周，时间长时可能是几个月。因此，对于每一位作者来说，当写作进行到“讨论”部分时，经常会发现，自己对引言中声明的研究主题及内容的印象已经开始模糊。对于读者，这种情况更容易出现。这主要是由于人的短期记忆并不是那么牢靠。因此，如果在“讨论”的开始部分，重申引言中提及的研究主题及内容，就可以使读者头脑中对研究主要目的已经模糊的印象重新清晰起来。这样不但可以呼应引言，提高论文前后的联系，更为重要的是方便了读者对后续“讨论”内容的理解。

2）与研究方法之间的关系

创新是科学研究应具有的本质特征。研究方法、制备流程或仪器设备的改进是其中的重要内容，也是推动科学技术不断向前发展的原动力之一。因此，在以研究方法创新为主要内容的论文中，研究方法、制备流程或仪器设备方面的改进就理所当然地成为“讨论”的主要内容。在此类文章中，为了加强与前面内容的联系，也为了便于读者抓住论文的主旨，研究者往往需要在开始讨论时重申研究方法中的创新性内容。

总而言之，以上两种做法的主要目的就是为了方便读者对论文的理解，使读者对论文的理解与作者保持一致。这也是本书中反复强调的“一切为读者着想”——科技论文撰写最高原则的体现。显而易见，读者对文章的理解越与作者一致，论文被接受、被引用的概率也将越大。最终，研究者在所涉及研究领域中的声望也会因此大幅提升。

5.3 讨论的写作

5.3.1 讨论写作注意事项

1）明确讨论的目的

讨论的目的就是为了说明研究主题的完成情况（具体包括：是否可以解决引言中提出的论文所针对的问题、完成了多少等情况），研究结果的创新性和研究成果对所涉及研究领域将来的发展和实际应用的指导作用，也就是研究的意义所在，从而为阐述作用或意义提供基础。为说明最后的作用或意义，可能还需要通过对比说明自己的结果与已有文献成果的不同。这是我们在讨论内容规划、材料组织及具体写作过程中始终要牢记的。

2）确定讨论内容

讨论目的确定后，接下来就需要确定讨论的内容。虽然在不同领域中，科学研究的内容可谓是千差万别，讨论的内容也不可能千篇一律。但是，讨论的主要内容无疑都是对完成讨论目的起最直接支撑作用的具体研究成果（其中，既包括论文中涉及的研究成果，也包括已有文献中出现的同行研究成果）。这是选择讨论内容之初就应把握的基本原则。

3）检查整体性

这里所说的整体性，并非仅指“讨论”内容的整体性，而应扩大为整个论文的整体性。对于大多数读者朋友们来说，包括“讨论”在内的论文整体性是科技论文中比较难把握的。造成这种现状的原因可能有以下几个方面。

第一，“讨论”涉及的内容多。在讨论部分，不但要回答论文研究结果是否可以解决引言中提出的研究主题，还需说明自己的研究结果的创新性及其对本领域及相关领域将来理论研究和实践应用有什么指导作用，也就是声明论文研究的意义。由于涉及内容较多，读者朋友们在写作过程中很可能会遗忘其中的某项。

第二，写作过程相对漫长。通常，整个写作过程并不是在一天之内完成，而是会经历一个月、两个月甚至是一年。因此，在写作讨论时，当初在我们头脑中清晰的研究目的和意义，可能已经随着漫长的写作过程而变得模糊。因此，我们难免会在讨论具体内容过程中，在需要把握的逻辑方面出现偏差，从而削弱讨论的整体性。

第三，我们还需要面对来自于工作和日常生活的干扰，撰写论文并不是我们的工作和生活的全部。在撰写论文的同时，我们可能需要做大量的实验，开展其他相关领域的研究，处理日常生活中的琐事。这些都会干扰论文写作过程，削弱我们对论文整体性、全局性的把握能力。

此外，随着论文写作过程的不断深入，我们对论文中所涉及问题的看法也可能随之加深；再加上在写作期间获得的新成果，可能会证明既定的写作（讨论）框架本身就有问题。以上情况均需要在写作过程中，尤其是在接近讨论结尾时，对论文的整体性做出检查，调整前后不一致的地方。实际上，这应成为科技论文写作过程中的一种常态。

5.3.2　英语讨论要点

除了要满足用汉语写作“讨论”所需满足的全部要求之外，用英语写作“讨论”还具有其自身的特点。形成这些特点的最主要的原因就是“讨论”中包含了大量需要进行准确主观评述的内容，如已有研究的成就、研究的意义、对实践的指导作用等。这些内容同样需要选择恰当的时态和情态动词来准确评述。与此相关的原则、用法均与第 4 章中介绍的内容相同，在此不再赘述。有需要的读者朋友可参照前面章节中的相应内容。

5.4 讨论实例点评

如 4.5.1 节解析所示，在所列举“结果与讨论”实例中，3.3 小节第二段的第⑤句“Karamanov A[10] 曾发现富铁尾矿中添加 0.4 ~ 1.0 wt% 的 Cr_2O_3 晶核剂后，只有当 Cr_2O_3 含量大于等于 0.7 wt% 时，它才会与尾矿中的 Fe 元素发生反应生成铁铬尖晶石。”，所表达的内容是对一个已有同行研究结果的具体描述。这句话既为实例研究结果提供了佐证，也提供了比较的对象。第⑦句“然而，其研究并没有在显微组织中观察到这种第二相的形貌特征。”，指出了实例论文研究成果与已有同行研究成果的不同。第⑧句“更加值得注意的是，在尖晶石与基体相的交界处，紧靠着尖晶石周围存在着晶粒尺寸异常细小的晶界层，由此层开始继续向基体过渡的区域，基体显微结构出现了明显的粗化，并且 Ca、F 等元素在此富集。”是对实例成果的特殊或不同之处的进一步解释和说明。因此，这三句话在其内容本质上是属于“讨论”。

如 5.1.1 小节内容所示，一篇科技论文“讨论”的必要核心内容可以归纳为三部分：①研究主题的完成情况；②自己的研究结果与已有研究结果的不同之处；③在所属及相关研究领域的理论及实践指导意义。将它们与以上实例中“讨论”内容的解析对比后不难发现，实例只完成了“讨论”必要内容组成中的②。因此，如果不考虑对论文篇幅的限制，而只从内容的完整性和避免与“结论”内容的重复方面考虑，实例文章应该在对第②部分内容进行必要补充的基础上，从①和③两个方面说明研究主题的完成情况和实例成果对所属研究领域的理论及实践指导意义。

对于第①部分，主要需要说明 Cr_2O_3 对所研究微晶玻璃显微结构（晶相组成 + 显微形貌）和性能的**具体**影响。这些信息是实例研究成果不同于已有文献成果的基础。这样，就为在第②部分中通过与已有文献成果的对比说明现有研究成果的不同奠定了基础。

紧接着，在“讨论”的第②部分内容中，应该在原有综述 Karamanov 结果的基础上，直接补充点明本实例中 Cr_2O_3 导致尖晶石相出现的成分范围。然后再接原有的第⑦～⑧句内容。Cr_2O_3 含量变化对抗折强度、耐酸碱性等性能影响是上述对显微结构影响的衍生结果。因此，在上述内容叙述完成后，可以继续简略介绍上述两方面性能的最佳结果，并和已有文献结果作比较。由于原料的不同，实例研究成果将在以上两个方面必然会显著不同于已有文献结果。

最后，在第③部分内容中，由于以硅酸盐质工业固体废弃物制备微晶玻璃材料方面的基础理论研究已经比较成熟，因此，在这里可侧重介绍研究结果对实践的指导意义。如前所述，实例研究属于固体废弃物综合利用研究领域。在这个领域中，许多工业固体废弃物中并不含有 Cr_2O_3、TiO_2、Fe_2O_3 或 CaF_2 等可作为晶体剂使用的化合物。因此，如果某种固体废弃物的成分基本组成与所研究的白云鄂博西尾矿类似，研究者就可直接根据实例研究成果，以该废弃物为主要原料，通过外加 0.5wt% 的 Cr_2O_3 来制备抗折强度在 180MPa 左右的微晶玻璃材料，实现其综合利用。

以上仅给出了实例研究结果在所属及相关研究领域中意义的一个方面。对于任意研究成果，它对所属及相关研究领域作用或意义都可能不止一个。以实例研究成果为例，除了上面提到的实践应用之外，它也完全可被用于指导含铬废渣的综合利用。因为除了铬的化合物之外，铬渣中同样包含了制备微晶玻璃所需的硅、铝及钙的氧化物。所以，铬渣完全可以作为微晶玻璃的合成原料。研究者可按实例揭示铬的最佳含量来计算铬渣的添加量，然后通过调整其他固体废弃物及化学纯原料的添加量来满足微晶玻璃对钙、镁、硅和铝等基础组分的要求。这样，就可以采用类似的工艺制备出用途广泛的、抗折强度等性能指标与实例结果接近的微晶玻璃材料。这样也就实现了实例成果在实现铬渣综合利用方面的指导应用。

综上所述，只要具体研究成果在某个领域中的应用**可行且有意义**，我们就可以在“讨论”中将其作为研究成果意义的论述目标。至此，实例论文的“讨论”才真正完整。

5.5 小结

科技论文中的“讨论”实质上就是基于论文中的某个重要研究结果，通过仔细的推理、与已有文献结果的对比等方式来说明研究主题的完成情况、研究结果的独特性、作者对自己研究成果意义或作用的看法。在讨论过程中，除了要满足内容组成要求以外，还要特别注意其内容覆盖的范围要随着讨论的深入逐步跳出论文的研究范畴。这样，论文才具有发表的价值。在用词量方面，首先，要注意从前至后、由繁至简的原则；其次，为了突出“结果”在论文中的主体地位，还要保证写作“讨论”的用词量要小于结果的用词量。采用英语写作讨论的要点与结果写作部分类似，同样涉及一般现在时、一般过去时、现在完成时和情态动词的选用。

第 6 章　结论的归纳与总结

提示：“结论”是科技论文主体的最后一部分内容，同时，也是写作过程中一个容易由于掉以轻心而出问题的地方。出现的主要问题是所撰写的结论未能满足“结论”部分内容和结构等方面的具体要求。对此，本章中将予以重点介绍。

6.1　结论的内容、写作及要求

在完成了如前所述内容后，结论的归纳与总结似乎就成了一件水到渠成的事情。实际的情况却并非总是如人所愿。

当科技论文的写作进行到结论部分时，相信有许多读者会因看到了黎明的曙光而感到欣喜。然而，在写作引言、研究方法、结果及讨论等论文主体内容过程中，会形成许多影响正确总结或归纳结论的因素。其中包括思维上形成的定式、思考敏锐程度的下降和已经接近精疲力竭的身体。因此，在此有必要提醒读者朋友们，要打起精神，站好这最后一班岗。

“结论”主体内容由重要标志性研究成果和“讨论”中主要结论两部分组成。后者是在前者的基础之上，通过必要的分析、总结及与已有文献结果的对比得出的研究意义及其对实践应用的指导作用等内容。因此，在以上组成“结论”的这两部分内容中，重要标志性成果可以被定义为第一层次的“结论”，而在讨论中获得的研究意义或作用等重要结论可被归属为第二层次的更高水平的结论。

此外，如前所述，随着科学研究的飞速发展和海量文献的出现，留给研究者仔细阅读一篇文献的时间越来越少。在最终决定仔细阅读一篇文献前，一个研究者，也是我们论文的读者，必须学会通过快速略读文章的题目、摘要和结论等环节来筛选出那些真正需要仔细阅读的文献。这种情况下，为了更方便读者筛选，帮助他们更好地理解、掌握文章的主体内容、研究成果与意义，论文的题目要吸引人，摘要和结论必须有一定的整体性。为此，许多研究者在写作自己的论文时，都倾向于在结论的开始部分重申研究的大致过程及主题。如果论文的主要创新集中在研究方法中，则需要在结论的开始部分重申研究方法中的创新性内容。这样，按由前到后的顺序，“结论”就由以下三部分组成：

（1）研究过程、主题或创新型研究方法的重申。

（2）重要的研究成果。

（3）研究的意义或作用。

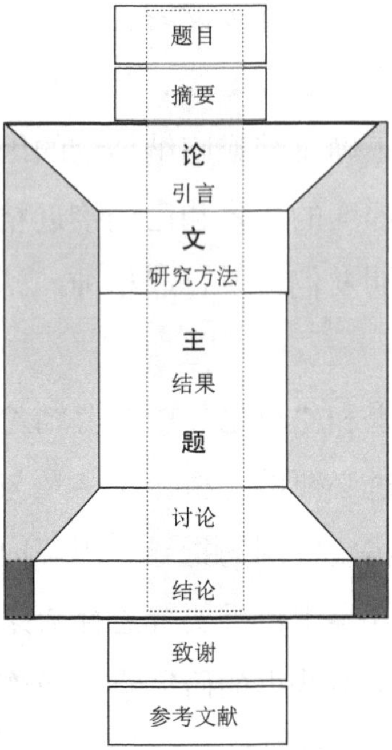

图 6-1　科技论文“线轴”结构组成示意图

6.2　结论的结构

如图 6-1 所示，在线轴心部，代表“结论”内容覆盖范围的图形是一个长方形。其长边与代表“讨论”内容的梯形底边相等。这主要是因为“结论”的两大组成内容之一（研究的意义及其对实践应用的指导作用）直接来源于“讨论”。因此，“讨论”与“结论”这两部分内容覆盖的最大范围应基本相等。与此同时，必须指出，在轴心外侧，代表写作“结论”用词量的深色区域（两个小长方形）面积要小于“讨论”部分相应的面积。因此，读者朋友们在撰写“结论”时，应在准确描述“结论”两部分组成内容的前提下，注意对结论内容高度概括和精简用词。这样做的原因一方面是为了避免“结论”用词与前面的“结果”或“讨论”重复；另一方面，也是为了避免“结论”篇幅过长，从而在视觉效果上冲击“结果”和“讨论”在科技论文中的主体地位。

此外，还需注意，“结论”的内容组成也决定了其与科技论文的引言、结果及讨论之间的密切联系。这些联系在前面相应章节中均已进行过讨论，这里就不再赘述。

6.3　结论的写作

组成“结论”的所有主要内容均已在科技论文前面的各部分内容中出现过。因此，在撰写这一部分内容时，无论是使用英语或汉语，完全可以参照前面各章节中介绍过的要求或技巧。在这里，将按结论的内容组成顺序，不加区分（汉语或英语）地介绍写作结论各部分内容时还需注意的一些事项。

1）重申研究过程、主题或重要研究方法

在写作这部分内容时，通常是按照研究过程的先后顺序陈述怎样获取样品、采用了什么方法、研究了什么主题。在期刊论文中，由于篇幅所限，这部分内容最好控制在两句以内。在学位论文中，这部分内容可扩充至一段。

2）“结果”部分的重要结论

这一部分内容也可以表述为重要研究结果。在任何一个研究中获得的研究结果可能会很多。在决定写一篇论文后，我们需要根据想要表达的主题，从已有研究结果中选择合适的研究成果构成“结果”的主要内容。然而，这并不意味着“结论”要包含选择的所有研究结果。只有那些与研究主题密切相关、显著不同于已有研究、对研究的意义和实践应用起最重要支撑作用的研究结果才能进入“结论”。除此以外，仅对研究主题完成起辅助支撑作用的研究结果就无需在“结论”中提及。在写作这部分内容时，为呼应“结果”，这些重要结果的陈述顺序应尽量与“结果”中相同。

3）“讨论”中获得的主要结论

在前面的“讨论”环节，已经反复强调过，对研究主题完成情况的说明和研究的意义或作用是“讨论”主体中的高级别内容。这部分内容必须写入“结论”。由于这部分内容紧临“讨论”，将来读者阅读至此时，对前面“讨论”中描述相应内容的用词、句型等还留有鲜明的印象。因此，为避免重复或雷同，在“结论”中重申这一部分内容时，一定要突破写作“讨论”过程中形成的思维定式，要在准确表达的前提下改变用词或句型。实质上，也可以将这一要求拓展至“结论”等其他科技论文组成内容（重申研究主题或创新型研究方法、重要研究成果）的撰写过程中。否则，就会因为内容雷同给将来论文的评审者或读者留下坏印象。

6.4 结论实例解析与点评

6.4.1 解析

实例结论	解　　析
①采用传统熔铸工艺成功制备出以白云鄂博西尾矿和粉煤灰为主要原料的 CASM 系微晶玻璃，并研究了外加 Cr_2O_3 含量在 0 ~ 2.0 wt% 范围内变化对所制备微晶玻璃显微结构及性能的影响。②结果表明：在所研究含量范围内，Cr_2O_3 不改变微晶玻璃的主晶相——辉石相（Ca（Mg、Fe、Al）（Si、Al）$_2O_6$）的形成；添加 0 ~ 1.5 wt%Cr_2O_3 能有效降低玻璃的晶化温度，减小辉石晶相平均尺寸，提高样品的密度和耐酸碱性，抗折强度在 Cr_2O_3 含量为 0.5 wt% 时达到最大值 183.41 MPa；当 Cr_2O_3 含量大于等于 1.5 wt% 时，样品中析出不规则块状结构的镁铁铬尖晶石 $MgFe_{0.9}Cr_{1.1}O_4$ 第二相，并引起其周围向基体的过渡层显微组织粗化，导致样品的抗折强度下降。③本文结果可为通过微晶玻璃化来实现组分类似、自身晶核剂不足的固体废弃物综合利用提供借鉴	实例结论中第①句是对基本研究过程及主题的重申：前半句综述了研究用样品的制备工艺类型和主要原料，后半句重申研究主题。在第②句中，实例用三个分句汇总了“结果”部分的重要结论。最后的第③句声明了研究结果在所属研究领域中的意义或作用所在。这部分内容理论上应该是“讨论”得出的重要结论

6.4.2 点评

在 6.1 节中已经声明，在最终决定仔细阅读一篇科技论文之前，一个读者通常需要通过略读来了解论文的主要内容。“结论”就是除了标题、摘要之外，读者必须提前略读的内容。所以，为了贯彻“一切为读者着想”的方针，让读者在略读中尽可能多了解论文成果，我们在写作“结论”时，就应根据不同情况，在汇总“结果”和“讨论”的重要结果前重申研究的基本过程、主题或创新型的研究方法。这些内容也就成为一篇具有完整性、自洽性“结论”的必要组成。根据前面的解析结果判断，实例完全满足了“结论”的内容完整性要求。同时，在这里还需指出，像实例这样在开始位置重申研究的过程和主题，还可以通过呼应引言（一篇科技论文中研究主题的最早提出之处）和研究方法（研究基本过程的表述之处）来加强论文各部分内容之间的内在联系来提高其整体性。

此外，采用易于读者理解的逻辑也是从本实例中可以获得的一个启示。在“结论”中需要筛选、汇总多项重要研究成果，而且，这些成果在表面上逻辑关联可能不是很明显。在实例结论中列举的重要研究成果“尖晶石相的确定和尖晶石的影响”就具有这样的特点。为了易于读者理解，实例结论有两种做法值得读者朋友们参考。

其一，综述一些重要结果采用了与“结果”中相同的顺序。任何研究者在仔细阅读完一篇文献的“结果”后，对其中的叙事顺序会留下一定的印象。因此，在“结论”中再看到以类似的顺序综合的重要研究成果时，他就会感到似曾相识，理解起来也更加容易。实例结论第②句的第二和第三分句就是这方面的好例子。然而，在这里还要注意避免雷同，要在叙事方式与用词上有所改变。

其二，实例结论采用了合适的线索和最易于读者理解的逻辑顺序。在实例中，所有研究均围绕 Cr_2O_3 含量的改变来进行。因此，作者就以此为线索将所有重点研究成果联系起来。综述重要研究成果过程中，在第一分句阐述了添加 Cr_2O_3 样品的一个共性特征后，随后的两个分句采用了读者最易理解的顺序式逻辑：第二分句说明 Cr_2O_3 含量在（0～1.5wt%）范围内的情况，第三分句继续说明 Cr_2O_3 含量大于 1.5wt% 时的结果。

总而言之，实例结论反映出：通过在起始位置上补充必要的研究过程及主题来增强完整性，找一个贯穿研究过程和结果的变量作为叙事线索及采用顺序式逻辑应是确保写出易于读者理解“结论”的三大必要基础。

6.5 小结

科技论文的“结论”撰写起来相对容易，但也需要克服已有的思维定式以及由此时疲惫的身体和大脑带来的不良影响。“结论”的撰写除了需要满足其内容要求来确保具有整体性以外，还需要注意的是要在用词和所使用句型上避免与引言、结果及讨论中相关内容的雷同。

第7章 摘　　要

提示：随着网络技术的飞速发展，读者阅读习惯也随之发生了改变。“摘要”已经成为影响评审者、读者对论文第一印象的首要因素之一。顺应这种发展趋势，科技论文“摘要”正向内容组成具有高度自洽性和整体性的读者友好型（Reader Friendly）方向发展。同时，无论是期刊论文，还是学位论文，都对“摘要”有严格的字数限制。这对撰写者归纳、总结和概括相应研究内容的能力提出了更高的要求。了解这些内容及应对措施将非常有助于写出易读、易懂和易被读者接受的“摘要”。

7.1 摘要的作用

如前所述，随着科学技术（主要是网络信息技术）的发展，“摘要”和“题目”在一篇科技论文中的地位和作用与日俱增。其中，最为主要的原因是网络信息技术彻底改变了我们阅读文献的习惯。

过去，在网络信息技术出现以前，研究者主要通过检索图书馆现刊来进行文献调研。找到现刊后，研究者往往只是根据目录或题目与自己研究主题的相关性来决定是否要继续阅读文章的具体内容。由于当时可找到的文献数量较少，通常情况下，只要觉得题目相关，研究者就会花一定的时间阅读文献的具体内容。摘要在文章中几乎成为无关紧要的组成部分，文章的题目才是能否吸引读者注意的首要因素。

现在，随着网络信息技术的发展，电子期刊开始大行其道，各种文献数量呈爆炸式增长。研究者需要查阅文献时，甚至不用再去图书馆。在自己家的电脑上，研究者只需登录CNKI、Springer、Elsewier、

EI Village 和 Web of Knowledge 等各大数据库的门户网站，在网站的搜索框中键入自己感兴趣的关键词，然后按下“回车”键就可以开始搜索。搜索结果在数秒内就可以显现在显示器上。与以往在期刊目录中看到的题目不同，在由各大数据库返回的结果中，不但包含了文章的题目，还包含摘要。而且，符合搜索条件的结果数目通常远远超过原来一本期刊目录能提供的文献条目。如果被检索关键词与研究热点有一点关系，检索结果返回的文献数目少则成百，多则上千。

然而，研究者的时间是有限的。这种情况下，研究者必须先找到感兴趣的题目并浏览其摘要，然后再决定是否继续下载并阅读文章的正文。读者最终选择阅读的文献永远只占检索结果的一小部分。这种情况就好像我们在某个商业街中购物，文章在这里相当于商店，题目就是商店的店名，而摘要则是橱窗中的陈设，读者就是商业街中的顾客。只有商店的店名、橱窗中陈设的商品同时引起了顾客的注意，这个顾客才有更大可能走进商店。所以，摘要是目前决定读者是否阅读文章的重要因素之一。

7.2 摘要的内容

现代网络信息技术的发展不仅改变了摘要在一篇文章中的地位，也改变了它的内容组成。下面通过对比网络信息技术出现前后的两篇摘要来说明这种改变。第一份摘要发表于国内顶级学术刊物《物理学报》，发表时间是 1986 年，作者是我国功能陶瓷研究领域的著名学者南策文教授，文章的题目是《非线性 ZnO 陶瓷导电理论》[30]。读者朋友们可不必太在意其中的专有名词，而只需从宏观层面上了解这篇摘要的内容组成。

基于典型非线性 ZnO 陶瓷（ZnO 压敏电阻）的显微形貌，提出了一个直观、简单、定量描述ZnO压敏电阻性能的导电模型。根据此模型，低偏压下，电子主要以热电子发射机理通过SIS异质结和SS均质结（并联）；在击穿电压以上，SS均质结是导电活性结，此时，反偏向的势垒层由耗尽层变为强反型层，势垒顶部变薄，使隧穿电子流随增，因而产生非线性导电；高偏压下，导电是受颗粒的阻值所控制。

在上面的摘要中，从宏观层面考虑，这篇摘要实质上仅报道了一些重要研究结果。下面列举的是相同领域内近年发表的一篇文献摘要[31]。文章的题目是《ZnO压敏陶瓷介电损耗的温度谱研究》，作者出自当今在功能陶瓷研究领域知名的李盛涛教授的课题组，文章同样发表于《物理学报》。同样，读者朋友们在这里无需关注摘要的具体内容，只需要从宏观层面上了解这则摘要的内容组成。

利用Novocontrol宽频介电谱仪在 -100 ~ 20℃温度范围内测量了ZnO-Bi_2O_3系压敏陶瓷的介电频谱，其频率范围为 10^{-2} ~ 10^6 Hz。研究表明：ZnO压敏陶瓷特征损耗峰的活化能分别为0126 eV和0136 eV，结合实验条件、理论计算结果及其他现象的分析排除了特征损耗峰源于阴极电子注入、夹层极化和偶极子转向极化的可能。热刺激电流（TSC）谱共出现三个峰，其中高温峰对应于TSC实验加压过程引入的热离子极化，而中温峰和低温峰对应于介电损耗峰。在分析的基础上，提出了ZnO压敏陶瓷的特征损耗峰起源于耗尽层内本征缺陷的电子弛豫过程。

在这则摘要中，在第一句话中，作者说明了采用的实验方法（利用Novocontrol宽频介电谱仪）、具体的实验过程（利用Novocontrol宽频介电谱仪在 -100 ～ 20℃温度范围内测量了ZnO-Bi_2O_3系压敏陶瓷的介电频谱，其频率范围为 10^{-2} ～ 10^6 Hz）、研究的主要内容（ZnO-Bi_2O_3系压敏陶瓷的介电频谱）和研究的主题（ZnO压敏陶瓷的特征损耗峰的起源——涉及ZnO压敏陶瓷的导电机理）。第二句话中，作者进一步报道了重点研究成果（如：ZnO 压敏陶瓷特征损耗峰的活化能分别为 0126eV 和 0136eV）和重要结论（排除了特征损耗峰源于阴极电子注入、夹层极化和偶极子转向极化的可能和 ZnO 压敏陶瓷的特征损耗峰起源于耗尽层内本征缺陷的电子弛豫过程）。

以上两篇摘要的对比表明，由于网络信息技术的发展和研究者阅读习惯的改变，摘要内容组成更丰富：在原有的单纯报道重点实验结果基础上，继续增加了研究主题、方法及重要结论等重要内容。这种变化增强了摘要的自洽性与整体性，使之能更全面地反映文章的精髓内容。读者也能更方便地借助摘要了解文章主要内容。用一句话来概括，摘要正向高度的自洽性、整体性和读者友好型方向发展。

为了进一步增强摘要内容的完整性，使之真正成为微缩版的论文，有许多研究者还会在摘要的开始部分介绍文章的研究背景。这样，信息量进一步增大后，更便于读者理解论文的主旨。总而言之，一篇科技论文的摘要通常由以下五个部分组成。

（1）研究背景的简介。

（2）研究主题或目的。

（3）研究方法。

（4）重要研究成果。

（5）重要结论。

根据笔者自身经验，以上内容中，国内外多数期刊的作者指南都将除（1）之外的四项内容作为摘要的必要组成。学位论文中，由于字数限制更加宽松，因此，以上五条均应作为其摘要的必要组成。

在这里特别需要注意，摘要中的结果或结论绝不等同于论文的所有结果和结论，而是那些真正将论文成果与已有文献成果区别开来的创新性结果和结论的总结。

7.3 摘要的写作

现代科技论文中，摘要位于题目、作者及单位介绍之后，在所有论文主体内容之前。然而，在写作时，却不能按照这样的顺序。正如本书1.3节中所述，摘要写作通常应在论文主体内容完成后进行。

这样做的原因很简单，因为摘要可能包含了引言、研究方法、结果及结论中的精髓内容。只有在完成了上述内容后，我们才能从中依次提取组成摘要的五部分内容。这些内容按顺序排列就基本构成了摘要的主体。当然，为了使摘要更加通顺，同时满足字数方面的限制，接下来还需要对各部分内容之间的衔接进行修饰，并做必要的精简。

以上建议的摘要内容组成及写作顺序虽然不是强制性的要求，但笔者强烈建议读者朋友们尽可能这样做。这主要是因为目前大多数论文评审专家已经接受了上面的模式。如果按上面的模式去写，他们在审阅论文时就会觉得熟悉和方便。实质上，如果全世界的研究者都这样做的话，读者就可以提前知道摘要从前至后每一部分要表达的主要内容，这样阅读时就会更加方便。

事实上，从20世纪80年代起，国外一些期刊已经开始强制要求投稿的研究者按上面的模式去写作摘要。而且，其要求更加具体，表现为将背景、主题、方法、结果和结论作为摘要的副标题[32]；投稿者必须依次按每一个副标题的内容要求来撰写摘要。国外将这种内容要求更加具体的摘要称为Structured Abstract，即所谓结构式摘要。如果稍加意译，也可称之为程式化摘要。

下面给出一个例子供读者朋友们参考。这个摘要引自Yasushi Otsuka等于2005年发表在《临床实验肾脏学》（*Clinical and Experimental Nephrology*）第9卷第4期315～319页的一篇论文。论文

的题目是 *Restoration of peritoneal integrity after withdrawal of peritoneal dialysis: characteristic features of the patients at risk of encapsulating peritoneal sclerosis*。

Background

The epidemiological characteristics of encapsulating peritoneal sclerosis （EPS）， such as its high incidence in patients with long-term peritoneal dialysis （PD） treatment，and the onset of EPS after patients are switched to hemodialysis （HD） may indicate an activated pathological process after PD withdrawal，especially in long-term PD patients. Accordingly，we aimed to observe changes in peritoneal function after the stoppage of PD，and to clarify the characteristic features of the patients at risk of EPS.

Methods

Thirty-three patients who were switched from continuous ambulatory peritoneal dialysis （CAPD） to HD were enrolled in this trial. Changes in the dialysate/plasma creatinine （D/P Cr） and CA125 levels in the effluent of the peritoneal equilibration test were observed for 6 months. Furthermore，each patient was followed-up for 36 months after PD withdrawal to monitor for the development of EPS.

Results

D/P Cr decreased significantly，while CA125 levels tended to increase. Nine patients developed EPS during the follow-up period and they specifically showed significant increases of D/P Cr levels and significantly lower levels of CA125 at PD withdrawal. The accumulation of high transporters in the EPS group at 0 and 6 months after PD withdrawal was significant.

Conclusions

Peritoneal recovery may take place after withdrawal from PD treatment and such recovery is indicated by improvement of transport states and a rise of the CA125 level. The present study revealed that a high-transport state and lack of increase of CA125 in the effluent were associated with EPS development after PD withdrawal. This may suggest that the lack of peritoneal recovery after PD withdrawal is predictive for EPS development.

在上面的例子中，摘要被严格地划分为 Background、Methods、Results 和 Conclusions 四个部分。文章的作者又巧妙地将研究的主题（即目的）隐藏于 Background 的结尾（Accordingly，we aimed to observe changes in peritoneal function after the stoppage of PD，and to clarify the characteristic features of the patients at risk of EPS）。这样就构筑了一个内容完整、结构严谨合规的结构型摘要。从效果层面讲，这种摘要既方便了作者写作，又方便了读者的阅读。因此，这种做法对于整个科技论文界应该是一个不小的进步。相信在不久的将来，我们国内也会有一些期刊在此方面与世界接轨。

通过以上介绍，相信有一部分读者朋友可能会感到在完成了论文主体的写作后，摘要的撰写真是一件轻松的事情。事实上，摘要的写作并不像目前看起来那样简单。其中，最主要的原因是字数限制。国内外的大部分期刊在这方面都有严格的要求。例如：国内功能材料研究领域的知名期刊《压电与声光》和《无机化学》均要求摘要必须在 150 个字以内；国外的 *Journal of Hazardous Materials* 对摘要的要求是必须在 100 ～ 200 个单词之内，*Journal of Electroceramics* 在这方面的限制稍宽，是 100 ～ 250。如果愿意尝试，读者朋友们可按上面摘要的内容组成写一下自己论文的摘要。你会发现，自己的摘要经常会轻轻松松地超过如上所述的字数限制。难以满足字数限制也因此成为读者朋友们理解并接受了摘要内容组成后，在摘要写作过程中需要面对的最大困难。

要想在内容和字数上同时满足期刊论文对摘要的严格要求，读者朋友们需要好好锻炼自己超凡的缩写、概括和总结能力。具体来说可以从以下三方面入手。

（1）研究背景、研究问题、研究方法、研究内容和研究的主题等项目之间的恰当组合。

恰当地组合以上内容是写作汉语摘要过程中最为常见的减少摘要用词量方法之一。下面给出按这种方法撰写摘要的精简模式。

什么问题是什么领域中的研究基础，但具体在什么方面还存在问题。因此，本文采用了什么方法，研究了什么内容，以期达到什么目的。此后，用“结果表明”来引出重要成果（成就）。最后，用一句话概括研究的意义或作用。

（2）在摘要重要成果和结论部分中，将表示研究中变化因素的描述句前置。

这种方法主要适应于那些考虑某个变化因素影响的研究。此类文章在材料研究中十分普遍。最为典型的就是研究材料的显微形貌、结构和各种性能随原料中某种掺杂或合金元素含量变化的文章。以上研究内容得出的结果均可能成为摘要中叙述的重点内容。此时，将描述变化因素的句子（例如，随着某种掺杂元素含量的提高）前置后，我们就可以一次性写出随之产生的所有重点实验结果，而不必在描述每项结果前都写“随着……因素的变化”。

（3）剔除不重要的结果。

摘要中的结果必须是那些与研究主题或目的最密切相关的、对最后结论支持作用最大的、真正将自己的研究与已有文献结果区别开来的结果。我们可以按这个原则从结果中选择，从根本上减少摘要的内容。

以上为基于笔者的个人经验，给出了三种可以减少摘要字数的方法。这些方法可能不适合某些读者和一些特殊的研究领域。实际上，最为有效的方法还是大家十分熟悉的老话——向已有文献学习。接下来就是不断地实践。

在学位论文中，摘要的字数限制就宽泛得多。国内大学对于硕士论文摘要通常是要求在1000个字左右，博士论文摘要的字数在1500个字左右。相对于期刊论文摘要，特别是大家在经过了写作期刊论文摘要方面的严格锻炼之后，写作学位论文摘要在字数限制放宽后就变得容易得多。我们只需要按照上述期刊论文摘要的写作方法和要求，适当地扩充各部分内容即可。

7.4 英文摘要写作中需要注意的其他事项

组成摘要的内容在先前的论文写作过程中已经全部涉及，因此，用英语写作摘要时，可继续参考前面相应章节中介绍的注意事项。在这里，为了方便读者朋友们参阅，重新按摘要组成内容的先后顺序，将相应的注意事项汇总如下。

1）研究背景的简介

对于正在写论文的作者和将来的读者，任何一篇科技论文相关领域中的研究活动都是经常发生的、正在进行的。因此，该类内容应采用一般现在时或现在完成时来写作。

2）研究主题（目的）

每篇论文所涉及的研究主题（目的）都确定于写作论文之前，因此，通常需要采用一般过去时写作。

3）研究方法

如3.3.2小节内容所示，在具体实验方法写作过程中，可根据具体的实际情况，使用过去时来描述自己特有的实验样品制备、仪器设备的选择等工作，也可以用一般现在时来描述实验过程中所涉及的研究领域中共知的一些实验过程。在摘要中，由于字数的限制，基本上不会涉及需要用一般现在时写作的常规实验流程，而只需要用一般过去时概述采用的实验、研究方法或流程。

需要注意的是，在摘要中，由于经常需要描述一些在论文写作过程中经推导或计算形成的公式。论文一旦完成，读者无论什么时候阅读该论文，这些内容就在那里，好像是作者在读者阅读文章的同时完成上述内容的计算或推导。因此，此类内容可以使用一般现在时。

4）研究的重要结果和结论

在摘要中，用英语介绍创新性研究成果和重要结论主要涉及时态和情态动词的选择。选择时态的依据是你对自己的创新性研究成果和重要结论的看法：如果你认为它们仅适用于研究所属较小的领域内，就应采用一般过去时；相反，如果认为所获成果或结论普适性较强，接近一般公理，就可以采用一般现在时。

这部分内容同时是英文摘要中情态动词使用最多的地方。通常情况下，根据结果或结论成立的可信度可将它们分成若干个等级。这些等级就是情态动词选择的依据。实际写作过程中，多数研究会选用稍高一级的情态动词。这几乎是目前科技论文写作中的通用做法。对此有了初步了解后，读者朋友们还应该仔细阅读几篇自己领域中英美两国同行的文章，仔细揣摩作者在“摘要”、“结果”及“结论”中情态动词的用法和用意。这不但有利于读者朋友们理解并掌握情态动词在科技论文中的用法，还将有利于我们将来准确地评价他人文献述及的成果。

7.5 摘要实例解析与点评

7.5.1 解析

实例摘要	解析
摘要：①以白云鄂博西尾矿和粉煤灰为主要原料，采用熔融法制备了添加 0 ~ 2.0 wt% Cr_2O_3 的 CaO-MgO- SiO_2-Al_2O_3 系微晶玻璃，利用 DTA、XRD、FESEM、EDS 和综合力学性能仪等测试手段，研究了 Cr_2O_3 含量对该体系微晶玻璃显微结构及性能的影响。②实验结果表明：少量 Cr_2O_3（0.5 wt%）可有效降低样品的晶化温度，促进主晶相辉石相（Ca（Mg、Fe、Al）（Si、Al）$_2O_6$）的形成，同时细化其显微组织，从而提高样品的密度、抗折强度和耐酸碱性；当 Cr_2O_3 含量大于等于 1.5 wt% 时，析晶峰温度由 804℃提高到 816℃，同时微晶玻璃中形成不规则块状结构的镁铁铬尖晶石（$MgFe_{0.9}Cr_{1.1}O_4$）第二相，并进而引起周围辉石相晶粒异常长大，降低其抗折强度	第①句由四个分句组成，前两个分句介绍了研究对象的获取过程；第三个分句介绍了具体研究方法；最后一个分句则介绍了研究的具体内容，即研究主题。第②句为重要研究结果的汇总

7.5.2 点评

如 7.3 节所述，研究方法、研究内容、主题和重要研究结果是现代科技论文摘要的核心内容。前面的解析表明，实例摘要已经具备了上述内容。

通过 7.3 节，读者朋友们还可以了解到，在学位论文中，由于对摘要字数限制明显弱于期刊论文，研究者还可以在上述核心内容的前后分别添加少量的研究背景及讨论中的重要结论（通常为研究的意义）。将这些内容组成与 6.1 节中介绍的“结论”的内容组成对比后不难发现，具有“整体性”特点的现代科技论文中的“摘要”和“结论”的内容组成基本相同。同时，在前述内容介绍过程中曾多次提到，面对海量文献，一个研究者在阅读一篇文献时一般是始于标题，然后是摘要和结论，之后才会决定是否需要精读。这就意味着我们在写作自己论文的摘要和结论时，应尽量避免雷同。

那么如何避免雷同？参考前面的实例摘要和结论，可以总结出如下方法：

（1）尝试采用不同的句型并从不同的角度叙述具体研究结果。

（2）摘要与结论内容各有侧重、相互补充。如实例所示，在摘要中详细介绍研究方法，在结论中则省略。

（3）在摘要中只介绍那些最为重要的研究成果，即论文成果中最不同于以往研究的、最能体现研究者水平及创新性的成果；在相应的在结论中，则可进行更加全面的介绍。

（4）当难以满足字数限制要求时，对于在讨论中获得的“研究成果的意义或作用”等内容，可参照实例文章的做法：仅在结论中介绍，在摘要中省略这些内容。

7.6 小结

现代科技论文中，摘要是整个论文精华内容的浓缩，因此也是论文的“脸面”。读者朋友们最好按研究的背景、主题或目的、方法、重要结果和结论的顺序来撰写具有自洽性和整体性的“读者友好型”摘要。撰写过程中，为满足摘要的字数限制要求，作者需使用高度概括性的语言或者通过将研究的背景、主题或方法等整合在一句话中来减少这部分内容的字数。由于撰写摘要同样涉及重要的研究结果和讨论中的主要结论，所以，在用英语写作过程中，需要注意的主要事项是时态及情态动词的选择。

第8章　文章的标题及关键词

提示：网络信息技术的飞速发展和海量文献的出现使“标题”和“关键词”在科技论文中的地位日益提高。“关键词”是文献检索时的首要筛选条件，是保证文献能被检索到的基础。与此同时，“标题”又是保证文章能够引起读者注意，从众多的检索结果中“脱颖而出”的唯一保障。这两部分内容是本章内容组织和阐述的核心。

8.1　标题和关键词的作用

如7.1节所述，在20世纪70～90年代，研究者多通过浏览领域内期刊目录中的文章标题来检索文献。这是当时文献检索的起点。由于文献数量较少，研究者没有太多的选择。因此，研究者往往在浏览完标题后就直接决定是否需要复制和阅读该文献。过去在图书馆实地检索时，笔者经常感觉到可参考的文献太少。因此，只要题目与自己的研究相关，笔者就会复印并仔细阅读该文献，而很少去遴选。**在当时的情况下，标题的作用就仅限于大致介绍文章的主要内容。**

目前，研究者基本通过以下过程检索文献：

打开网络数据库首页→键入关键词进行检索→搜索引擎给出大量检索结果（其中包含文献标题、作者及其单位、摘要、期刊名、卷、期和年等信息）→通过浏览找出感兴趣的标题→阅读摘要→决定是否下载并精读文章。

通过上面的过程可以看出，一篇论文在与读者见面前，必须通过由“关键词”和“标题”控制的前两个环节。其情形与“千军万马争过独木桥”的高考情况类似。这种作用大幅提高了“标题”和“关键词”在现代科技论文中的地位。在上述检索过程中，好的“关键词”和“标题”既能保证文章能被检索到，又能保证文章的题目尽量排在众多检索结果的前面。好的“标题”还会在众多的检索结果中显得特别突出，能快速向读者传达文章的主题，从而吸引读者的注意。

此外，关键词还是各类期刊、文献检索网站数据库对文章进行分类存储的依据。同时，由于各类文献的数目较多，为了提高用户文献的检索质量，许多网站会为用户提供“数据库源”限制检索选项。以知名学术搜索引擎 Web of Knowledge 为例，它就为读者提供了按“研究领域”和“研究方向”等方式对检索结果进行精简。尤其是在按“研究方向”精简时，该网站又提供了物理、化学、材料科学、冶金等子选项。其选项功能实现的依据实际上就是读者选择在该网站的特定的数据库而不是所有库中进行检索。这种情况下，就大幅提高了用户的检索速度。然而，如果从另外一个角度来看，如果一篇文献的作者在一开始就选择了错误的关键词，那么这篇文章就可能会归类到错误的数据库中。这样，就无形中降低了这篇文章被检索到的概率。

明白“标题”和“关键词”的上述作用还远远不够。要想撰写、归纳出好的“标题”和“关键词”，读者朋友们还需注意以下内容。

8.2 标题和关键词确定方面的要求

如前所述，科学技术，特别是网络技术的发展大幅提升了标题和关键词在科技论文中的地位和作用。这种改变给标题和关键词的构思提出了新的要求。

8.2.1 使用同行认可的关键词

为了使我们发表的文章通过以上文献检索过程的第一关，被顺利地检索到，在科技论文的写作过程中，就必须选择使用那些同行认知度高的关键词。这些词是研究者在检索时使用频度相对较高的词语。

如何选出同行认可的关键词？

首先，关键词必然属于那些可以高度概括和反映自己研究主题、方法、重要结果和结论的词语。这些词仍然只是关键词的备选词，可能还不是这里指出的同行认可的关键词。那么，哪些是同行认可关键词？为了解决这个问题，在一些期刊的作者指南或投稿系统中，会根据投稿文章所涉及的领域，给出与之相适应的关键词列表。读者朋友们今后在投稿时，一定要多留意这些网站中给出的所属研究领域的关键词。当发现自己稿件中的关键词与网站中公布的不符时，最好以网站中公布的为准。这些关键词是相关期刊编辑经过长期的总结，从领域已有文献中精选出的词汇。在公布前，所有词汇都获得了领域内专家的首肯。这些词汇就是这里所谓的同行认可的关键词。

按以上方式确定自己的关键词，虽然不如直接从期刊网站的备选词库中查找快，但是，读者朋友们经历了自己思考的过程，会更有利于加深对本领域内关键词的理解。与此同时，这样做的另外一个好处是为“标题”的创作奠定基础。

8.2.2　文章的标题要尽可能多地包含关键词

目前，研究者在检索文献时，在搜索框中输入的可能是某个或某几个关键词，同时，搜索条件往往是“主题”或“标题”。系统给出搜索结果时，标题中包含关键词多的文章总会出现在标题中关键词少或不含关键词的文章前面。理论上，排名靠前的文章引起读者注意的概率要远高于靠后者。当搜索结果较多时，有些研究者可能根本不会看排在后面的文章。相信大家平时在百度或 Google 中搜索时都有这样的经历。因此，这就意味着：如果能让自己文章的标题包含尽可能多的关键词，将会大大提高各种搜索引擎对文章的检出率。同时，也能保证我们文章的标题出现在众多检索结果靠前的位置。实际上，这也是各大数据库网站设计相关搜索引擎功能时遵循的一个原则。

8.2.3 标题和关键词应最大程度地反映论文主体创新性

首先，这样做可以实现标题的传统作用——大致概括论文的主体内容。因为，创新性内容永远是论文写作者最想让读者了解的、也是最需要花笔墨去介绍的内容，所以当然也是标题和关键词应表达的主体内容。

其次，这样做也可以让题目变得更加突出。从读者的角度讲，创新性内容同时也是他们在阅读文献之前就想从文献中了解的东西。因此，无论是标题，还是关键词，如果能包含与论文创新性内容相关的信息，必然可以激起读者阅读文献的冲动与想法。

此外，笔者在给国内外的多家期刊评审论文的过程中发现：标题能否覆盖论文主体创新性内容是论文评审表中必须打分的一项。如果我们不这样去做，势必会造成这一项的评审分值偏低，最终必然会影响我们论文在评审者心中的印象和通过评审的概率。相信这是每一个研究者都不愿意看到的事情。

8.2.4 标题和关键词要满足字数或个数要求

大多数汉语期刊（如《功能材料》）或学位论文均要求文章标题字数不超过 25 个；同时要求关键词不超过 5 个，且需要用分号等符号分隔。国外期刊对关键词的数目也有类似的限制，但对标题没有。然而，即使是在这种情况下，标题也不能太长，最好不超过两行。否则，就违反了科技论文写作应遵循的“简洁”总体要求。

此外，笔者认为标题不能太长可能还有另外一个原因，那就是要在视觉上保证“结果”等论文主体内容的主体地位。在一篇科技论文所有的组成内容中，标题的字号和行间距均是最大。通常情况下，一行标题所占的空间至少相当于 3 ～ 4 行正文。因此，在论文篇幅数目不变的情况下，标题行数增多会大幅减少论文主体所占的篇幅。这样，就会从视觉上削弱“结果”等内容在整个论文中的主体地位。

8.2.5　标题要醒目

这个要求对于科技论文写作的新手来说非常难。因为它已经超越了纯粹的科学层面，涉及文学或美学范畴。作者必须在不降低或尽量少降低对先前四点要求的前提下，根据论文的实际情况（研究的主题、结果及讨论的主要结论等），从历史、文化或当今的社会热点问题等中汲取灵感，来改造基于上述四点要求得到的标题。

日本化学及纳米材料研究领域的知名学者 Naoki Toshima 撰写的文章 *Crown Jewel Catalysts: A Series of Novel Metal Nanoclusters with Catalytically Highly Active Gold Atoms at Top Positions* 就是这方面的一个完美的范例。（这是一篇介绍其课题组成员张海军博士（现就职于武汉科技大学）发表于 *Nature Materials* 上的 *Catalytically Highly Active Top Gold Atom on Palladium Nanocluster*[33] 的评介性短文）。在这个标题中包含了作者研究的所有主要内容——部分金掺杂的钯纳米团簇的催化活性；而且，作者研究证实，只有金原子处于钯纳米团簇的顶角时，才具有较高的催化活性。金原子在钯纳米团簇上的位置恰好与皇冠顶上的一颗宝石非常接近。同时，由于处于顶角的金原子可大幅提高钯纳米团簇的催化活性，它在提高钯纳米团簇催化功能和应用价值方面的作用也与宝石使皇冠更加耀眼、更加珍贵的作用类似。基于这样的相似性，该文作者就设计出了上面的题目①。最终，一个标题至少在两个层面上与普通人熟知的

① 对于题目设计背后的渊源的了解来自于张海军博士于 2013 年 4 月在笔者工作单位所作的一次讲座。

事物产生了密切联系。可以想象，这样的标题在众多的充满学究气的标准标题中，会多么与众不同。它对读者阅读兴趣的激发远非寻常的标准标题所能及。

此外，为了让标题更加醒目，还需将那些重要的关键词尽量置于标题靠前的位置上。建议这样做的主要原因是人类通常认为置于一行文字前端的内容更为重要。所以，这样做也满足了让读者顺利抓住文章重要内容的需要。例如，在材料研究中，研究某种掺杂影响是其中的一大类。那么，在此类文章中特定掺杂就是其中的最为重要的关键词。这样，如果仅从关键词在标题中所处位置方面考虑，在下面的两个非常平庸的标准标题中：

某某掺杂对某某陶瓷显微结构的电学特性的影响

某某陶瓷中某某掺杂对显微结构和电学特性的影响

前者就显然要优于后者。

8.3 标题和关键词的写作

在一篇科技论文中，标题在最前，关键词出现的位置紧接着摘要。从整体上来考虑，二者出现的位置均属于非常优先的位置。然而，从写作层面上讲，这两部分应该是写作一篇科技论文时最后才应该完成的内容。

这并不意味着我们在写作开始之初不能有自己论文的主题、题目和关键词。相反，我们甚至要鼓励大家这样去做。因为，这有助于我们组织材料，使写作目的更为明确。这里的“最后完成”是指在一篇科技论文的写作过程中，随着我们对其中研究结果的整理、分析和研究内容的逐步深化，我们对研究主题的认识也会随之改变；文章主体完成后，我们一定要重新审阅自己的论文，仔细考虑下面的问题：

在经历了漫长的写作过程，形成了关于研究的新认识的条件下，当初确定的文章标题和关键词是否还合适？

如果发现不合适，就一定要做出修改。因此，从这个层面来讲，标题和关键词应该是写作一篇科技论文时最后完成的部分。

如果在某一阶段性研究完成后，读者朋友们是按照与本书推荐的类似的顺序，即先确定论文的主题（非标题）、组织材料，随后撰写介绍该阶段研究成果论文的主体，此后才开始考虑标题与关键词，读者朋友们可以参考下面的撰写流程：

（1）列出研究结果创新性内容和讨论的重要结论，找出其中的关键词，这是标题的核心。

（2）列出可高度概括、反映研究主题、方法和研究对象的词语，这些也是标题和关键词的组成。

（3）将上述关键词按重要性顺序依次排列，选出其中的五个作为最终关键词的主要候选对象。

（4）将前四个关键词依次排列，并添加适当的辅助修饰性词语构成标题。

（5）简洁性检查。检索上述标题是否超过字数限制，如果超限，尝试简化修饰性词语；如果还超限，尝试去掉其中最不重要的一个关键词，使标题满足字数要求。

（6）标题通顺性检查。换言之就是顺一下标题，使其读起来上口。

（7）新颖性检查。这样做的最终目的是要使文章的标题更加吸引读者的眼球，引起读者的注意。

需要说明的是，以上步骤仅是一个能帮助读者朋友们获得比较理想的标题和关键词的建议流程。读者朋友们完全可以在满足上一节四项要求的基础上，充分发挥自己的聪明才智，找到一个适合自己的构建标题和关键词的方法。在不写论文的时候，读者朋友们也可以找一本自己领域中的期刊，分析其中的标题有哪些满足上面的要求，有哪些没有满足；并留意同行常用哪些关键词。平时多做这种练习，可以帮助读者朋友们在这方面积累经验。

最后，通过分析一个例子来结束本小节内容。这是一个包括笔者在内的许多材料领域研究者在过去常采用的一种标题：即 A 对 B 的影响。这种标题完全满足过去标题是主体内容的大致概括的要求：其中 A 和 B 标明了研究的对象，主题是 A 对 B 的影响，这些内容均是论文的主体内容。然而，这种标题不能满足现阶段对标题的要求。因为，在这种类型的文章中，A 对 B 某方面（如显微结构或某种性能）的影响可能才是文章主体创新的主要体现。而相应的结论根本没有在标题中充分体现。另外，在某个系统中引入一种因素后，通常情况下都会有影响。即使我们在标题中不点明，读者朋友们自己也会想到。因此，我们在标题中应该将影响具体化，说明哪方面的影响是最重要的影响；这个影响是好影响还是坏影响，是线性影响还是非线性影响等。

以上的这个例子也可以帮助读者朋友们进一步理解现代科技论文对构思标题及关键词的要求。和学习其他所有的技能一样，读者朋友们能否将这些要求物化为自身构建标题及关键词的能力，同样也取决于作者能否在这方面做大量的实践练习。

8.4 标题及关键词实例解析与点评

实例文章题目为 Cr_2O_3 对白云鄂博西尾矿微晶玻璃显微结构及性能的影响，关键词为 Cr_2O_3、白云鄂博西尾矿、微晶玻璃、显微结构、尖晶石。在前面各章节中，解析与点评实例引言、实验方法、结果、讨论、结论及摘要的主要标准是实例是否满足内容组成要求。在本章，点评标题和关键词显然不能依据相同的标准。

如前所述，易于检索、使文章题目吸引人并在检索结果中处于较前位置是选择科技论文标题和关键词的主要依据，具体包含四项基本要求：①选择同行认可的关键词；②标题中尽可能包含更多的关键词；③反映论文的创新性；④满足字数限制。这四项要求也是解析或点评实例题目及关键词的基础。

在实例文章所属的固体废弃物综合利用研究领域，Cr_2O_3 是一种常见的晶核剂，其含量变化是论文研究中的主要变量；同时也是白云鄂博西尾矿制备样品的主要原料。因此，前两个关键词的选择是合适的。在实例论文所属研究领域，微晶玻璃是领域内研究者熟知的材料。事实上，如实例引言所述，将硅酸盐质固体废弃物转化成微晶玻璃是实现固体废弃物高值化综合利用的重要途径。在微晶玻璃材料研究中，材料的显微结构的关系一直是该研究领域中的核心内容。而对性能的影响往往可被看做是对显微结构影响的延伸。所以，将微晶玻璃和显微结构作为关键词也是合适的。最后，尖晶石是 Ca-Al-Mg-Si 系氧化物微晶玻璃（实例样品所属材料体系）中大量添加 Cr_2O_3 后的一种常见晶相。因此，将尖晶石作为关键词也是合适的。总而言之，以上五个关键词满足“选择同行认可的关键词”这一基本要求；相应标题也符合“尽可能包含更多的关键词”的要求。

判断实例标题和关键词是否满足要③，需要回顾并综合考虑 4.5 节列举的实例“结果”。在“结果”实例中，作者通过 X 射线衍射仪、扫描电子显微镜和能谱面扫分析等方法研究了尖晶石相的形成、显微形貌特征及其对材料性能的影响。上述内容不但是作者重点介绍的内容，而且也是篇幅最长、最能反映论文创新点的内容。因此，作者将尖晶石作为关键词之一符合基本要求③。这里稍显不足的是其最后的排序。作为文章创新点的核心体现，它显然要比排在第四位的显微结构更重要。因此，如果能将尖晶石这个关键词放在第四位，就能使文章的核心创新点的地位更加突出。

对于最后的要求④，实例标题及关键词显然完全满足，否则出版社就不会同意将该文章发表。这是四条要求中最容易的一个，在此就不再赘述。

8.5 小结

构建标题和关键词的最高原则——在全面概括研究重要成果的前提下，可以方便读者检索，同时激发读者阅读文献的兴趣。为此，本章提出“使用同行认可的关键词”、“标题中尽可能包含更多的关键词”等要求。它们是上述最高指导准则的具体化。这些要求很可能不全面，但应该可以起到抛砖引玉的作用。读者朋友们完全可根据最高指导准则，通过自己不懈的努力实践，找到适合自己研究特点的确定论文标题和关键词的方法。

第 9 章　正确录入参考文献

提示：参考文献是科技论文的有机组成部分。它在科技论文中具有独特的作用。同时，也容易出问题。许多读者朋友写作科技论文时，总会在参考文献的引文格式、文后标号、作者数量和录入形式、文献标题及出处、文献出版年代、卷、期和页码等方面出现问题。这些问题会大大损害论文评审者对论文的印象。其中的原因除了其本身很复杂以外，最主要的原因还是研究者重视不足，许多研究者并没有完全了解其中的要求。因此，本章将在细致剖析参考文献在科技论文中作用的基础上，具体介绍参考文献的录入要求。然后，以国内最著名的文献管理 / 录入辅助软件 NoteExpress 为例，介绍在撰写论文过程中如何利用该软件和 Word 一次性完成参考文献的“正确”录入。

9.1　参考文献的作用

参考文献独立于科技论文主体而存在。它在表面上似乎和论文主体没有太紧密的关系，然而，却是科技论文不可分割的组成部分。它在科技论文中具有独特的作用，主要表现在以下几个方面。

（1）参考文献可以为论文中的陈述、分析和推理等过程提供证据和支撑。

这是参考文献在科技论文写作中最为基础的作用。任何科研工作均不能独立于已有研究成果存在。因此，科技论文的引言、实验方法、结果与讨论等各个部分内容均需要参考文献。在引言中，引述参考文献是为了说明研究的现状，并在此基础上说明现有研究中还存在着什么问题。这样，就为在接下来的内容中提出论文研究主题及研究内容奠定了基础。在研究方法部分，引用参考文献的目的通常是为了说明论文研究采用的方法或方案是可行的、正确的。在结果和讨论中，引用参考文献的目的主要是为了将已有文献结果与自己的成果进行对比。以此为基础，说明自己研究结果的好坏，表明自己研究的创新之处、意义和应用等。当然，也可以为解释自己的研究结果提供理论基础。

简而言之，参考文献在科技论文中的作用可以归纳为服务于论文的陈述、分析和推理，为其提供证据和支撑。

（2）参考文献表明了作者对已有文献成果取得者的认可。

在某个研究领域中，决定一个研究者地位的主要因素之一是其文章被同行引用的次数，简称为他引次数。因此，我们在引用他人文献时，无论是出于什么目的（用它来说明研究现状及存在的问题或是为了指明已有研究中的不足），都会增加相关文章的他引次数。而且，还会在将来引起其他读者对被引文献的注意。这无疑也有利于增强被引文献作者在学术界的影响力。因此，参考文献也成为目前研究者搞好相互关系的重要工具之一。换言之，就是通过引用文献来表示对相关作者工作和地位的认可，为其加分。

（3）有助于避免剽窃。

剽窃是指在没有获得允许、未指明出处等情况下使用他人的研究成果。在写作过程中，无论出于何种目的引述他人成果，我们都要用参考文献标出其出处。这样，就标明了所引述内容功绩的归属，从而有助于避免剽窃他人成果的风险。然而，有时，即使我们在这样做了以后，仍然有剽窃他人成果的风险。因为，有相当一部分研究者认为，如果原封不动地大段引述他人成果，即便是标出了相应的参考文献，仍然是一种剽窃。因此，我们在引述他人成果时，一定要在理解的基础上，用自己的话陈述他人研究成果，并标出相应的参考文献。

（4）参考文献可以帮助读者了解论文作者研究的思路和所涉及研究领域的发展历程。

在科技论文的引言中，研究者为了说明研究现状，通常会按其论述的逻辑或时间顺序来引述所涉及领域中的一些重要文献中的研究成果。这样，相应参考文献就形成了一条有关该研究主题发展历程的参考文献链。读者在将来阅读这部分内容时，就可以按照上述文献链，逐个查找并参阅所涉及的文献。这不但有助于读者进一步理解作者的研究思路，而且还可以在此基础上进一步了解研究主题，形成自己的看法，省去了从头摸索的麻烦。

当然，在这里必须指出，在多数情况下，只按一篇论文提供的参考文献链还难以深入了解某一研究主题的发展历程。首先，无论研究者是谁，他在一个研究领域内取得了多少成就，他对一个问题的了解总是有限的。其次，一篇文章中的参考文献链包含作者的主观看法。研究者在写作论文时，总会选择那些可以支撑其论点的文献；与此同时，作者会不经意地回避与自己观点类似的或相反的文献。这些原因均会造成一篇论文中包含的参考文献链存在着天然的片面性。为避免这一不足，在阅读文献时，读者朋友们应带着辩证、存疑的观点；不轻信、不全信，多思考，多问为什么。例如：

论文作者为什么在这里引用这一篇文献？

这篇文献在多大程度上支持了作者的观点？

该文献成果与作者自己的成果之间有什么区别和联系？

然后，还需要继续参阅文献链中的文献，看看该文献又引用了什么文献，如此一路深究下去。当已阅文献中的参考文献链交织成参考文献网时，我们对一个研究主题的现状、存在的问题才能由起初的片面了解转变为全面了解。同时，也锻炼了我们分析和解决问题的能力。

（5）参考文献录入格式是否合规是影响期刊论文能否被接受、学位论文能否通过评审的重要原因之一。

读者朋友们在这里可能觉得有点言过其实。实质上，这种说法一点都不为过。如下所示，图 9-1 中给出了一条按 GB2005-7714①录入的参考文献，在其周围，用气泡形式给出了录入过程中可能出现的问题。

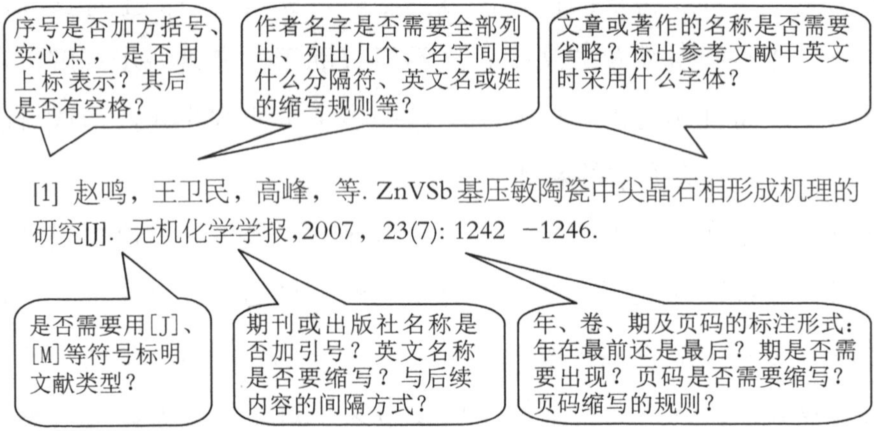

图 9-1 参考文献录入过程中的典型问题点示意图

从图中可以看出，参考文献录入过程中，可能出问题的地方有很多。同时，这也表明，参考文献的可能的录入方式是种类繁多的。每一种都可能成为某种期刊要求的参考文献录入方式（通常称之为样式）。据国外文献管理软件 EndNote 官方网站的介绍，其最新版（第 7 版）中收入的不同期刊的文献录入样式已经超过了 3000 种。面对如此多的样式，即便是一个科技论文写作老手，按照一种不熟悉的规则手工录入参考文献时，稍不注意也会出现差错。对于一个期刊的编辑来说，虽然参考文献录入模式不合格不是导致直接拒稿的原因，但是，任何一个有责任心的编辑绝不会接受一篇参考文献录入不达标的论文。在学位论文方面，

① 参考文献录入方面的唯一现行国标——《文后参考文献著录规则》。

由于参考文献录入不达标造成的后果更加严重。在某些情况下，它可能直接导致论文不能通过学术委员会评审。这绝不是危言耸听。其中的原因与目前各高校毕业论文的评审流程直接有关。

如前所述，国内大多数高等教育机构中一般均设有学术委员会，其主要职责之一是负责学位论文的最终评审。为均衡起见，学术委员会成员通常由各学科或专业的知名教授来担任。通常情况下，一个教授仅能从一个专业角度认定一篇学位论文是否达标。如果一个学校有10个不同的学科，该校的学术委员会由来自于这10个学科的教授组成，那么每个教授在每年的学术委员会上就可能必须面对自己不熟悉的9个学科的学位论文。更为困难的是，委员们往往需要在一天左右的会议期间内决定自己是否同意授予学位。这样，委员们做出判断的依据除了学位论文答辩书中的评语之外，唯一能参考的就是那些常人可以看出的问题①。在这些问题中，除了字数、文章排版、表明具体研究工作章节上整个论文的比例、图表是否规范之外，参考文献是否规范是委员们重点考查的内容。如果在这里出现的问题较多，委员们就此产生的想法绝不会停留在“这是由于作者对此不重视、不了解”层面上。委员们还会继续往下想：“作者可能没有读很多文章，因此才不了解参考文献的录入规则”；“作者对参考文献的录入规则都不了解，他 / 她是否具备了科学研究的基本素养？”如果委员们对此产生了怀疑，又发现其他问题，再加上这个委员当时心情不好或者这个委员和该论文的指导老师平时有矛盾，这个委员很可能就会投出否决票。更为严重的是，如果这个委员是个重量级的委员，他 / 她在投票前随便地表露

① 这种情况和学位论文的评审流程有关。学位论文评审流程包括：导师、外审专家、答辩委员会、院级学术委员会和校级学术委员会。前面三个流程主要从专业角度评价学位论文。当然，也会有一些有经验的评审在前三个流程中就会帮学生指出论文表面上的问题，并要求学生修改。然而，由于学生对此没有足够的认识，再加上在学位论文最后关头的懒惰和侥幸心理，总会有一些硕士生对此会忽视。

一下自己对论文的看法，其他委员就可能进行附和，这样就可能直接导致这篇学位论文不能通过。

除了格式，期刊论文或学位论文对参考文献的数量、发表时间和中英文文献的比例也有要求。研究领域不同，相应的具体要求也不同。对于笔者熟悉的材料研究领域，一般要求研究型期刊论文中参考文献至少要达到 10 条以上，其中英文文献和近 5 年内的文献数目都要达到总参考文献数目的三分之一以上；硕士学位论文中参考文献的数量一般应达到 40 条左右，博士学位论文应该达到 70 条以上。学位论文对英文文献和近 5 年内发表文献所占比例的要求与期刊论文类似。

9.2 如何解决参考文献

从 9.1 节内容中可以看出，参考文献在一篇科技论文中占有极其重要的地位。同时，由于要求极其复杂，参考文献录入对于那些未受过严格训练的新手而言是很难把握的。实际上，即使是那些在此方面受过严格训练的高产作家们，手工录入参考文献也是一件极其繁琐、耗时的工作。

从另外一个方面讲，科技论文对参考文献格式方面的严格要求也让参考文献的录入变得有章可循和程式化。此类工作特别适合由计算机辅助程序来完成。满足这些繁琐的要求对于专业的计算机编程人员来说，并不是一件非常困难的事情。目前，无论是在国内还是国外，在这方面都已经涌现了非常成熟的软件。

国外最著名的文献辅助录入和管理软件是 EndNote。它由总部位于美国康涅狄格州斯坦福市的 Thomson 公司旗下的 Thomson ResearchSoft 子公司开发。除了完成文献辅助录入和管理两项功能外，EndNote 具有的最大优势在于它对国外知名的 Springer、Elseweir 和

Thomson 自己的文献数据库的兼容性较强，在外文文献检索和外文期刊样式方面也占有优势。然而，EndNote 官网（http://endnote.com/buy/online）公布的该软件网络下载版的价格是 249.95 美元，光盘版是 299.95 美元。按目前美元与人民币约 6.23 的汇率来换算，即使是价格最低的网络版的价格也高达 1559 元人民币。这对于国内的大多数研究者来说绝对是一笔不小的开销。

国内的 NoteExpress，是北京爱琴海软件公司（官网：http://www.AegeanSoftware.net）开发的一款专业文献检索与管理软件。其核心功能涵盖了知识管理所涉及的采集、管理、应用、挖掘所有环节，在功能上丝毫不比上面介绍的 EndNote 逊色。同时，由于是中国人自己开发的软件，它对中文期刊录入格式的支持是国外软件所无法比拟的。同时，它的“笔记”功能也比 EndNote 方便。此外，它在价格方面也具有巨大优势。其官网公布的学生版、个人版和永久版的售价分别为 198 元、398 元和 698 元。更难能可贵的是，爱琴海公司给国内的许多高等教育和研究机构提供了机构内 IP 用户可免费使用的集团版软件。这对于我国个人收入还相当拮据的许多研究者来说无疑是一个福音。因此，NoteExpress 软件的获取对于绝大多数致力于科学研究的同仁们来说已经不是问题。

NoteExpress 与 EndNote 类似，完全兼容通用的 Word 文字编辑软件。安装后，NoteExpress 可自动在 Word 中生成相应的插件。该插件的使用与 Word 自有菜单中的各种应用习惯类似。有了 NotcExprcss 的帮助，只要我们建立起自己的 NoteExpress 标准文献数据库，就可以非常轻松地利用该软件集成在 Word 中的插件在论文中录入参考文献。如果论文需要转投他刊，同样可以利用 NoteExpress 在 Word 中的插件，按照新期刊对参考文献的录入样式要求一次性完成所有参考文献格式的转换。

笔者认为，NoteExpress 是目前国内研究者可获得的最佳文献录入和管理助手。

令人遗憾的是，NoteExpress 目前还不能与国内的最佳文字编辑软件——金山公司的 WPS 实现完全兼容。其中主要原因是金山公司在其新版（2012 版和 2013 版）软件中取消了对第三方插件的支持。金山公司在这件事上表现出的短视和故步自封实在是让人痛心疾首。如果两家公司可以联手合作，立刻就会让微软丧失其在中国的绝大多数用户。中国的软件业也可以借此打一个漂亮的翻身仗。然而，这仅是包括笔者在内的许多国内研究者的一个美好愿望。

目前，以 Word 为书写平台，以 NoteExpress 作为工具文献管理和录入工具已经被越来越多的国内研究者接受并被认为是最佳的科技论文写作组合。以上述组合为基础，在写作过程中录入参考文献的步骤大致分为建立 NoteExpress 专用数据库和具体插入两步。接下来分别予以介绍。

9.2.1 建立 NoteExpress 数据库

利用 NoteExpress 永久性解决文献录入问题的前提是要利用该软件建立自己的文献数据库。读者可在查阅文献的同时投入一点时间与精力完成。此后，不但参考文献的录入可以变得非常轻松，而且原本很难找到头绪的文献资料管理也会因此变得井井有条、迅速高效。不夸张地说，NoteExpress 是每一位致力于科学研究的研究人员都应该掌握的科研辅助利器。与 NoteExpress 带来的好处相比，我们平时花费在利用该软件建立数据库上的时间和精力绝对是物超所值的。下面开始介绍利用 NoteExpress 建立一个新数据库的具体过程。

1. 新建 NoteExpress 数据库

在建立任何数据库前，NoteExpress 安装成功并打开后的初始界面[①]。如图 9-2 所示。

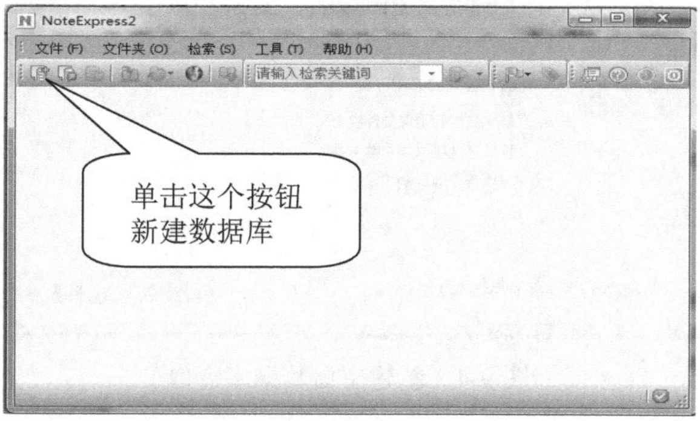

图 9-2　NoteExpress 初始界面

可以通过鼠标左键单击图中气泡所指的按钮来开始建立自己的数据库。或者用鼠标左键单击以上初始窗口中菜单栏左上角的文件(F)，然后在弹出的下拉菜单中单击“新建数据库”选项。如图 9-3 所示。

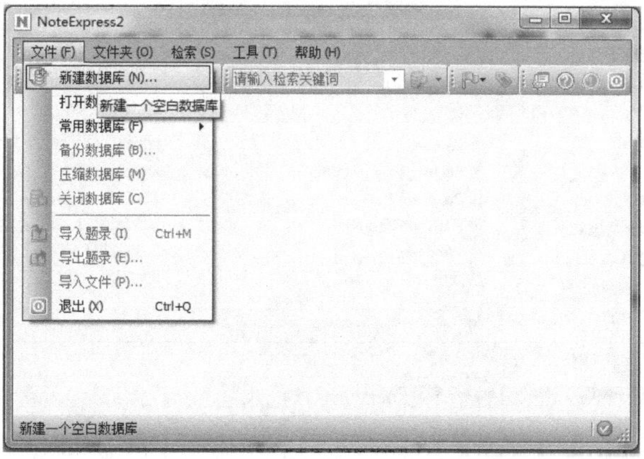

图 9-3　NoteExpress 新建数据库操作窗口

接下来，系统自动弹出“新建一个空白数据库”窗口，如图 9-4 所示。其中，“保存您新建的空白数据库文件”条目下有一个文字输入框。

① 这里以笔者安装的 NoteExpress2.8.1.1024 版为例，读者朋友们如果安装了其他版本，界面可能会有所不同。

用鼠标左键单击输入框右侧的图标。

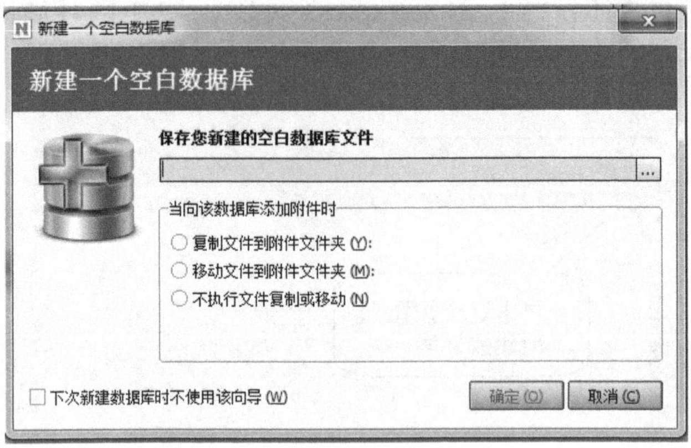

图 9-4　新建空白数据库窗口

系统自动弹出窗口“保存您新建的空白数据库文件”窗口，如图 9-5 所示。

图 9-5　保存新建数据库窗口

在其中找到“文件名”后面的空白输入框，输入你想建立的数据库的名称，如例中的“科学研究”，并在该窗口上方的栏中选择数据库保存的位置，如图中的计算机中的本地磁盘（C:）；然后，

用鼠标左键单击该窗口右下角处的 保存(S) 按钮。

按上面的要求用鼠标左键单击“保存”按钮后，系统回到“新建一个空白数据库”窗口。其中“当向该数据库添加附件时”备选框中，有“复制文件到附件文件夹（Y）:”、“移动文件到附件文件夹（M）:”和“不执行文件复制或移动（N）:”三个选项。为了以后使用方便，建议大家选择“复制文件到附件文件夹（Y）:”或“移动文件到附件文件夹（M）:”选项。最后，用鼠标左键单击该窗口右下角的 确定(O) 按钮。如图 9-6 所示。

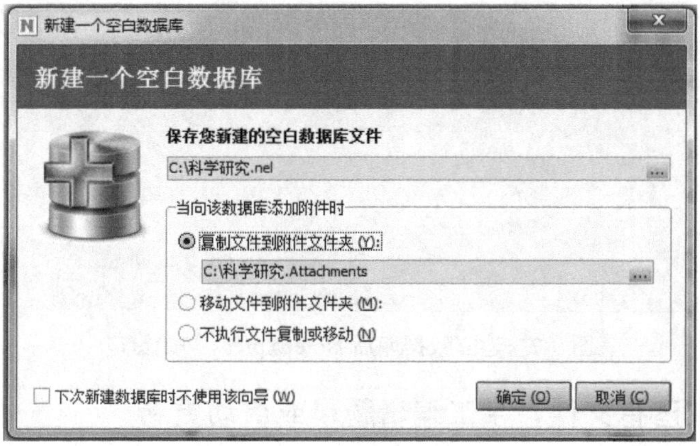

图 9-6　保存新建数据库窗口

此后，NoteExpress 初始窗口如图 9-7 所示。注意，该窗口左上角中已经有新建数据库的名字及其保存路径。其中的“.nel”是 NoteExpress 数据库文件的统一文件名后缀。此外，上面示例中建立的“科学研究”数据库名字还出现在该窗口左侧边栏的顶部。该名字下方分别有“题录”、“笔记”和“检索”等子项目。其右侧窗口区被平分成上下两个小窗口：靠上的是“题录”显示区，由于现在数据库中还没有文件，因此该区域目前暂无题录显示；靠下的窗口菜单栏中，从左到右分别有“细节”、“预览”、“综述”、“附件”、“笔记”和“位置”几项应用菜单。用鼠标左键单击上述应用菜单中的任意一个，就会激活相应的窗口。图 9-7 中，“笔记”是系统默认活动窗口。那里就是大家今后在阅读某文献时记录与该文献相关的心得、想法的地方。至此，新建数据库的第一步工作结束。

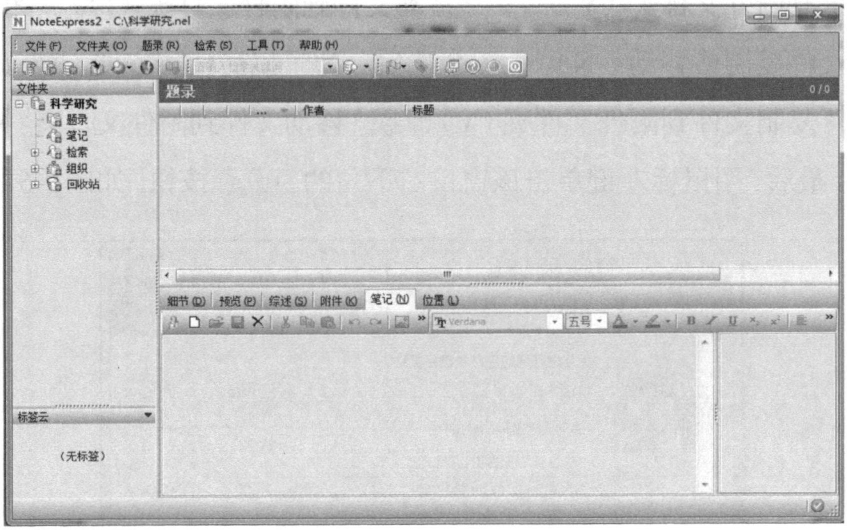

图 9-7　建立数据库后 NoteExpress 初始窗口

2. 导入已有文件，手工编辑题录或自动更新

这一步适用于已做过先期调研并拥有一定数量的文献的读者朋友。这是 NoteExpress 新用户中最为常见的一种情况。如果您还没有开始自己的文献调研，可直接跳转至下面介绍的第 3 步。

用鼠标右键单击“科学研究”树形目录下的题录框区。系统就会弹出一个下拉菜单。移动鼠标且光标进入下拉菜单中的“导入文件”区域，单击鼠标左键予以确定。如图 9-8 所示。

系统弹出“导入文件为题录和附件”新窗口。如图 9-9 所示。接下来，在“题录类型”选择窗口下选择题录的类型。这里选择的是研究文献中最为常见的“期刊文章”。当然，读者朋友们在实际操作过程中，可根据实际情况选择专利、会议论文、专著等其他不同的文献类型。选择后用鼠标左键单击该窗口右上角的添加文件(A)...按钮。

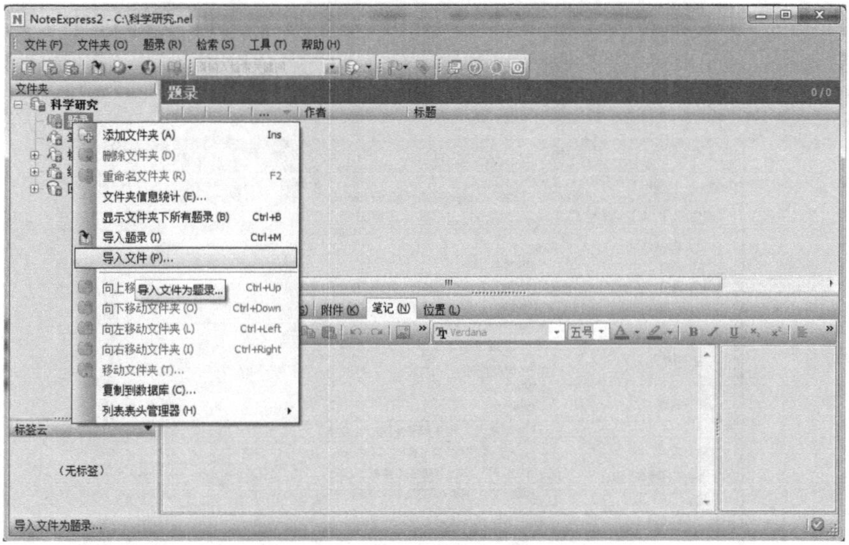

图 9-8　导入文件操作窗口

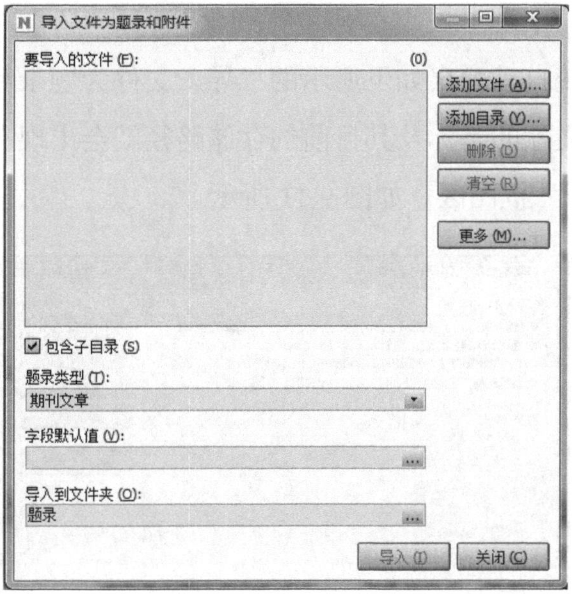

图 9-9　导入文件为题录和附件窗口

本例中，已经提前将需要添加的四个文件存放在 C 盘根目录下。这样，在新弹出的“打开”窗口中，可以用鼠标左键单击第一个文件名，然后，用另一只手按住键盘中的 Shift 键，再移动鼠标光标至第四个文件名上单击鼠标左键。这样，就可以将四个文件全部选中。最后，用鼠标左键单击窗口右下角的打开(O)按钮。如图 9-10 所示。

图 9-10　导入文件为题录和附件的打开窗口

此后，系统自动弹出如下所示的“导入文件为题录和附件”窗口，已选择的四篇文献的名称及其目前的存储路径就会出现在其中的“要导入的文件（F）:”框图区。如图 9-11 所示。

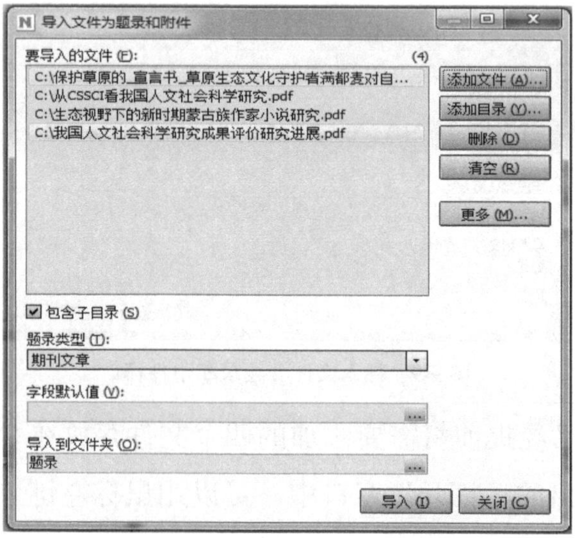

图 9-11　添加文件后的导入文件为题录和附件窗口

如果还需要导入存储在其他目录下的文件，可以单击窗口中的 更多(M)... 按钮，并重复上面的步骤进行导入。如果已经没有需要导入的文件，就可以移动鼠标光标至“导入文件为题录及附件”窗口右下角，并用鼠标左键单击 导入(I) 键来完成上述四篇文献的导入。

完成上述操作后，系统自动弹出“成功地导入了 4 条记录”信息框。如图 9-12 所示。用鼠标左键单击其中的 确定 键后，NoteExpress 初始窗口中的“题录”区就显示出刚导入的四条题录信息。如图 9-13 所示。

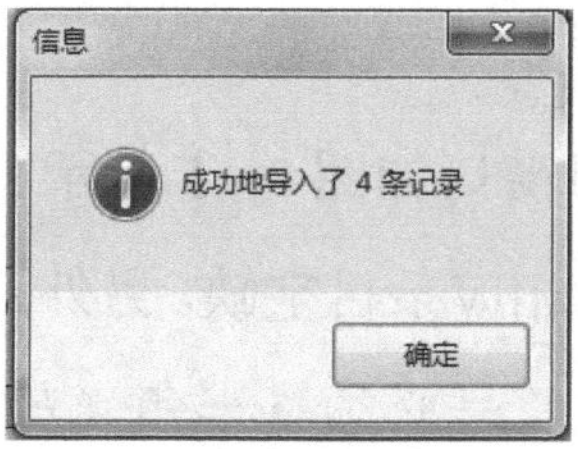

图 9-12　导入文件成功信息提示框

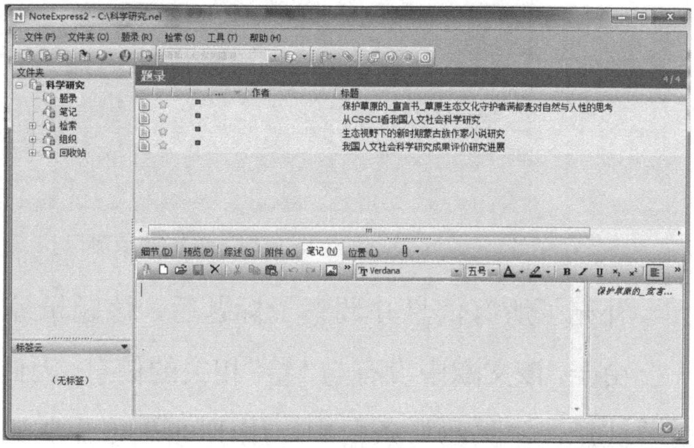

图 9-13　导入文件后的 NoteExpress 初始窗口

此时，文献导入工作已经完成，但其相应的数据库信息（如作者、文献来源、出版时间、卷和期等）还不完整，必须通过人工编辑来完善。下面以“题录”窗口区第一篇文献为例进行介绍。用鼠标左键双击该题录，系统弹出相应文件的“编辑题录”窗口。如图 9-14 所示。可以看到，该窗口中除了“标题”条目后有与该文献名称一致的条目信息外[①]，其他如“作者”、“年份”、“期刊”、“期”、“卷”和“页码”等条目后均是空白。相应信息均需根据相应文献的具体情况来补

① 导入文件后，系统默认导入的文件名为相应题录标题名。因此，读者朋友们今后再下载文献时，最好能养成将文献标题作为文件名保存的习惯。否则，在完成上述导入过程后，就可能需要手工录入相应的标题信息。

充完整。此外，由于计算机保存文件名时不能出现星号“*”、冒号“：”等文献标题常用符号，因此，标题名与文件名也可能不一致，也需要进行相应调整。

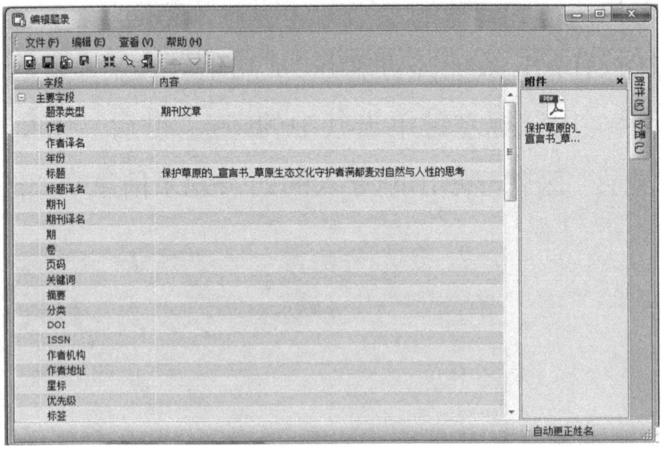

图 9-14　编辑题录窗口

补充了所有信息并调整了标题后，该题录编辑窗口如图 9-15 所示。

由于，该文献中没有与“卷”相关的信息，因此，相应条目空缺。另外，需要注意，“页码”条目中，用于间隔页码数字的符号必须是半角（英文输入）状态下的连字符“-”。完成所有编辑后，用鼠标左键单击“编辑题录”窗口左上角的按钮，保存对该题录所做的编辑。

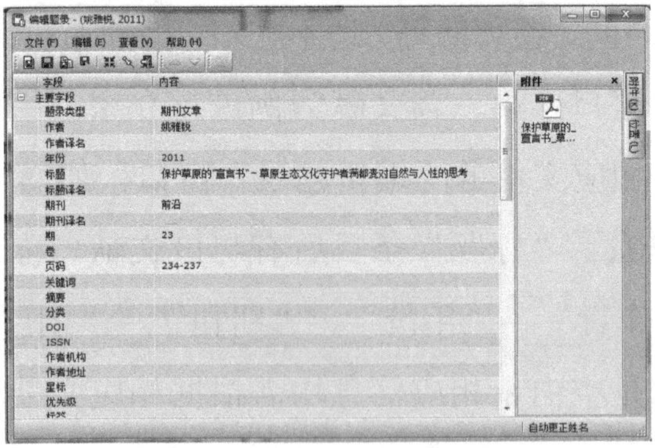

图 9-15　调整后的题录编辑窗口

编辑好题录信息后，在“NoteExpress2.C:\ 科学研究 .nel”窗口中可以看到，“题录”信息框中，刚编辑完题录的“年份”、“作者”、“标题”和“来源”条目下均已有了相应的信息。如图 9-16 所示。

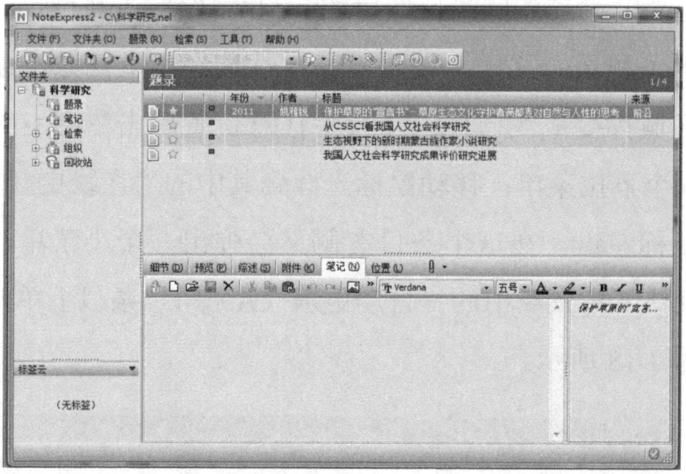

图 9-16　包含一条完整题录信息的 NoteExpress2C:\ 科学研究 .nel

手动编辑时特别需要注意，如果一篇文献有多名作者（如上面的第四篇文献），将所有作者名从文献中拷贝到处于编辑状态的“作者”条目下时，一定要记住将所有作者名在“左对齐模式”下由上到下单排排列。具体如图 9-17 所示。

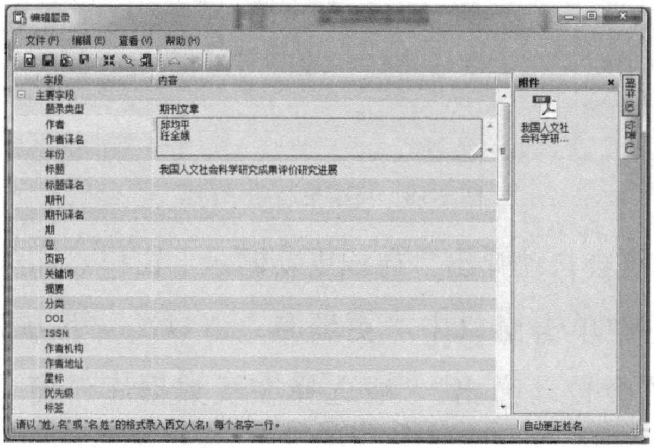

图 9-17　作者条目显示窗口

如果你拥有 CNKI 等数据库的使用权限，补全上面的题录信息也可由 NoteExpress 来自动完成。这个过程在 NoteExpress 中被称为“自动更新”。下面以其中的第 2 ～ 4 条题录为例进行介绍。用鼠标左键单击需要更新的第二条题录，然后用一只手按住 Shift 键，再用鼠标左键单击第四条题录。这样，就可以一次性选择以上三条题录。这时，三条题录区域都变成浅蓝色。在其中任意位置单击鼠标右键，窗口中就会出现一个下拉菜单；移动鼠标光标到其中的“在线更新（O）”条目区单击鼠标左键。在这个条目右侧又会弹出一个小菜单，继续移动鼠标光标到该下拉菜单中的“自动更新（A）...”条目上单击鼠标左键确定。如图 9-18 所示。

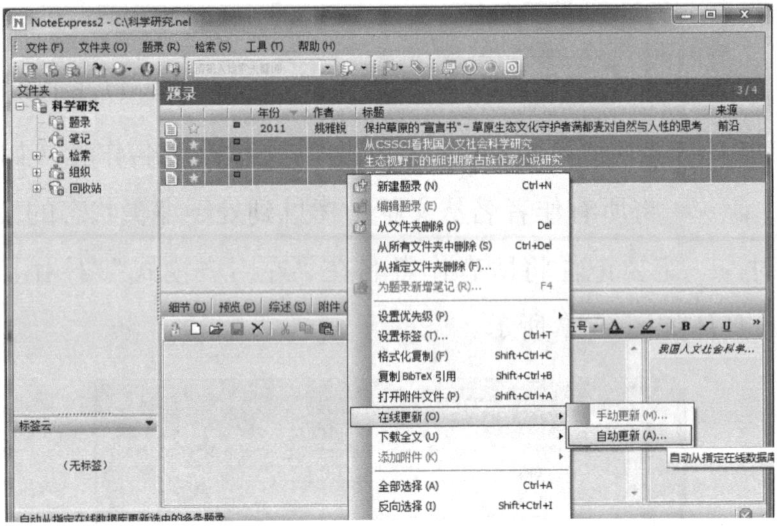

图 9-18　自动更新题录窗口

此后，系统会自动弹出“在线更新题录”窗口。如图 9-19 所示。

用鼠标左键单击窗口中“更新自：（U）”下方对话框右侧的...按钮，系统会自动弹出 “请选择在线数据库”窗口。如图 9-20 所示。

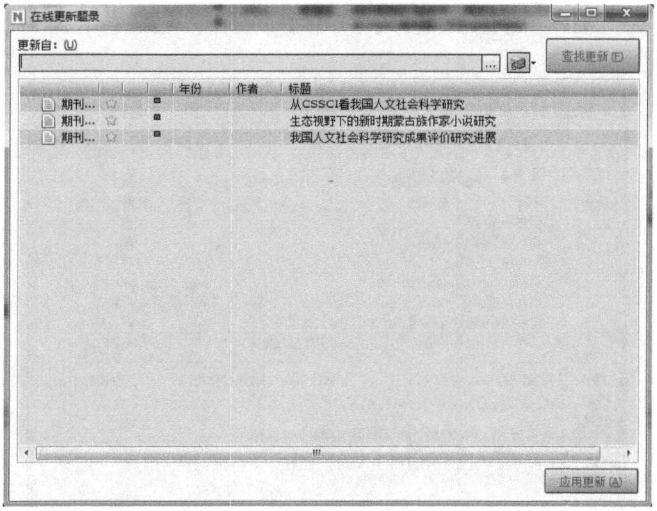

图 9-19　在线更新题录窗口

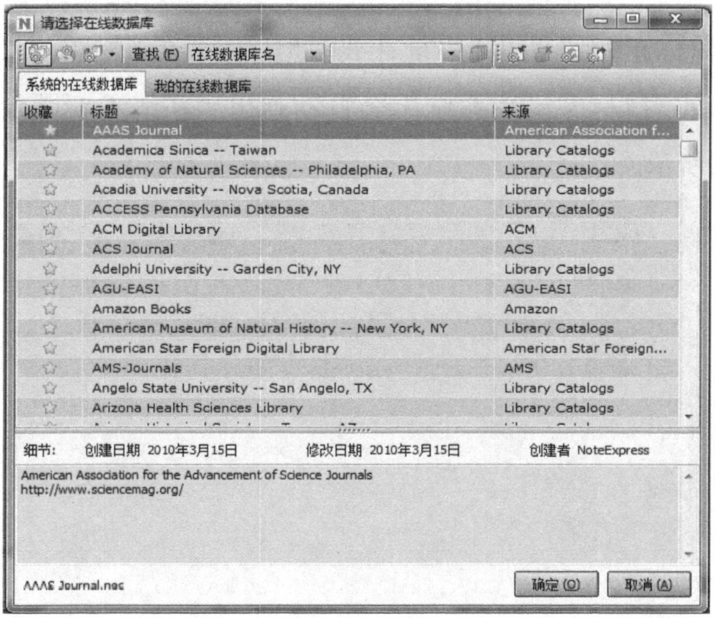

图 9-20　请选择在线数据库窗口

在“在线数据库名”后对话框中输入你选择的在线数据库名称（本例中是 CNKI）并按回车键确认后，窗口中“系统的在线数据库”信息框中就会出现相应的在线数据库名称。在本例中，列出的是 CNKI 旗下的“期刊”、“文献”和“博硕士论文”等子数据库名。如图 9-21 所示。

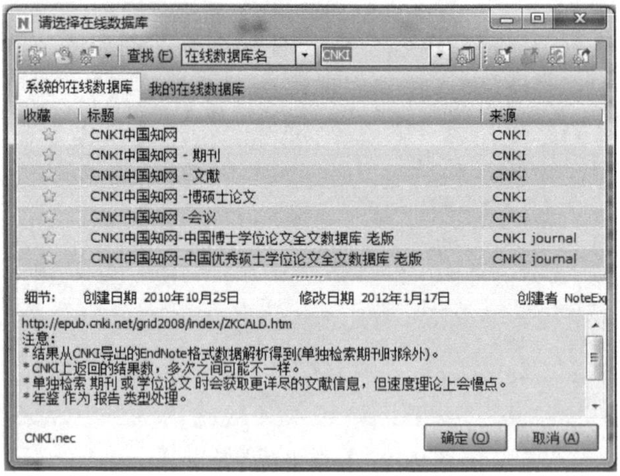

图 9-21　CNKI 在线数据库显示窗口

移动鼠标光标到 CNKI 系统在线数据库列表的第一项“CNKI 中国知网”，单击鼠标左键后系统中会自动弹出“在线更新题录”窗口。如图 9-22 所示。

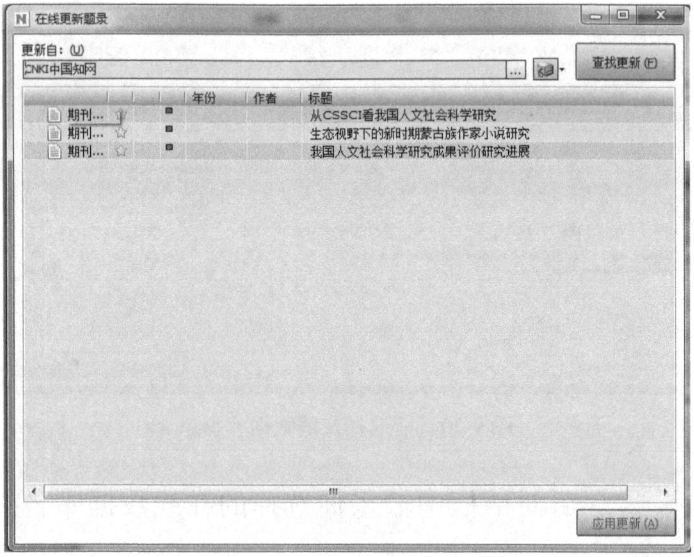

图 9-22　在线更新题录

用鼠标左键单击“在线更新题录”窗口右上角的查找更新(F)按钮，系统会自动联网 CNKI 数据库，查找并更新三条题录中的缺失信息。查找结果如随后的“在线更新题录”窗口所示。如图 9-23 所示。

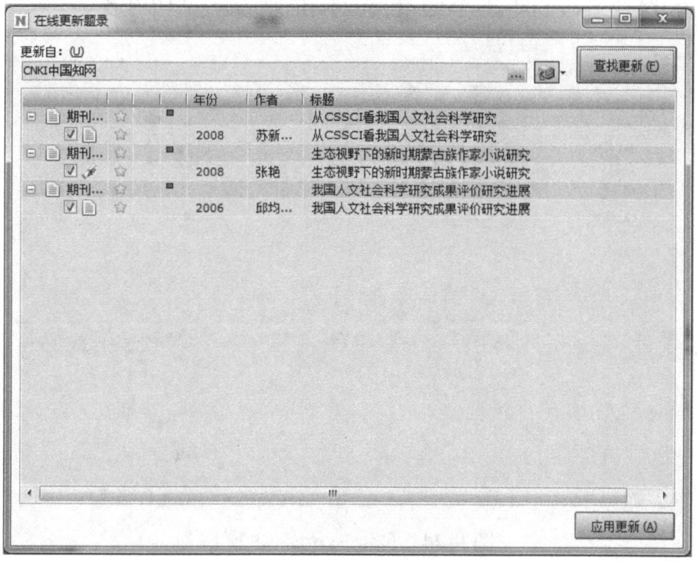

图 9-23　题录查找结果显示窗口

移动鼠标光标至窗口右下角的应用更新(A)按钮，单击鼠标左键。“在线更新题录”窗口消失，系统自动返回 NoteExpress 主窗口。此时，刚更新的三条“题录”的“年份”及“作者”等信息已经被补全。如图 9-24 所示。这里需要注意的是，第三条题录的对应文献最初是按“期刊文章”类型导入的，实质上，它是一篇硕士论文。在自动更新过程中，NoteExpress 可以自动更正此类错误。在题录信息框的最左侧文献类型图标就由原来的（期刊文章型）变成现在的（博硕士论文型）。

这里必须指出，要想让 NoteExpress 自动更新题录信息，导入文件的名称应与文献标题相同。但是，要注意标题中不能包含引号、星号等计算机中不能识别的符号，否则将无法自动更新。此外，由于 NoteExpress 的自身缺陷，所有由 CNKI 数据库更新的题录缺少“卷”

信息。目前，读者朋友们只有在自动更新后，采用前面介绍过的手动编辑题录信息的方法将其补全。另外，标题中如果有用上、下角标表示的内容，NoteExpress 也不能自动识别，也需要进行手工修正。希望 NoteExpress 的技术人员在不远的将来能解决这些问题。

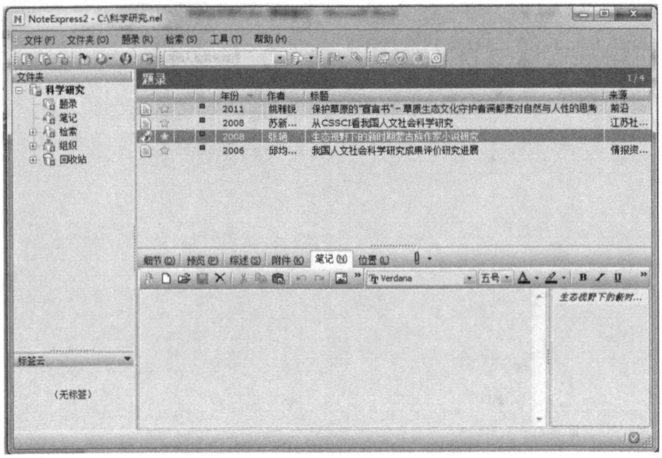

图 9-24　NoteExpress 主窗口

至此，通过手工导入已有文献和“自动更新”来建立 NoteExpress 数据库的工作已经完成。对于安装 2.9.8.5668 及以后版本的 NoteExpress 用户，以上过程可大幅缩减。新版本的 NoteExpress 已经可以自动在文件导入后从中抽取必要信息形成题录。然而，对于以图画形式保存（不包含文字信息）或加密的 pdf（文字信息无法提取）文件，读者朋友们仍需按上述步骤建立一条新题录。

如果读者朋友们是 CNKI、Springer 或 Elsevier 等知名在线数据库的集团用户，读者朋友们也可以采用下面介绍的第 3 步，直接从上述在线数据库中获取想要的题录，并下载全文。这是熟悉 NoteExpress 操作的用户查找文献、完善自建 NoteExpress 数据库的最常用方法。

3. 在线检索题录、下载全文

如前所述，如果您已经是 CNKI、Springer 或 Elsevier 等知名在线数据库的集团用户，请在计算机联网状态下打开 NoteExpress，并用鼠标左键单击 NoteExpress 主窗口左上角区的按钮。此后，NoteExpress 主窗口原有的题录信息框就会被如下所示的数据库列表对话框取代。如图 9-25 所示。在此后的任意时刻，NoteExpress 用户可以通过用鼠标左键再次单击按钮来返回至原有的题录对话框。

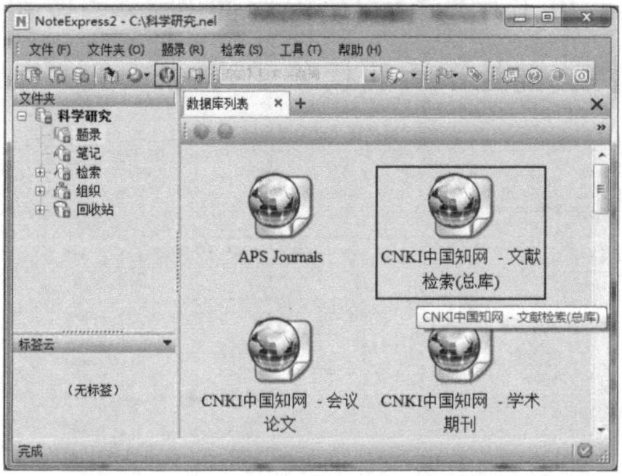

图 9-25　数据库列表对话框

在上述“数据库列表”对话框中用鼠标左键单击其中的在线数据库图标（此处以 CNKI 中国知网 - 文献检索（总库）为例介绍），NoteExpress 主窗口中就会出现相应的在线数据库检索页面。如图 9-26 所示。

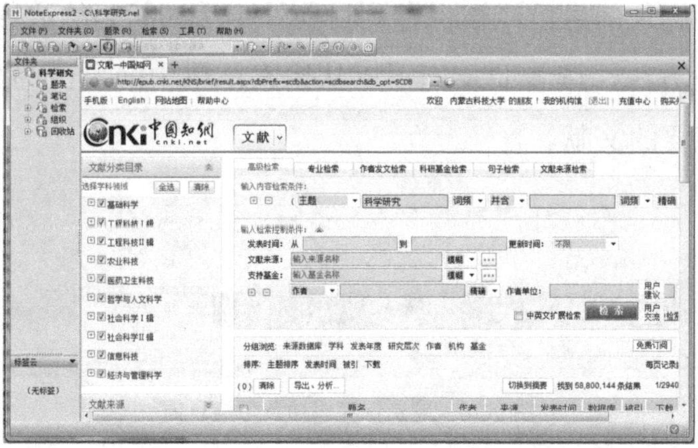

图 9-26　CNKI 中国知网在线数据库检索页面

在其中输入内容检索条件:下备选框中选择相应的检索条件，本例选择了“主题”并以“科学研究”作为检索主题词，然后用鼠标左键单击位于检索页面右下方的检索按钮。随后，在中国知网检索窗中就会出现相应的检索结果。每一条检索结果后，如果有按钮，就说明NoteExpress可以识别相应文献的题录信息。如图9-27所示。在这种情况下，用鼠标左键单击相应检索结果后面的按钮，就可将相应题录信息自动保存在**当前处于活动状态**①的数据库的“题录”中。

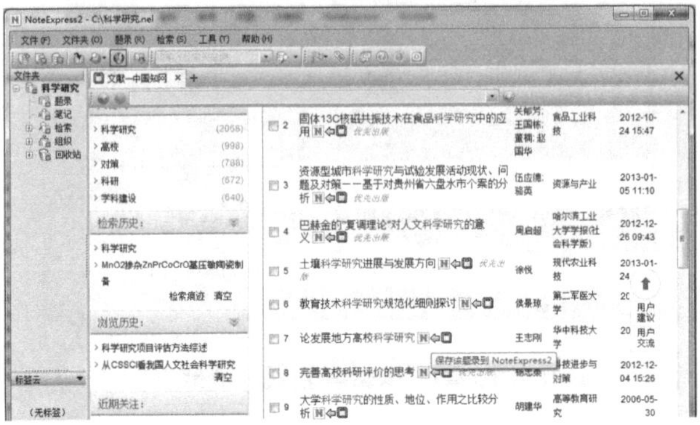

图9-27　CNKI中国知网在线数据库检索结果显示窗口

在稍等一段时间后，检索窗的下部就会出现一个黑色“保存了1条题录到NoteExpress2”条形信息窗口，如图9-28所示。这表明，所选择的文献题录信息已经被保存到目前处于活动状态的数据库题录中。按照上面的方法，读者朋友们可以从检索结果中向自己的数据库任意添加自己想要的文献。

图9-28　题录保存成功条形信息框

① 即窗口左侧边栏中“题录”二字背景为浅蓝色的数据库。这一点在同时为多个数据库查找文献时特别重要。

令人欣慰的是，目前 NoteExpress 的最新版已经可以深度兼容 Web of Knowledge、Springer、ScienceDirect、EBSCO 或 Elsevier 等主流英文文献数据库。读者朋友们可以按上面以 CNKI 数据库为例介绍的方法从中检索并保存文献题录信息到自己的文献数据库中。稍显遗憾的是，与上面介绍的在 CNKI 中检索情况类似，NoteExpress 同样不能识别英文文献标题中的上、下角标内容。同时，NoteExpress 对大部分期刊中的卷、期等信息的识别也存在类似问题。所以，读者朋友们在检索后需手工修正上述内容。对于这些不足，同样也希望 NoteExpress 技术人员在不久的将来做出修正。

用鼠标左键单击检索窗口上部的按钮后，可返回 NoteExpress 主窗口。可以看到，刚才添加的文献信息已经出现在题录信息框中。如图 9-29 所示。

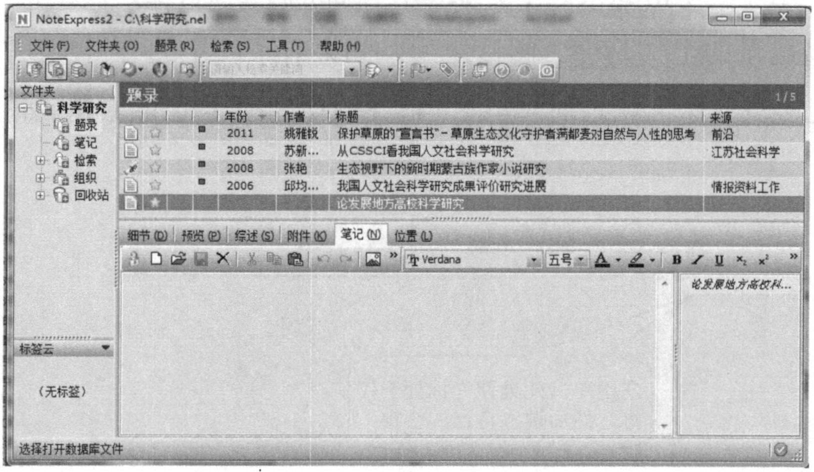

图 9-29　NoteExpress 主窗口

此时，该题录中还没有相应的文献附件。读者朋友们可以移动鼠标光标至该题录上，单击鼠标右键，并在随后弹出的操作选项窗口中选择（鼠标左键单击）下载全文(U)，并在继续弹出的下拉菜单中用左键单击选择全文数据库(S)...。此后，读者朋友只需参照前面介绍过的“在线更新题录”

方法，就可以完成该文献原文文件的下载。下载了全文后，表征题录“年份”纵列的左边就会出现一个 ■ 标识。如图 9-30 所示。

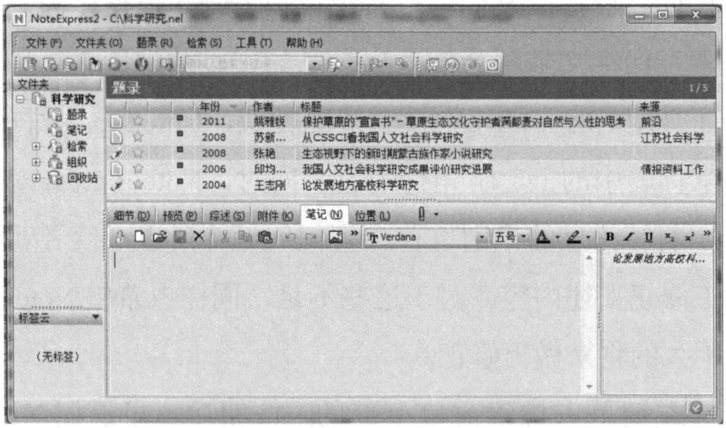

图 9-30　下载成功后 NoteExpress 主窗口

对于已经有全文附件的题录，读者可通过单击鼠标左键来选中它，再继续用左键单击题录区下方菜单栏中部的（附件）按钮就可以打开相应题录的全文附件。阅读之后，如果有了一定的心得想法，就可以在已经处于激活状态的“笔记”信息框中记录下自己的心得。如图 9-31 所示。

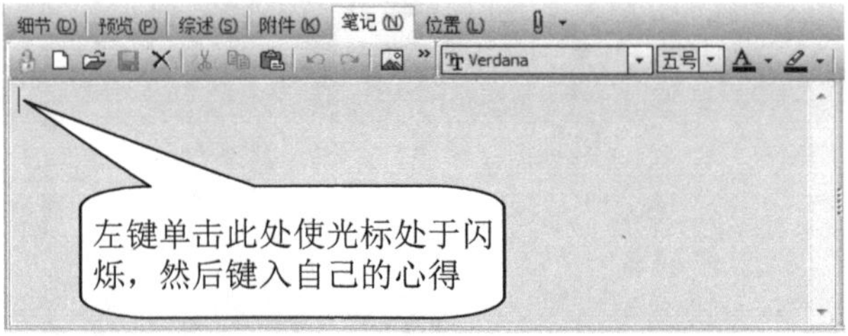

图 9-31　笔记信息框

在这个“笔记”编辑区的上方，读者朋友们会发现如下所示的一排按钮。这些按钮的样子与功能均与 Word 中的类似，读者朋友可参照使用 Word 相应功能按钮的习惯来编辑刚键入的笔记文本的颜色、字体、文字背景和上下标等格式。如图 9-32 所示。

图 9-32　笔记编辑工具栏

编辑完成后，用鼠标左键单击上面按钮条中的按钮，来保存笔记。此后，在该题录中表示附件的红色小块旁，就会出现一个粉色的小方块。具体如图 9-33 所示。

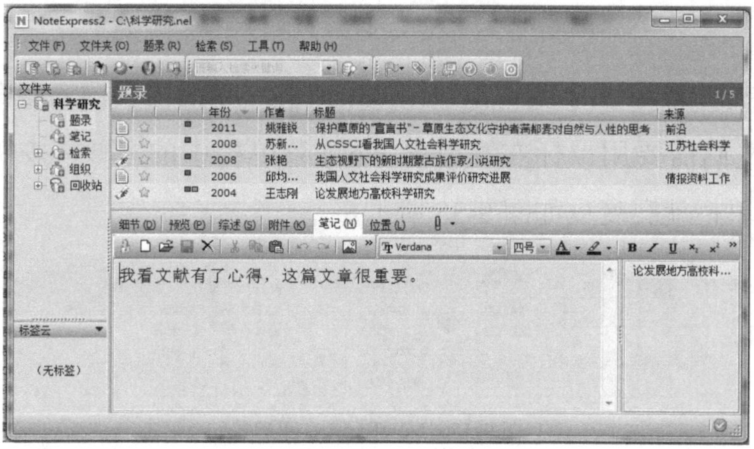

图 9-33　笔记显示窗口

只要在题录中有这个小粉色方块，就代表相应的题录已有笔记。使用 NoteExpress 的“笔记”功能后，我们就再也不用为某一篇文献单独建立一个 Word 文件来保存阅读心得。同时，也无需关心要在哪保存或查找这个“心得”文件。当与研究相关文献较少时，文献及笔记的管理并不是严重的问题。然而，随着研究的深入，研究本身及相应的文献笔记都需要分类管理，如果不借助 NoteExpress，这绝对是令所有研究者头痛的问题。使用 NoteExpress 建立自己的文献数据库，并用它来管理相应文献、笔记，上述问题均可迎刃而解。至此，解决科技论文中参考文献正确录入问题的基础工作全部结束。下面介绍如何在论文中利用 NoteExpress 插入参考文献。

9.2.2 完成参考文献录入

在计算机上安装了 NoteExpress 后，就会在 Word[①]软件中自动安装 NoteExpress 插件。此后，Word 再启动后，在其菜单栏右侧就会出现相应的 NoteExpress 菜单选项。具体如图 9-34 所示。

图 9-34　安装 NoteExpress 后的 Word 菜单

如果在 Word 文字编辑窗口键入了一些文字后需要插入参考文献，读者朋友们需要用鼠标左键单击 Word 菜单栏中的 NoteExpress 按钮，这时 Word 菜单栏就会变成如图 9-35 所示。

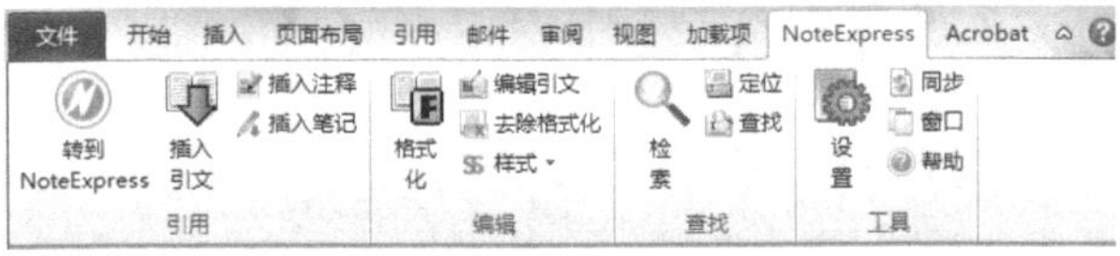

图 9-35　NoteExpress 菜单栏

用鼠标左键单击其中的按钮，就会让计算机启动或转换到已经启动的 NoteExpress 程序主界面。这时，用鼠标左键在题录区单击想要插入的题录，使相应题录背景变成蓝色，具体如图 9-36 所示。

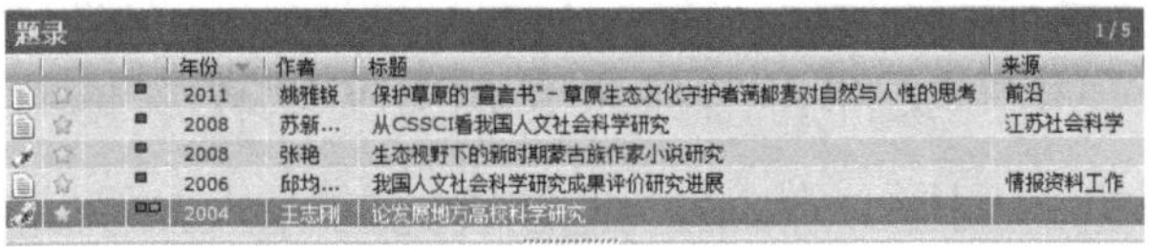

图 9-36　插入题录窗口

然后，返回至 Word 编辑窗口，在 NoteExpress 菜单栏中用鼠标左键单击插入引文按钮，就可将刚才在 NoteExpress 中选择的文献题录插入到 Word 窗口光标所处的位置。具体如图 9-37 所示。

① 在这里以 Word 2010 为例。

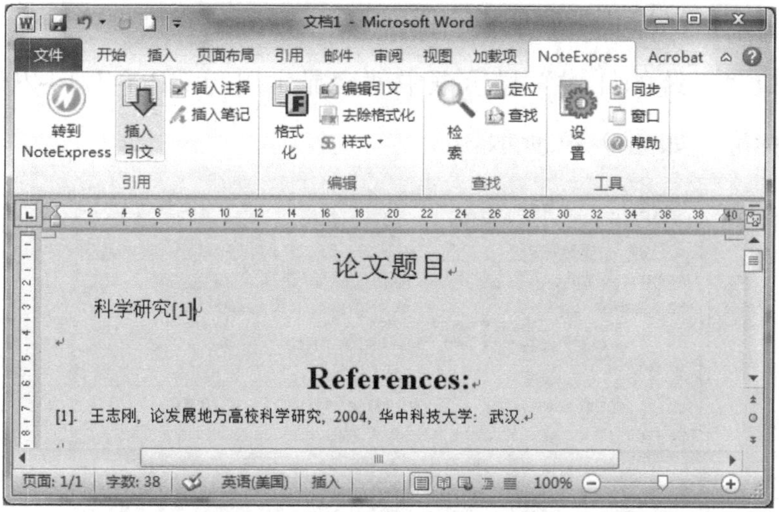

图 9-37　使用 NoteExpress 插入文献后 Word 编辑窗口

在 NoteExpress 初始设置条件下，参考文献最终的格式不符合国内大多数期刊所要求的 GB/T-7714-2005 标准。为了使插入的参考文献格式与之相符，只需用鼠标左键单击上面提到的 NoteExpress 菜单栏中的 样式 ，并在弹出的下拉菜单中用左键单击 选择其它样式... 。系统就会弹出“请选择样式”对话窗口。如图 9-38 所示。

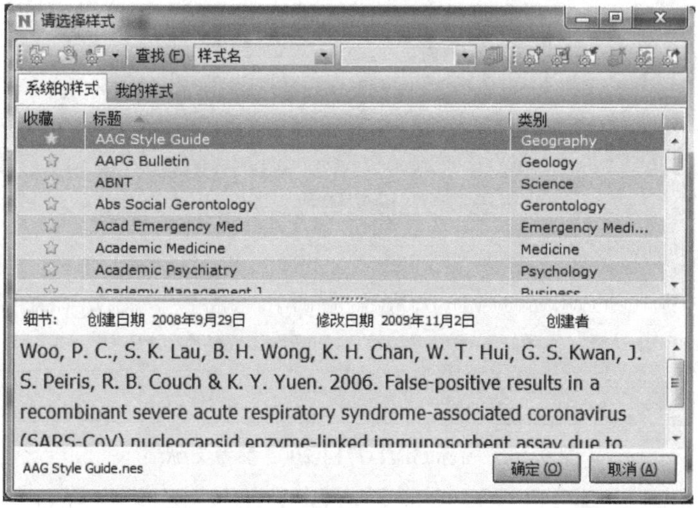

图 9-38　请选择样式对话窗口

在“请选择样式”对话窗口

后面的查询框中输入 GB 后，上述窗口“系统的样式”显示框中就会显示出与 GB/T-7714-2005 相关的两个标准。如图 9-39 所示。

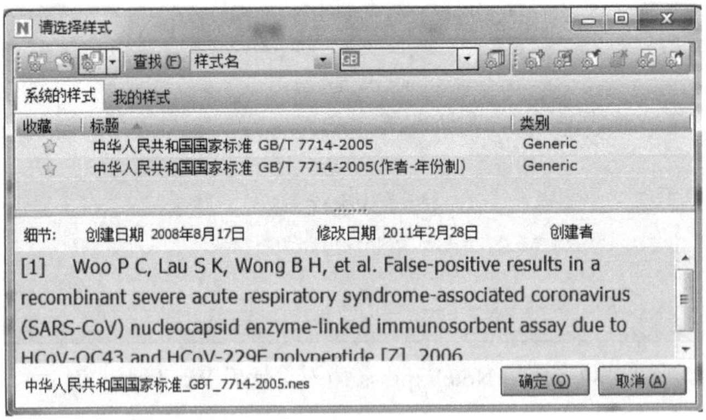

图 9-39 系统样式显示框

通常，我们选择第一个。然后，再用鼠标左键单击该窗口右下角的

按钮。这样，在论文中插入的参考文献就会自动变成 GB/T-7714-2005 要求的格式。具体如图 9-40 所示。

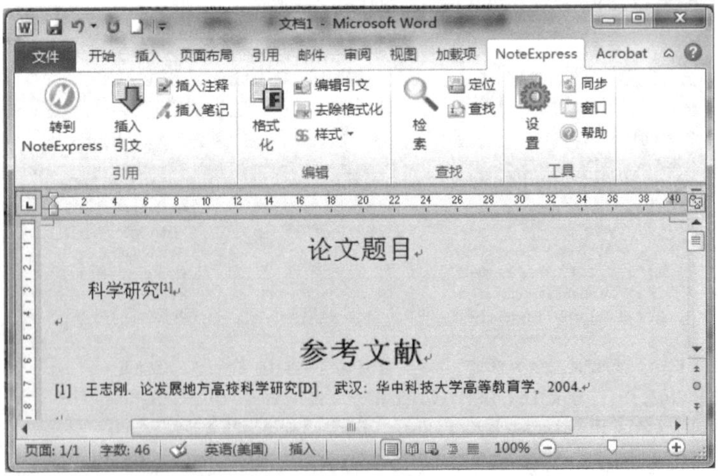

图 9-40 国标 GB/T-7714-2005 参考文献显示

此后，如果需要在上一个文献插入点之前插入另外一条文献，

NoteExpress 会自动调整已插入文献的序号，完全无需人工干预。如图 9-41 所示。

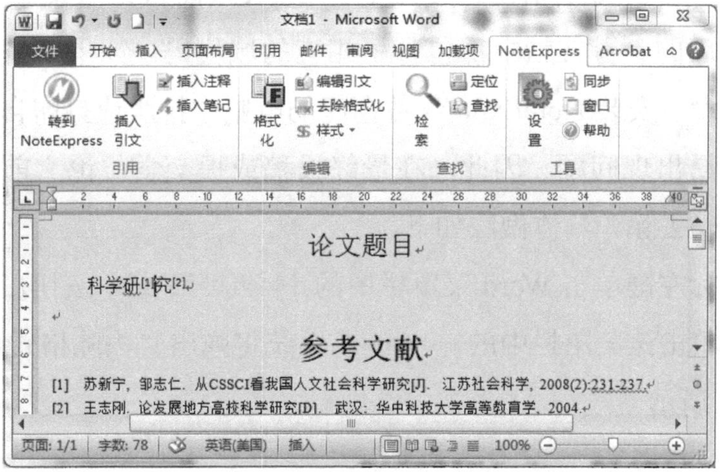

图 9-41　多条文献插入结果

使用 NoteExpress 录入参考文献的另外一个好处是当我们需要在小论文的基础上写毕业学位论文或需要将修改后的文章改投其他期刊时，我们可以按上面介绍的选择参考文献样式的步骤，在 NoteExpress 样式库中选择自己学校或目标期刊的样式。这样就可以一次性完成所有参考文献格式的转换。

这样，按照如上介绍的三个步骤，就可以将论文写作过程中原本复杂且非常容易出现问题的参考文献录入工作变成一件十分轻松的工作。需要指出的是，利用 NoteExpress 录入文献必须以平时详细的数据库建立和维护为基础。然而，在这方面花费的时间与精力，与数据库一旦建立后，NoteExpress 所带来的管理文献及笔记和写作论文时录入文献的高效和轻松相比，立刻就会显得非常渺小。正如古人所言，“工欲善其事，必先利其器”。NoteExpress 就是我国科技人员撰写论文及进行科学研究时可放心依赖的一件利器。它能让我们的研究工作事半功倍。因此，笔者在这里强烈建议每一位读者熟练地应用这个软件。

此外，需要特别指出，使用 NoteExpress 插入参考文献后，Word 正文及最后的参考文献中都包含了相应的域代码。如果不将其去除，当我们在没有安装 NoteExpress 数据库的电脑中排版或打印自己的文章时，很容易出现问题。因此，在最终投稿或提交学位论文前，需要将上述域代码去除。具体做法如下。

用鼠标左键单击 Word 菜单栏中的 NoteExpress 菜单按钮，然后再用鼠标左键单击该菜单栏中的去除格式化。系统将弹出“去除格式化”窗口。如图 9-42 所示。

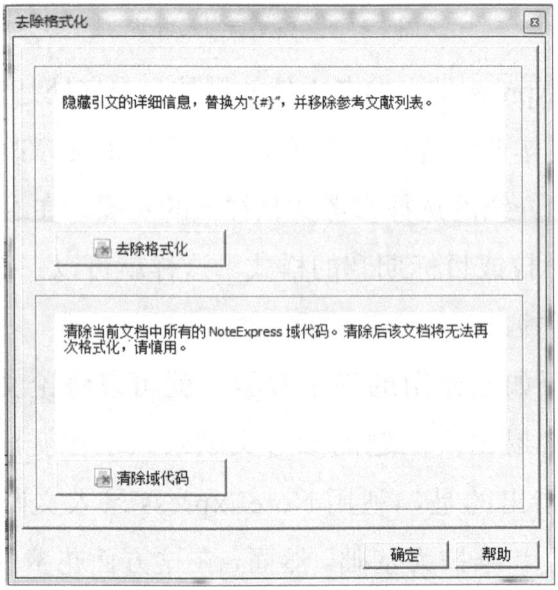

图 9-42　去除格式化窗口

用鼠标左键单击其中的清除域代码按钮。此时，系统会自动弹出一个“警告”对话框，告知用户“清除域代码后您将不能再对该文档进行格式化”。如图 9-43 所示。再用鼠标左键单击其中的确定按钮后，就可以去除正文及参考文献中包含的域代码。

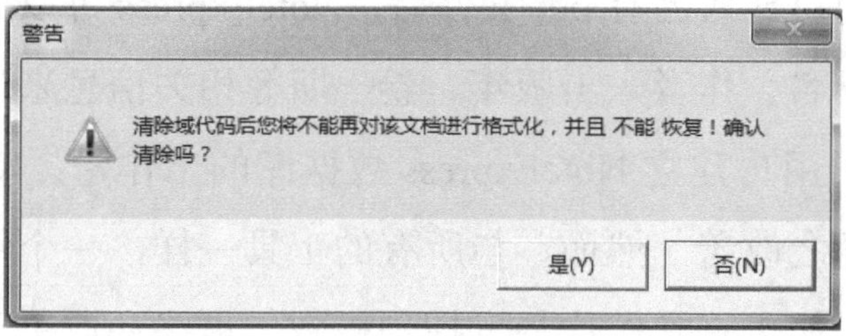

图 9-43　警告对话框

在这里特别需要注意，域代码一旦去除，我们就不能再利用 NoteExpress 改变论文中参考文献的格式。在文中某处插入参考文献后，NoteExpress 也不再具有自动调整文献序号的功能，而会形成新的参考文献。因此，在这里强烈建议读者朋友们在去除域代码之前，都要利用 Word 自身的“另存为”功能，保留一个包含域代码的副本文件。这样，将来一旦有需要，我们就可以在这个副本文件的基础上，在 NoteExpress 辅助下快速完成文件的修改。

最后，还需特别指出，利用 NoteExpress 写作论文的过程实质上也是检验 NoteExpress 数据库是否标准的过程。我们在建立数据库时，经常会出现一些失误，例如，从文献资料中拷贝的标题中含有回车符、标题中包含多余空格或缺失卷或期信息等。NoteExpress 数据库未达到标准前，写作过程中利用 NoteExpress 插入文献的格式同样不会达标。因此，读者朋友们在写作论文时，要经常检查插入的文献是否标准。如发现问题，必须在 NoteExpress 中做相应修正。然后，再返回至 Word 文档，用鼠标左键单击 NoteExpress 菜单栏“工具”功能区中的同步，参考文献中的问题就会随之被修正。

NoteExpress 的参考文献辅助录入功能仅是其众多优秀功能中的一项。实质上，NoteExpress 的核心功能还在于它能帮助用户实现海量文献的科学、高效管理和以此为基础的高效利用。尤其是 2.9.8.5668 版推出后，在用户导入已有 pdf 文件后，NoteExpress 可以通过自动智能分析文件中题名、作者、出版年、卷、期等相关信息来形成题录，从而大幅减轻了用户建立 NoteExpress 数据库的工作量，NoteExpress 的用户体验也随之改善。然而，与所有的工具一样，一个用户能否用好 NoteExpress、能否将它的优势发挥到极致，最终还取决于用户本身。笔者衷心希望本书的每一位读者可以学好、用好 NoteExpress，真正将它为己所用！

9.3 小结

参考文献录入样式是否标准是决定科技论文是否能通过评审的重要因素之一。各期刊对参考文献录入样式要求不一。根据各期刊的要求手工录入参考文献不但耗时、繁琐，而且容易出错。国内知名文献管理软件 NoteExpress 可帮助读者朋友们彻底解决参考文献难以准确录入的难题。要达到这一目的，读者朋友们需要在研究和写作之余，花一定时间和精力利用 NoteExpress 建立自己的文献数据库。在这一前提下，读者朋友们便可以利用 NoteExpress 轻松且准确地录入参考文献。更为重要的是，NoteExpress 可以让文献管理、利用和以此为基础的科学研究变得更加井井有条和高效。

第 10 章　科技论文编辑实用技巧

提示： 正所谓人靠衣装，马靠鞍。好的科技论文在拥有高质量内容的同时，还需要具备合乎规范的外表。许多研究者在论文的目录、排版、图表形式及尺寸、段落缩进等方面经常出问题。然而这些表观问题不需要任何专业知识。因此，论文是否符合以上表观要求就成为许多评审者在评审非本专业论文时的主要参考。每一位读者朋友均应对此予以足够的重视。为此，读者需要掌握一定的编辑技巧，它们是“制作”外表合乎规范的科技论文的必要基础与工具。

笔者在本书第一章中曾指出，读者朋友们要严格按照期刊或学位论文的模板来用心撰写科技论文。然而，并不是每个期刊或学校都能够提供涵盖科技论文编辑所有方面的模板。同时，模板文件也不会告诉读者朋友们如何进行编辑。因此，每个研究者都需要掌握必要的科技论文编辑技巧。这是一个合格的研究者所必须具备的一项能力。这些科技论文撰写和编辑技巧是本章介绍的主要内容。考虑到论文编辑软件的普及性及其时效性，本章中涉及的所有实例均以 Word 2010 为例进行介绍。使用 Word 2003、Word 2007 及 Word 2013 的用户均可参照执行。毕竟，微软在变更 Word 版本时，已经充分考虑到新老用户的使用习惯。因此，不同版本的 Word 软件在编辑菜单操作方面存在着极大的相似性。使用国产软件 WPS 的用户也可以参照执行。为了争夺 Word 用户，金山公司的技术人员在设计 WPS 操作界面时也充分考虑了 Word 用户的操作习惯。因此，WPS 的使用基本上与 Word 相同。最后，特别需要说明，本章内容主要针对不太熟悉 Word 基本操作的读者朋友。在这方面已经是高手的读者朋友可直接跳过本章内容。

10.1 自动生成目录

一个整齐、准确的目录无疑会给学位论文的评审专家留下美好的第一印象。根据论文主体内容，手工输入各章节的标题及相应的页码并根据要求调整所需的字体及字号是制作论文目录的最基本方法。然而，这种方法不但费时、费力，而且还容易出错。一旦论文主体有改动后，就需要人工修改目录中的相应内容。在现有学位论文模板中，通常也只会给出对目录中一级标题、二级标题字体、字号和缩进等方面的要求。然而，这些要求还不足以让大家制作出合乎规范的学位论文目录。下面，就为大家介绍在学位论文写作过程中自动生成目录的方法。

（1）为了让 Word 为我们自动生成目录，在论文写作过程中，需要使用 Word“样式”工具中的标题 1、标题 2 和标题 3 来设置各章节标题。如图 10-1 所示。这是 Word 自动生成目录的基础。

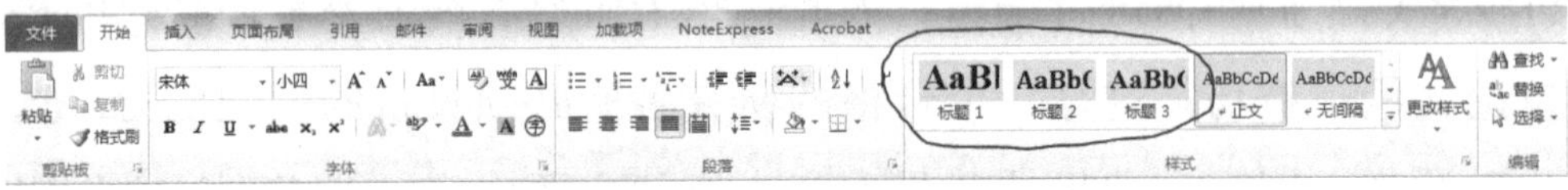

图 10-1 包含样式的 Word 初始菜单栏

具体的做法是：选中标题文字，然后在样式菜单中用鼠标左键单击其中的、或按钮，来将相应标题设置成标题 1、标题 2 或标题 3。

（2）将鼠标光标置于需要插入目录的地方。汉语学位论文是在英文摘要后的第一个空白页插入目录。

（3）在 Word 初始菜单栏中用鼠标左键单击“引用”（图 10-2）。

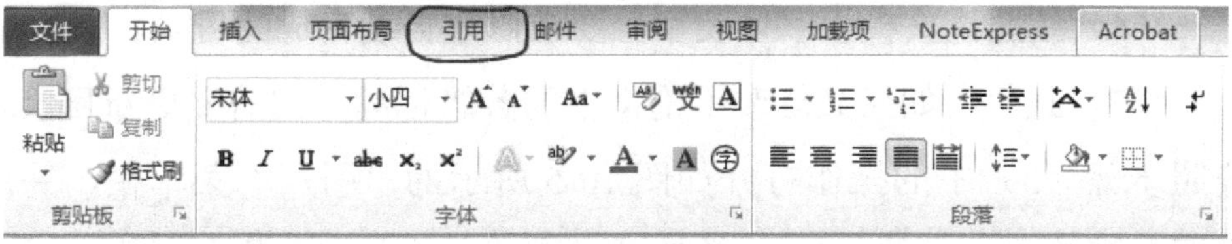

图 10-2　“引用”在 Word 初始菜单栏中的位置

此后，Word 初始菜单栏就会变成（图 10-3）：

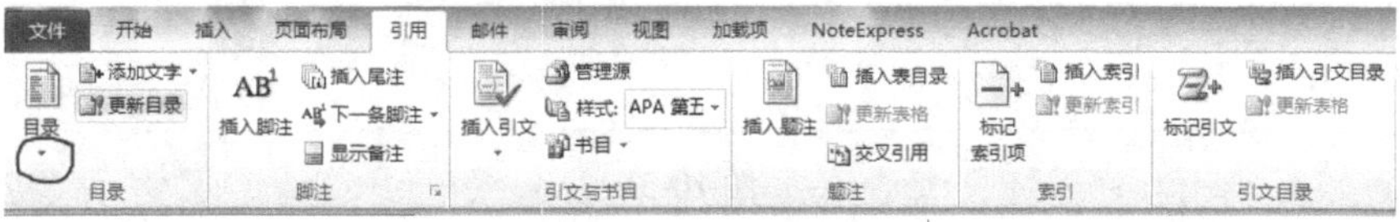

图 10-3　“引用”菜单栏

用鼠标左键单击“目录”按钮中的 ▾。然后，在弹出的如下小窗口中用鼠标左键单击其中的“自动目录 1”后，再继续用鼠标左键单击位于其下部的 插入目录(I)... 按钮。弹出的系统内置插入题录下拉菜单如图 10-4 所示。

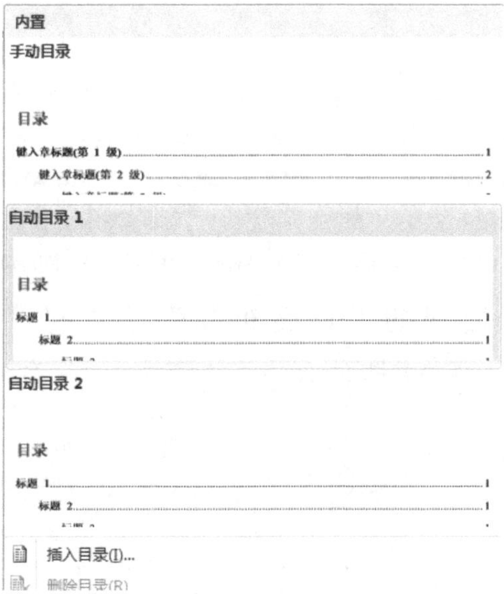

图 10-4　系统内置插入题录下拉菜单

（4）按照论文模板字体及字号要求修改自动自成的目录。

（5）此后，如果又修改了论文中的各级标题，则需要更新目录。按照步骤（3）中的操作打开如图 10-5 所示的“引用”菜单栏，并用鼠标左键单击其中的更新目录按钮即可完成整个目录的更新。更新后，还需要重复步骤（4），来修改目录的字体和字号。

图 10-5

10.2 如何在一页内实现不分栏与分双栏混排

许多汉语期刊要求论文从标题到关键词采用“不分栏”模式排版，此后又要求分两栏。实现这种效果的步骤如下：

（1）将鼠标光标置于需要分栏的开始点上（如上文所述的关键词之后），在 Word 初始菜单中用鼠标左键单击其中的页面布局菜单项（图 10-6）。

图 10-6 “页面布局”在 Word 初始菜单栏中的位置

（2）在随后出现的“页面布局”菜单栏（图 10-7）中用鼠标左键单击其中的分隔符按钮。

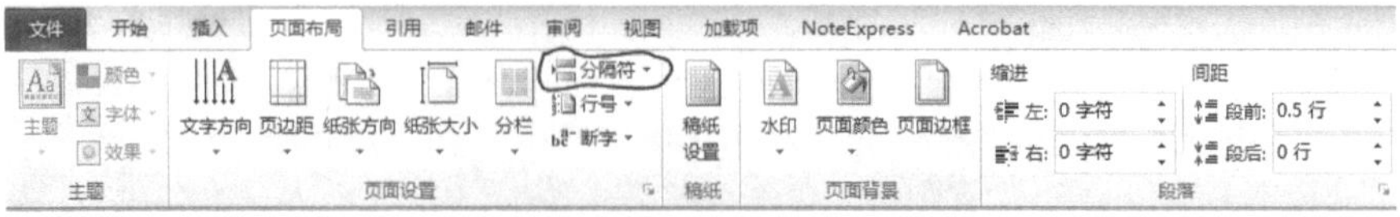

图 10-7 “页面布局”菜单栏

（3）在随后弹出“分页符”下拉菜单（图 10-8）中，用鼠标左键单击“分节符”部分中的

按钮。

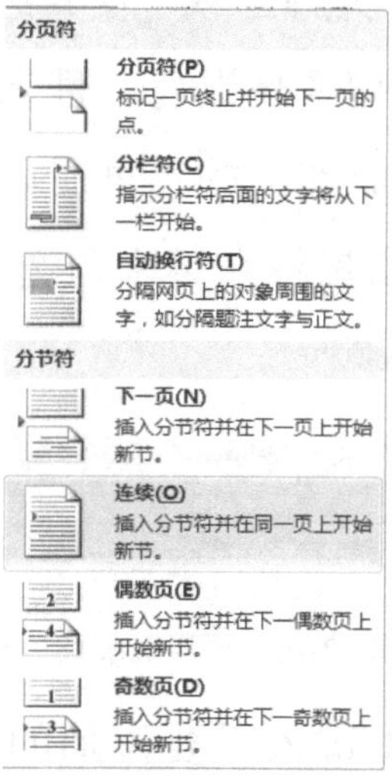

图 10-8　“分页符”下拉菜单

（4）用鼠标左键单击如图 10-7 所示的“页面布局”菜单栏中的分栏按钮，然后在弹出的下拉菜单中通过单击鼠标左键来选择。

这样，就将分节符之后的论文页面布局调整为分两栏显示。

10.3　如何在期刊论文第一页页脚中插入一条短横线、作者简介及基金号等

期刊论文中常要求在论文第一页的页脚中显示上述内容，并要达到下面的效果（图 10-9）。注意：其中的横线是从左向右贯穿整个页脚区。

图 10-9　期刊论文要求的作者简介、联系方式和基金号录入方式

为达到上述效果，具体的操作步骤如下：

（1）用鼠标左键双击页脚区域，使其进入可编辑状态。（这时，正文编辑区变成灰色，页脚区是黑色，且光标在页脚区闪烁。）位于显示器最上方的菜单栏变成如下的“页眉和页脚工具”菜单栏状态，如图 10-10 所示。通过单击鼠标左键来勾选图中线圈中的 ☐ 首页不同 中左侧的小方框，使其变成 ☑ 首页不同 。

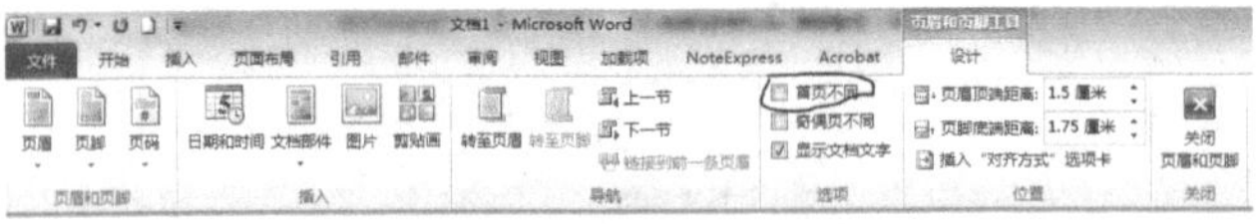

图 10-10　页眉页脚菜单栏

（2）在页脚编辑区中键入需要添加的如作者简介、联系方式及基金号等内容，然后用鼠标将它们全部选中（也可用 Ctrl+A 组合键来实现）。

（3）用鼠标左键单击上述菜单栏中左上角的 开始 ，使菜单栏回到 Word 默认的“开始”状态；然后用鼠标左键单击“段落”选项区右下角 ⊞ 按钮右侧的下拉菜单弹出按钮 ▾ ，具体如图 10-11 所示。

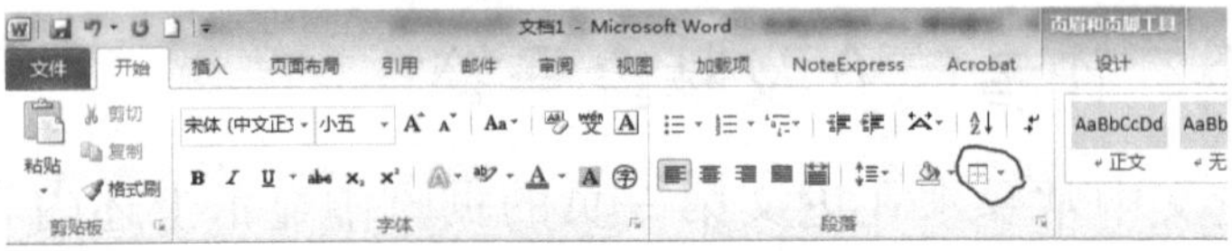

图 10-11　框线按钮在“开始”菜单栏中的位置

（4）在弹出的边框线菜单中，用左键单击其中的 ⊞ 上框线(P) 按钮，即可在页脚文字上方添加一条贯穿页面版心左右的横线。

如果需要添加的内容不在页脚区，而在页面版心底部，这时，其中的横线并不是贯穿版心左右，具体如图 10-12 所示。

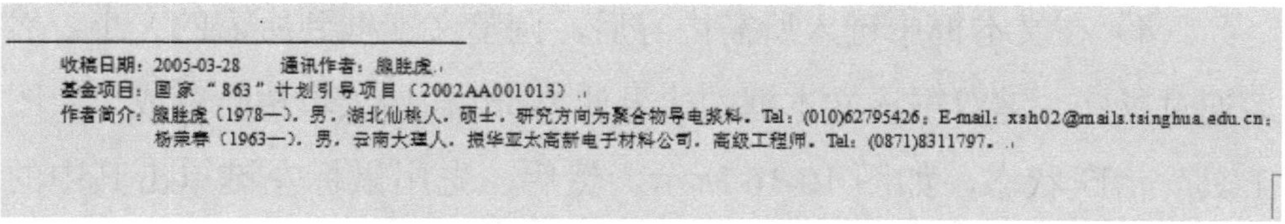
收稿日期：2005-03-28　　通讯作者：臧胜虎．
基金项目：国家“863”计划引导项目（2002AA001013）．
作者简介：臧胜虎（1978—），男，湖北仙桃人，硕士，研究方向为聚合物导电浆料．Tel：(010)62795426；E-mail：xsh02@mails.tsinghua.edu.cn；
杨荣春（1963—），男，云南大理人，振华亚太高新电子材料公司，高级工程师．Tel：(0871)8311797．

图 10-12　收稿信息等在页面底部的插入状态

这种情况下，我们要想达到上述效果，具体操作步骤包括：

（1）在如图 10-13 所示的初始菜单栏中，用鼠标左键单击 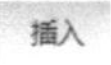。

图 10-13　“插入”在 Word 初始菜单栏中的位置

（2）菜单栏将显示出“插入”菜单栏中包含的所有选项按钮，如图 10-14 所示。用鼠标左键单击其中的文本框  按钮。

图 10-14　“插入”菜单栏

（3）在随后弹出的“内置”下拉菜单（图 10-15）中，通过单击鼠标左键来选中其中的简单文本框。

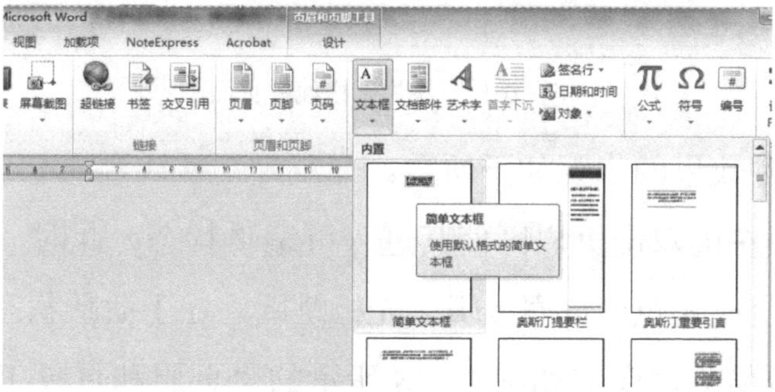

图 10-15　“内置”下拉菜单

（4）在文本框中键入所需内容后，调整文本框到所需的大小。然后通过鼠标左键双击该文本框的边界使 Word 初始菜单栏转变成“绘图工具”活跃状态，如图 10-16 所示。然后，先用鼠标左键单击其中的形状填充按钮，然后再进一步选择其中的无填充颜色(N)；再用鼠标左键单击其中的形状轮廓按钮，并通过单击鼠标左键选择其中的无轮廓(N)按钮。

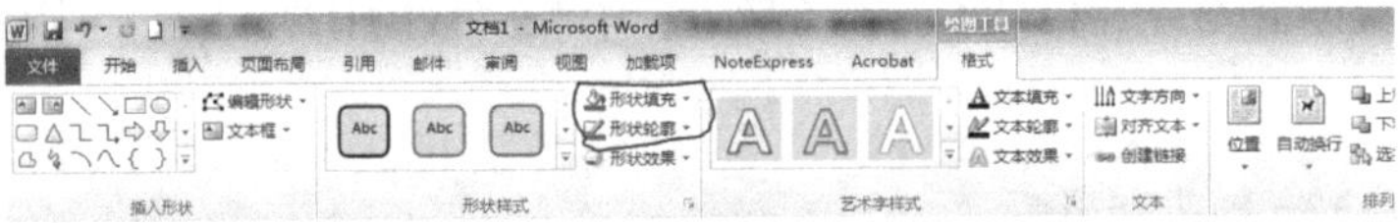

图 10-16　“绘图工具”菜单栏

（5）用鼠标左键单击“绘图工具”菜单栏左侧的“插入形状”选项区中的＼按钮在该文本框中插入想要的直线。直线的粗细可通过鼠标左键双击该直线，然后在如上所示的图中，用鼠标左键单击形状轮廓按钮来做相应的调整。

10.4　在页眉中添加横线

许多学校的毕业论文要求在每一章的页眉中写出章节的名称，并需要在名称下方添加一条上细下粗的实线。具体效果如图 10-17 所示。

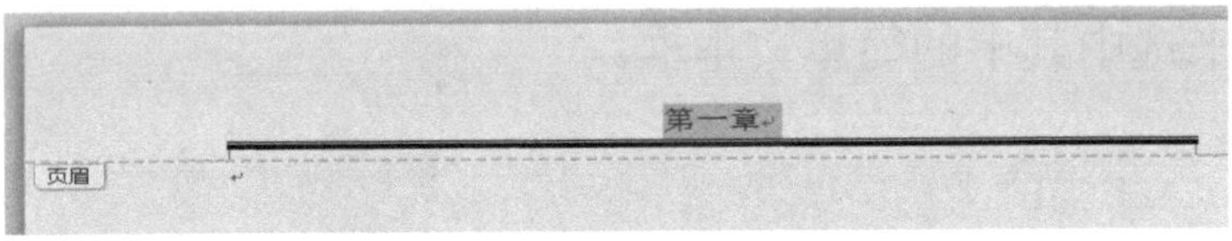

图 10-17　添加了横线的页面

实现这种效果的步骤如下所示。

（1）用左键双击页眉区使其进入可编辑状态。此时，整个页面编辑区的文字变成灰色，页眉编辑区光标跳跃，处于活跃状态。相应的，Word 的初始菜单栏变成如图 10-18 所示的“页眉和页脚工具”编辑状态。然后，用鼠标左键单击其中用线圈出的按钮中右侧的按钮（图

10-18）；然后在弹出的下拉菜单中选择底部的 边框和底纹(O)... 选项。

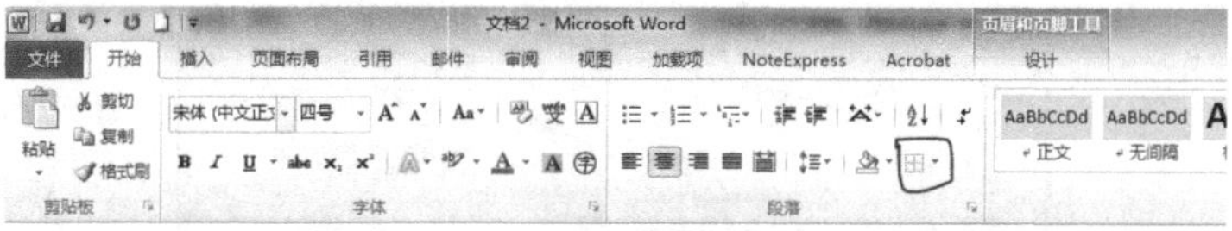

图 10-18　“页眉和页脚工具”菜单栏

（2）系统随后弹出的“边框和底纹”对话框如图 10-19 所示。

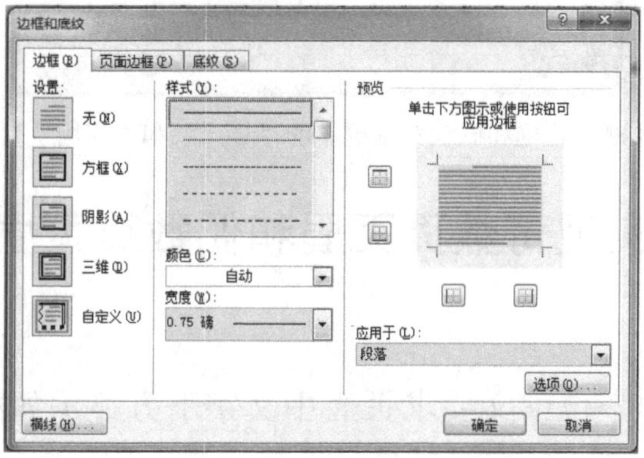

图 10-19　“边框和底纹”对话框

（3）用鼠标左键单击“边框和底纹”窗口右上角中的 页面边框(P) 按钮。该窗口变成如图 10-20 所示的状态。然后，在其中的“样式（Y）：”选项区选择如图 10-20 所示的线型（由上细下粗两根线组成），再在其中的“预览”区用鼠标左键单击按钮，使预览区中下部出现刚才在样式区选择的“上细下粗”线；另外，还需在其中的 应用于(L): 区，用鼠标左键单击其右侧的向下的按钮，并在弹出的下拉菜单中选择适用于“本节”。最后，单击该对话框底部的 确定 按钮。这样，就将页眉区设置成论文要求的效果。

注意，本步骤中，在 应用于(L): 区选择“本节”非常必要。在此基础上，在结束每一章撰写之前，都要记住在该章结尾处插入“下一页”分节符。如果不这样做，读者朋友们就会发现，在学位论文的第一页的页眉中，同样会出现出上所述的黑色双实线。所有毕业论文均不允许这种情况出现。

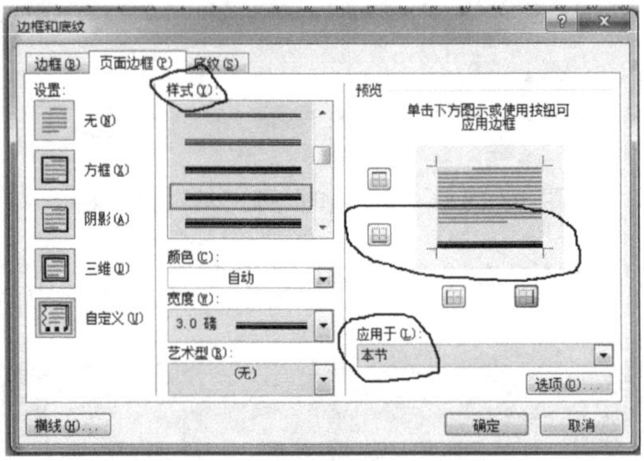

图 10-20 边框和底纹对话框中的“样式”和“应用于”选项

10.5 如何实现奇数页页眉和偶数页页眉中显示内容不同

许多大学的学位论文要求页眉中文字下方显示如前节所示的黑色双实线。此外，还要求奇数页页眉中显示相应的章节题目，而在相应的偶数页眉中显示某某大学本科/硕士/博士论文。这种显示效果可以通过以下几个步骤实现。

（1）用鼠标左键双击页眉区域使其处于可编辑状态。这时，Word 初始菜单栏变成如图 10-21 所示的“页眉和页脚工具”活跃状态。然后，用鼠标左键单击 □ 奇偶页不同 选项区左侧的空白框按钮 □，使它变成 ☑。

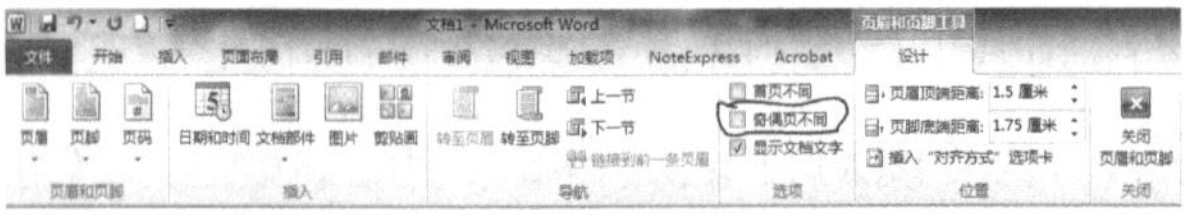

图 10-21

（2）在奇数页眉中输入学位论文模板要求的论文的章节号及名称，然后转到偶数页页眉区，输入模板中要求的“某某学校学士/硕士/博士论文”。

（3）将鼠标光标移动到该章的末尾处，在 Word 菜单栏中用鼠标左键单击 页面布局 按钮，Word 初始菜单栏变成“页面布局”工具栏活跃状态，具体如图 10-22 所示。用鼠标左键单击 分隔符 按钮，然后在弹出的对话框中选择分节符中的 下一页(N) 选项。

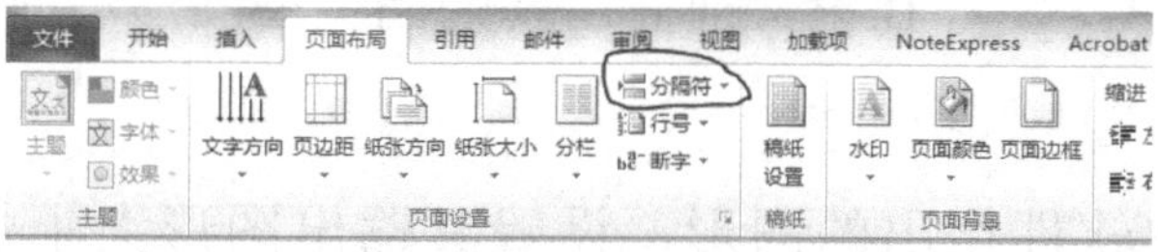

图 10-22

（4）用鼠标左键单击下一章奇数页页眉区使之转换成可编辑状态。此时，Word 菜单栏转换为“页眉和页脚”工具栏活跃状态。如图 10-23 所示。这时，需要注意，其中的 链接到前一条页眉 选项区为淡黄色。这表明后面一个章节中页眉设置及内容与前面一章完全一致。而一般毕业论文模板要求在不同章节页眉中的显示不同章节的名称。因此，需要用鼠标左键单击 链接到前一条页眉 选项区，使之转换成非活跃状态。

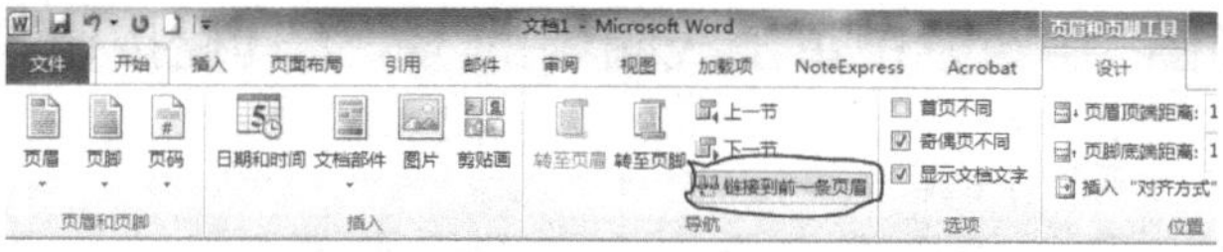

图 10-23 “页眉和页脚工具”菜单栏

（5）这样，就能在不同章节页眉中输入不同的章节名称，从而实现了本节标题所要求的奇、偶页页眉内容不同的效果。

10.6 如何调整图片及软件绘制图形的尺寸

在科技论文写作中，经常需要使用照片和各类图形。为了保证期刊的印刷质量，期刊通常会要求照片的分辨率最低为 300dpi，由各种软件绘制图形的分辨率最小为 1000dpi；在尺寸方面，通常只要求适合发表即可。学位论文在这两方面通常都没有明确的要求。

写作科技论文过程中，想要满足分辨率方面的要求相对容易。我们只需按要求设置图片或软件的图片的输出分辨率即可。对于图形的尺寸，表面上似乎可以随心所欲。事实上，无论是期刊论文的外审专家，还是学位论文的校内评审，他们对于科技论文中所使用图形的尺寸都有一个潜在的要求：即在论文前后出现的同类型图形尺寸应尽量一致，至少要保证宽度一致。

对于各种软件作出的图形，设置其输出图形大小的方式与所使用的软件有密切关系。在这里我们不予讨论。事实上，为了保证论文Word文件不至过大，许多研究者在用各种软件绘图后，会以“图片（增强型图元文件）”形式将绘制出的图形粘贴到Word文件中。此后，Word就会将此类图形存为图片。因此，在以下内容中，只介绍利用Word基本功能调整图片尺寸的方法。调整时，图片的目标宽度是6 cm。这是期刊论文在“双栏”页面排版模式下要求的图片宽度。

（1）移动鼠标光标到需要插入图片的位置，用鼠标左键在Word初始菜单栏（图10-24）中单击线圈中的 插入 工具栏按钮。

图10-24　Word初始菜单栏

（2）此时，Word的初始菜单栏变成“插入”菜单栏活跃状态，如图10-25所示。用鼠标左键单击其中的图片。

图10-25　“插入”菜单栏

（3）在弹出的“插入图片”窗口中选择需要插入的图片。注意，如果所需图片不在窗口示出的两个文件夹内，读者朋友们可以用鼠标左键单击窗口左侧所示计算机的各文件存储盘符，在其中找到目标图片。如图 10-26 所示。

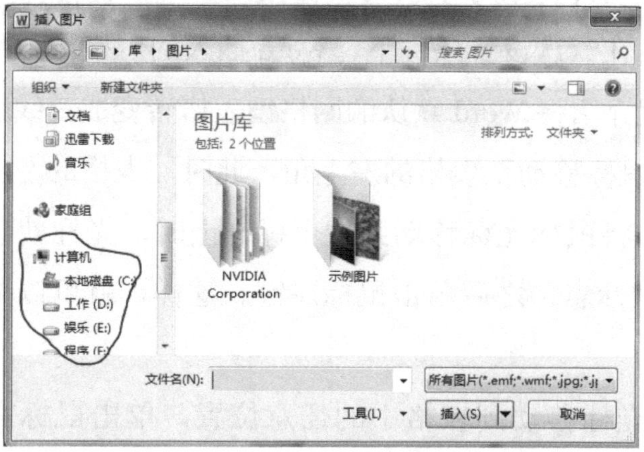

图 10-26　插入图片窗口

（4）找到并选择所需图片文件后，单击上面对话框中的 插入(S) 按钮后，所需图片文件就出现在刚才光标所处的位置上。

（5）假设现在图片的尺寸大于目标尺寸，为改变其尺寸，用鼠标左键双击刚插入的图片，这里 Word 初始菜单栏就会变成如图 10-27 所示的“图片工具”栏状态。在其中的“大小”选项区，用鼠标左键不断点击 宽度: 10.09 厘米 工具栏其右侧的三角按钮，使其中显示的数字下降到所需的尺寸，如上面所说的 6 cm 即可。

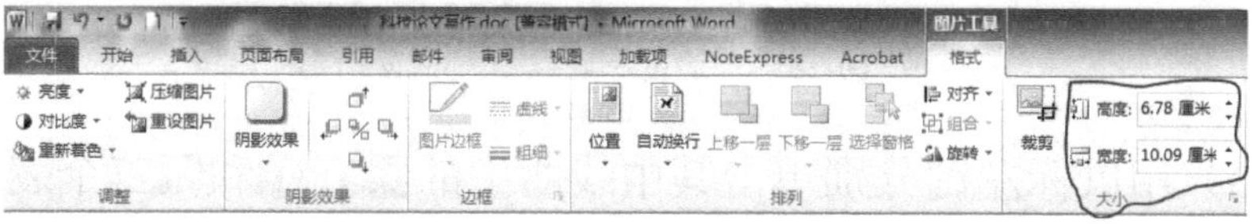

图 10-27　“图片工具”菜单栏

最后需要说明，为了保证调整前后的图片不变形，上述 Word“图片工具”菜单栏中默认保持图片纵横比不变。因此，图片宽度缩小到规定的 6 cm 后，相应图片的高度也会按比例缩小。

10.7 如何做三线表

目前，国内许多高等学校的学位论文撰写模板都明确规定使用三线表。然而，在默认设置条件下，Word 插入的表格均为传统的网格型表格。下面就介绍将 Word 默认的网格型表格转变成三线表的方法。

（1）将鼠标移动至表格的左上角，此时，表格的左上角就会出现一个标志。将鼠标光标移动到这个标志上时，光标就会变成无阴影的十字箭头型标志，之后单击鼠标左键。这样，就可以把表格的全部内容都选中。

（2）将光标移动到表格中的任意位置，单击鼠标右键；在随即弹出的对话窗口中，通过鼠标左键单击其中的 边框和底纹(B)... 区域来打开如下所示的“边框和底纹”对话窗口（图 10-28）。

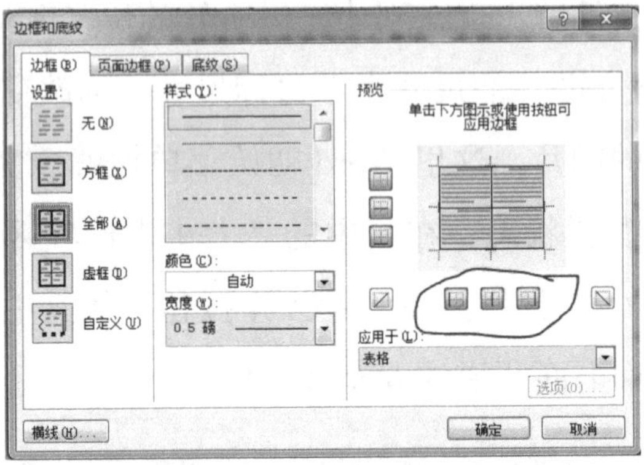

图 10-28 “边框和底纹”对话窗口

（3）用鼠标左键分别单击其中线圈中的、和三个表格竖线按钮后，以上三个按钮的颜色变成灰色，如图 10-29 所示的“边框和底纹”对话框中位于预览区域的表格中的所有竖线全部消失。然后，用鼠标左键单击该对话框右下角的 确定 按钮。这样就去除了表格中的全部竖线。

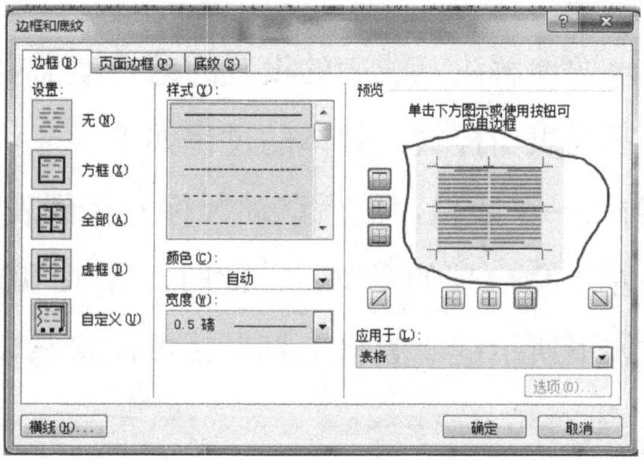

图 10-29　去除所有竖线后的“边框和底纹”对话窗口

（4）用鼠标选中表格中除第一行之外的所有行，拖动鼠标使光标移动到被选中区域内任意位置上，单击右键；在系统自动弹出的对话框中用左键单击 边框和底纹(B)... 区域，来打开如图 10-30 所示的对话框。

（5）拖动鼠标使光标移动到“边框与底纹”对话框中线圈中的按钮，用鼠标左键单击该按钮，其右侧模拟表格中间的横线消失；然后，用鼠标左键单击该对话框右下角中的 确定 按钮。这样，就将 Word 默认的网格型表格改成了三线表。

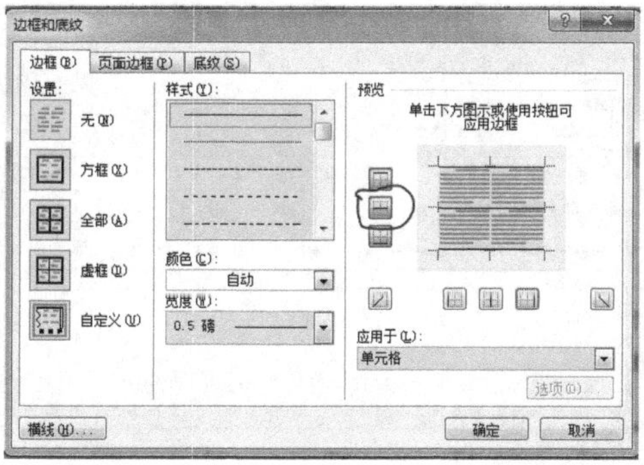

图 10-30　“边框和底纹”对话窗口

（6）重复与（4）类似的操作，将先前选中的第一行的上边界或最后一行的下边界设置成 1.5 磅。到此，就完成了将 Word 默认的网格型表格转化成所需的三线表。

如果想一劳永逸地解决三线表的设置问题，就需要利用 Word 的表格功能建立一个三线表新样式。具体的过程如下。

（1）随便插入一个表格，然后移动鼠标光标到表格左上角，用鼠标左键双击表格左上角出现的⊞符号，此时，Word 编辑区上方的初始菜单栏就会变成如下所示的“表格工具”菜单栏状态（图 10-31）。

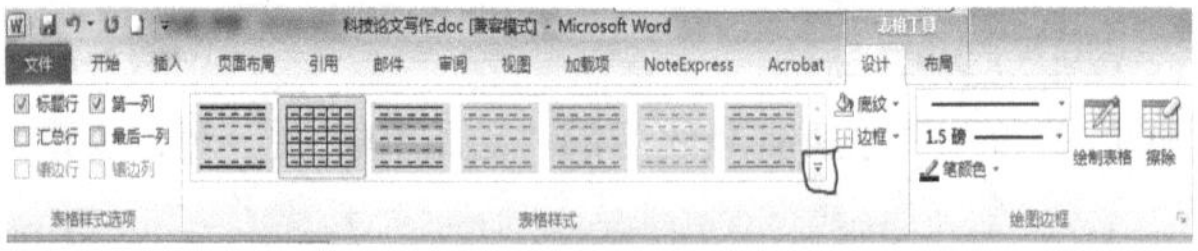

图 10-31　“表格工具”菜单栏

（2）用鼠标左键单击上图中“表格样式”选项区右下角线圈中的按钮，并在弹出窗口中，用鼠标左键单击 新建表样式(N)... 来选择新建一个表格样式。此时，系统会自动弹出“根据格式设置创建新样式”窗口；在其中靠上的“名称”对话框中输入要建立的表格类型“三线型”；通过鼠标左键单击来选择位于该对话窗口左下角的 基于该模板的新文档 选项；此后，该对话窗口如图 10-32 所示。

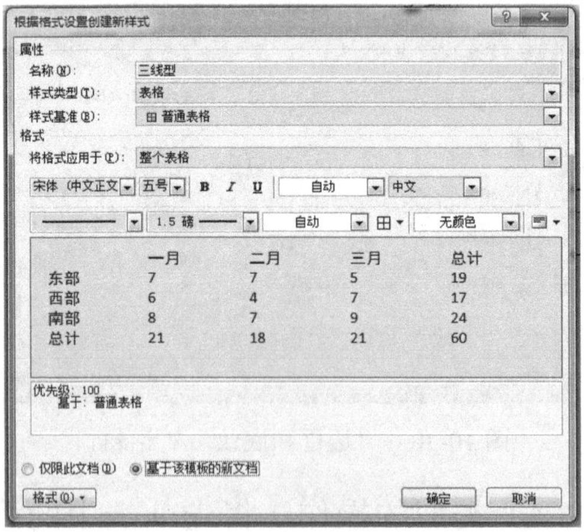

图 10-32　“根据格式设置创建新样式”窗口

（3）用鼠标左键单击“根据格式设置创建新样式”窗口左下角的格式(O)▾按钮。然后，在随即弹出的下拉菜单中用鼠标左键单击来选择其中的边框和底纹(B)...。系统继续弹出如图 10-33 所示的“边框和底纹”窗口；在其中“宽度”选项中选择 1.5 磅，然后，用鼠标左键单击窗口预览区左侧的按钮。这样，就将整个表格的下边线设置成 1.5 磅. 注意，此时该窗口右下角“应用于”选项区对话框中应显示为“表格”。

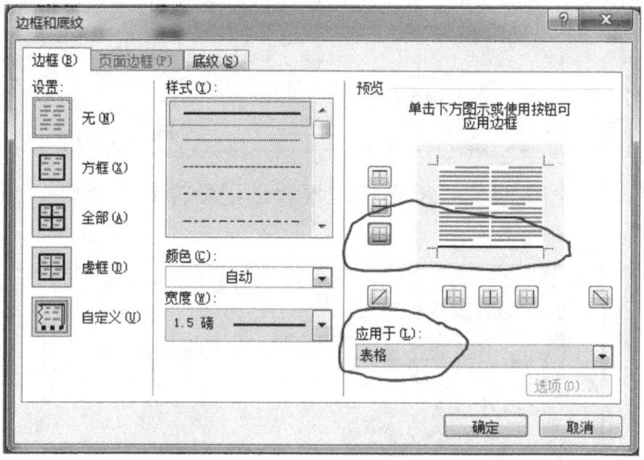

图 10-33　“边框和底纹”窗口

（4）用左键单击“边框与底纹”对话框 右下角的确定按钮来完成对新建表格下边线的设置，并返回“根据格式设置创建新样式”窗口。重复（1）和（2）操作，在弹出的“根据格式设置创建新样式”窗口中，用鼠标左键点击“将格式应用于”窗口右侧的▾按钮，并在弹出的下拉菜单中通过鼠标左键单击来选择“标题行”。原来的“根据格式设置创建新样式”窗口变成如图 10-34 所示。

（5）重复与步骤（3）类似的操作，将“边框与底纹”对话框（图 10-35）中的上边界设置成 1.5 磅，下边界设置成 0.5 磅；然后，用鼠标左键单击整个对话窗口右下角的确定按钮，上面插入的那个表格就会变成三线表。至此，“三线表”的自定义设置就完成了。

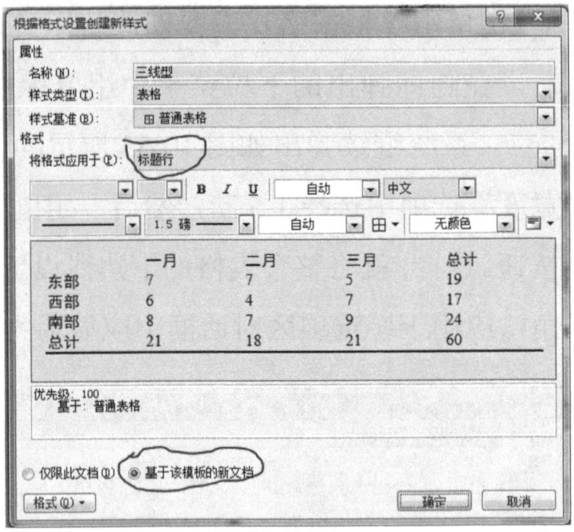

图 10-34 “根据格式设置创建新样式”窗口

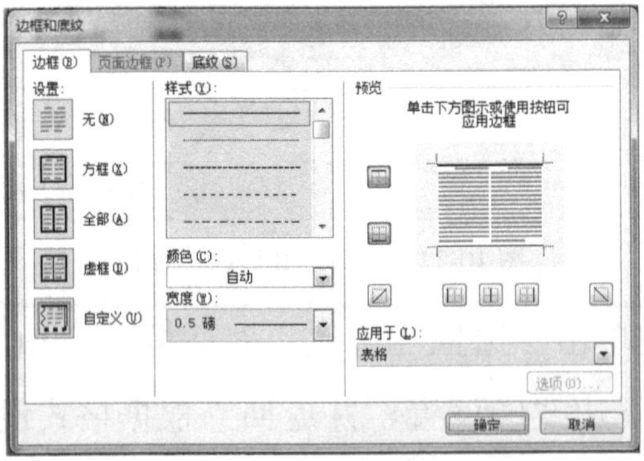

图 10-35 “边框和底纹”对话框

此后，我们再通过与步骤（1）、（2）类似的操作来改变表格样式时，在弹出的表格样式下拉菜单中，“三线型”样式就会出现在菜单最上方的“自定义”条目中。我们可以通过用鼠标左键单击它来将先前全部选中的表格“格式化”成三线表。

10.8 如何将论文中每一段的段首缩进对齐

汉语论文要求每段段首要缩进两个字符。许多朋友会通过将光标置于段首后，按四下空格键来形成所需的缩进。然而，当输入法在汉语和英语或在汉语状态下的全角和半角状态之间转换时，由按下空格（Space）键所形成的段首缩进量总是存在着微小的差别。这样，就会导致论文前后各段首缩进量不一致，最终降低论文整体的美观度。肯定有读者朋友们认为这点小问题不是问题。然而，根据笔者自己多年参加研究生学位论文的评审经验，确实有一些对论文排版要求严格的老师对此非常在意。因此，在撰写自己的论文时，最好避免出现这种缺陷。实质上，利用 Word 软件自带的标尺功能，可以非常方便地实现论文中每一段的段首都对齐。具体操作方法如下。

（1）在 Word 初始菜单栏中用鼠标左键单击视图标签区，这样 Word 初始菜单栏就会变成如图 10-36 所示的视图工具菜单栏状态。

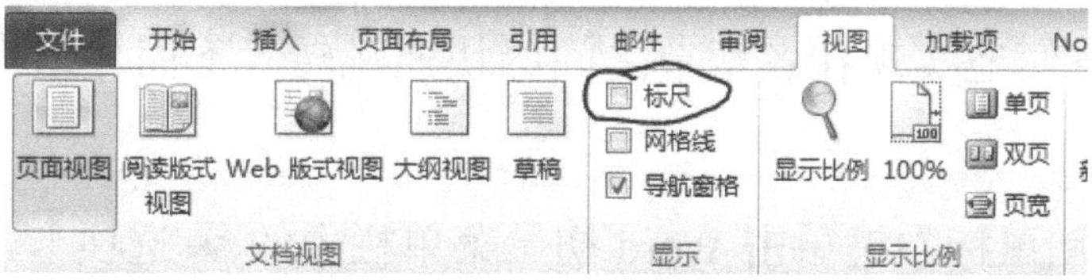

图 10-36　视图菜单栏

（2）用左键单击其中线圈中的标尺左侧的小方框，使其中出现一个小对钩，变成；此后，Word 的编辑区的左侧及上方就会出现如图 10-37 所示的标尺。

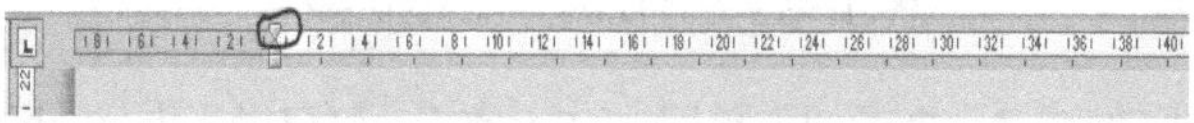

图 10-37　标尺工具栏

（3）如上图所示的线圈中有一个游标标志，将光标置于新段的段首后，用鼠标左键点住该标志不放；然后，向右拖动该游标到标尺上的“2”处后放开按住的左键。

通过以上三步，就可将新起段的段首设置成缩进两个字符。如果大家从写作之初就这样做，以后所有的段首缩进就不会再出现任何偏差。

10.9 科技论文写作过程可能需要的其他编辑小技巧汇总

Word 发展至今，功能已经非常强大。它为用户提供了非常多的小工具。对这些小工具的熟练使用，在这里称之为技巧，将极大提升读者朋友们编辑文件和写作的速度。

10.9.1 使用导航视图

为了让 Word 为我们自动生成目录，在本章第一小节中笔者曾建议读者朋友们使用“样式”中的标题 1、标题 2 和标题 3 来设置各章节标题。在此基础上，如果我们在写作和编辑过程中使用了导航视图，我们就可以非常方便地实现在各章节之间的快速跳转。下面介绍打开导航视图的方法。

（1）用鼠标左键单击 Word 初始菜单栏中的 视图 选项卡，菜单栏就会变成如图 10-38 所示的视图工具菜单栏状态。

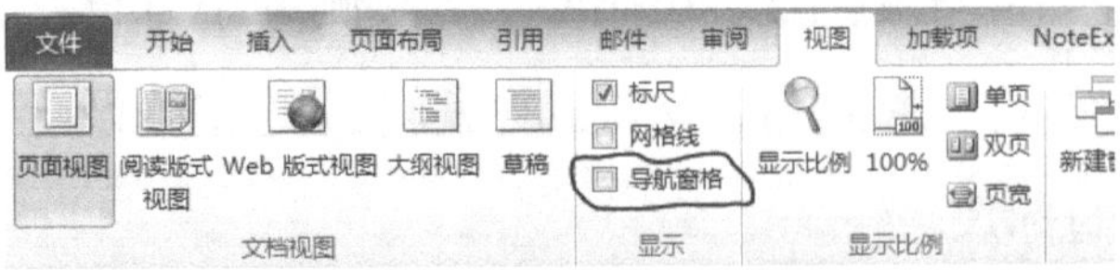

图 10-38 “视图”工具菜单栏

（2）通过鼠标左键单击“导航窗格”左侧的小方框后，让其中出现一个小对钩，变成 ☑ 导航窗格。

（3）此后，导航窗口就会出现在 Word 文字编辑区的左侧，显示的内容为先前用“标题 1”、“标题 2”和“标题 3”等格式设置的各章节标题，具体如图 10-39 所示。本例是笔者编辑本书时的导航窗格中的内容。用鼠标左键单击其中的任何一级标题，就可以立刻让光标直接转到该标题指示的章节中。

图 10-39　“导航”工具栏

（4）在导航窗口的上方还有一个 搜索文档 小方框。在其中输入我们想搜索的词组并按下回车键后，Word 就会自动在正在编辑的文档中搜索该词组，并将搜索结果在导航窗格和文档中用黄色的底色标识出来。这一功能在我们想查找同一类型的错误时特别有用。

10.9.2　巧用格式刷

在科技论文写作过程中，经常会碰到需要将一段文字设置成某种字体和字号后，还需要将另外几段文字设置成同样的字体和字号。如果按标准操作，我们需要多次用鼠标左键单击 Word 初始菜单栏（图 10-40）中的字体和字号对话框 宋体 小四 来选择相应的字体和字号以完成对多段文字格式的设置。

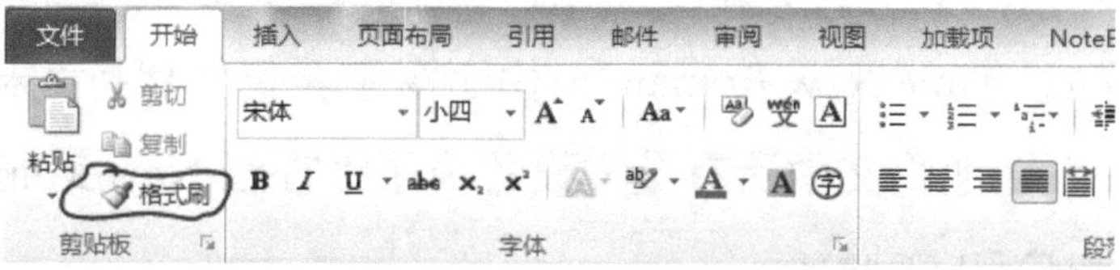

图 10-40　Word 初始菜单栏

如果我们需要将多处文字设置成上面的字体和字号，只需在完成第一处文字的设置后，将光标置于设置好的文字中，然后用鼠标左键双击如上所述的 格式刷 按钮，再用鼠标依次选中其他几处需要编辑的文字。这样，就可以将它们都设置成相同的字体和字号。

此后，如果想终止上述“格式刷”功能，只需按一下键盘左上角的 Esc 键。此后，Word 就会回到正常的编辑状态。

10.9.3　妙用 Ctrl 键

这个键最为重要的应用是快速地复制和粘贴。当我们用鼠标选择好想要复制的文字后，用另外一只手按住键盘上的 Ctrl 键，然后在选择好的文字上按下鼠标左键，移动鼠标，使光标移至目标位置后松开左键。这样就完成了所选择文字的复制和粘贴。

除了文字，我们也可以按类似方式快速复制和粘贴图形、照片或表格等内容。

10.9.4　善用组合键

1. Ctrl+A 组合键

其基本功能是选择所编辑文档中的所有内容。

这个功能在编辑中英文混排的文档（大部分的科技论文属于此类型）时特别有用。中英文混排的期刊论文中一般要求汉字为“宋体”，英文为“Time New Roman”。当使用的输入法设置不当时，输入的英文也可能为“宋体”。我们在论文写作过程中可不用理会这个问题。在写完了整个论文后，可以利用这个组合键选中全部内容，然后将所有文字设置成“Time New Roman”。由于汉字会仍然保持“宋体”不变，这样就可一次性地将文中所有英文设置成了“Time New Roman”字体。

2. Ctrl+C 和 Ctrl+V

这两组组合键的功能相当于 Word 初始菜单中的“复制”和“粘贴”。注意在每次粘贴后，在所粘贴的内容旁边会出现 (Ctrl) 标志。我们用鼠标左键单击该标志后会出现如图 10-41 所示的“粘贴选项”对话框。其中的三个小按钮的功能依次为“保留源格式”、与粘贴处的文字“合并格式”和“只保留文本”（图 10-41）。Word 默认的是第一种“保留源格式”。

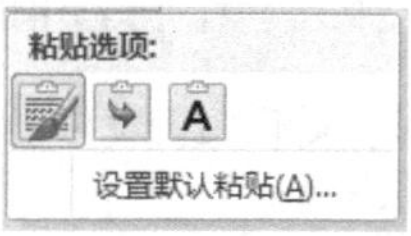

图 10-41　“粘贴选项”对话窗口

3. Ctrl+B、Ctrl+I、Ctrl+U

这三组组合键可分别将所选择的文字设置成“加粗”、“斜体”和“添加下划线”格式。

4. Ctrl+S

这个组合键的功能是保存处在编辑状态的文档。不知读者朋友们是否有过以下经历：在论文的写作过程中，由于突然停电（台式机用户的噩梦）、系统死机等原因，刚写的一大段内容没有保存。如果，Word 再次启动时，它替你恢复出了文档内容，那是万幸。但也不排除会有这样的情况，恢复的内容中没有刚键入的内容，或是整个 Word 文档都不能恢复。而且，在现实情况中，越是我们觉得重要的，恢复的概率越小。解决这一问题的办法就是完成一段内容的输入或编辑工作后，就同时按下这两个键，让系统保存正在编辑的文档。

经常使用这个组合键是所有科技论文作者都应有的好习惯。在这个习惯的基础上再进一步，就是要在文档编辑不同的时期保存不同的版本。我们经常会觉得先前的那个版本似乎更好。在此基础上再进一步，就是要在自己的电脑上保存自己的论文外，还要在其他的存储介质上保存。现在的移动硬盘、U 盘、云盘、光盘使用起来都很方便。正如一句俗语所述：“不要将鸡蛋放在一个篮子里！”

5. Shift+F5

当我们忘记了上次结束文档编辑时的位置时，这个组合键就可以发挥它的作用。在将 Word 文档打开后，同时按键盘上的这两个键可让光标自动回到上次关闭文件时文档的最后编辑位置。

6. Ctrl+Z

在论文写作过程中，如果想要取消自己刚才的几步操作，可以同时按键盘上的 Ctrl 键和 Z 键。每按一次，就可以取消一步在此之前的文字录入或编辑操作。系统默认的可取消先前操作的次数是 20 次。

10.10 小结

本章介绍的均是 Word 用户使用频率极高的小技巧。掌握和灵活应用这些技巧会大幅加快论文的撰写和编辑速度，是每个研究者都应具有的基本素质。希望不熟悉以上 Word 编辑技巧的朋友要根据上面的内容，多实践，争取做到举一反三。这是掌握这些技巧的唯一途径。除此之外，别无他法。

第 11 章　三种重点英语时态应用汇总

提示：一般现在时、一般过去时和现在完成时是英语科技论文中最常用的三种时态。它们在除标题、作者及单位、关键词和参考文献之外的科技论文的各部分主体内容中均有广泛应用，是撰写英语科技论文的重要基础。本章将汇总前面各章节中分散介绍的三种英语时态的结构和基本功能；在此基础上，补充以上三种英语时态在科技论文应用中的一些实例，以便于读者朋友们进一步理解、掌握这三种英语时态，为读者朋友在实际写作过程中提供参考。

英语科技论文写作涉及的语法现象的特殊之处不在于语法现象本身，而在于它们在论文中的特殊应用。一般现在时、一般过去时和现在完成时是英语科技论文使用频率最高的三种时态。前面介绍的各章节内容几乎都涉及了这三种时态的应用。本章将汇总分散于前面各章节之中的三种时态的基本结构和功能，并在此基础上进一步补充应用实例。希望能够通过本章的汇总与补充，为在这方面有需要的读者朋友提供一个相对集中的参考。这些具体应用在常见的英语语法书籍中基本都不会涉及。

在这里需要特别说明的是，本章在介绍上述语法现象基本功能时参考了“疯狂英语”的创始人——李阳在 2002 年编著的《突破语法》[8]。在此，特别予以感谢。所涉及的实例均选自英、美及澳大利亚等母语为英语的国家的研究者的论文。

11.1 一般现在时

1）基本功能

用来表示人或事现在的状态，也可以用来表示一直存在的事实和状态等，如普遍存在的真理。

2）基本结构

主语+动词+宾语及（或）其他辅助成分，主语为第三人称单数时，谓语动词需用第三人称单数形式。

3）应用

（1）在摘要及引言的第一句话中用一般现在时来解释说明标题包含的重要关键词或交代研究的背景。

例1 Planetary ball mills ***<u>are</u>*** well known and used for particle size reduction on laboratory and pilot scales for decades while during the last few years the application of planetary ball mills has extended to mechanochemical approaches.[34]

例2 Grinding ***<u>is</u>*** one of the most important unit operations due to the need for size reduction in chemical，pharmaceutical and food industries.[34]

例3 The formation of powders from multi-elemental oxides for the subsequent formation of a green and sintered compact body ***<u>is</u>*** a major processing operation in the manufacture of ZnO varistors. The physical and chemical properties of the metal oxides ***<u>are</u>*** crucial not only for the formation of a varistor component with optimum microstructure and thus electrical characteristics but also for avoiding the introduction of flaws and reduced yield during subsequent manufacturing stages.[35]

（2）在摘要中介绍研究过程、研究内容、结果及结论等内容。这样做可能是由于作者认为相关内容具有强烈的普适价值，也可能是由于作者想给读者造成一种实时讲述的效果。读者在将来任何时候拿起论文阅读相关内容时，可以感觉到就像是文章的作者正在给自己做介绍。

例　This paper ***investigates*** the fundamental operation and mechanism of conduction occurring within metal-insulator varistors （MIVs）. MIVs based on micron-sized spherical metal particles coated with nanometer-thick Al_2O_3，SiO_2，and BN films ***are*** investigated and discussed. MIV functionality ***is*** found to be dependent on the non-Ohmic operation of the thin electrically insulating films separating adjacent conductive metal particles within the high-density varistor particle matrix. Several experimental results ***suggest*** that the breakdown and conduction behavior ***are*** strongly dominated by Fowler–Nordheim tunneling and ***can*** be accurately modeled by a simple tunneling expression. The exceptional electrical properties exhibited by MIVs ***suggest*** a strong potential for use in the suppression of fast rise-time transients.[36]

（3）在引言中阐述研究现状，目的在于突显研究领域对所述研究事实的认可和接受程度，即是当今的研究热点。同时，也意在说明作者自己的研究是业界急需的。此外，作者通过这种方式也可以向读者传达以下潜台词：已有热点研究给我（作者）的研究奠定了良好的基础；我采用了热点研究中的通行研究方法作研究是可信的；研究结果是有应用前景的、是有意义的。

例 1　Modern scanning probe microscopy based techniques （for example electrostatic or piezoresponse force microscopy） ***allow*** to study electric properties of ferroelectric and piezoelectric materials on the nanometre scale.2 [24]

例 2　Varistors with inhomogeneous microstructure ***can*** cause a large spread in current–voltage characteristics due to high local currents and this leads to the degradation of the varistor during electrical operation（Gupta，1990；Duranet al.，2001）.[35]

（4）在研究方法部分叙述那些已经被所涉及领域普遍接受的研究方法、实验流程。这是证明自己研究方案合理可行的重要支撑材料。

例 ALD（atomic layer deposition）***is*** a coating process which is capable of depositing thin films with high precision and ***is*** generally carried out at pressures of < 1 Torr. ALD ***relies*** on exposures of two or more reactive precursors，similar to its predecessor，chemical vapor deposition（CVD），except that ALD ***utilizes*** an inert gas purge between exposures to minimize gas-phase precursor interactions. Prevention of gas-phase reactions ***forces*** the precursor to react at the substrate surface and ***results*** in films that are conformal，nongranular，and free of pinholes.[36]

（5）与前面在摘要中的应用类似，在结果中，如果作者认为自己的研究结果在文章中展示的很清楚，无论读者以后在什么时候看文章，对于其中的研究过程、研究内容、结果及结论等都可以即刻呈现在脑海时，就可以采用一般现在时来描述上述内容。

例1 Typical transient responses for each of the MIVs fabricated for this investigation ***are*** shown in Fig. 4.[36]

例2 The overall electrical characteristics for each of the three MIV compositions tested ***are*** summarized in Table 1.[36]

（6）在讨论及结论中叙述自己认为普适性较强的研究结果和意义。

例 The available data ***suggest*** that when the MIV is operating under normal，nontransient conditions，the individual metal-ALD（atomic layer deposition）-metal junctions throughout the matrix ***behave*** as insulators.[36]

11.2　一般过去时

1）基本功能

用来表示过去发生的事情、存在的事物。

2）基本结构

主语 + 动词过去式 + 宾语或其他辅助成分。

3）应用

（1）在摘要及实验方法中叙述自己采用了什么研究方法、研究了什么内容。采用过去式描述这一部分的原因不但是因为这些事情发生在过去，而且也向读者说明所描述的工作是作者自己做过的。

例 1　The effect of vibratory milling using cylindrical zirconia media on the physical and chemical properties of the mixed multi-elemental oxide additives of a commercial ZnO varistor formulation ***<u>was</u>*** studied. [35]

例 2　A series of zinc oxide based varistors containing 0.5 wt% Bi_2O_3 and 0.5 wt% Mn_2O_3 ***<u>was</u>*** prepared by a conventional mixed oxide route and sintered at temperatures between 950℃ and 1300℃. [20]

（2）在摘要、结果及结论中叙述自己的研究结果。注意，这里除了因为结果获得的时间在论文写作之前之外，还可能是因为作者认为自己的结果可能仅限于自己研究之中，其普适性不是很强。

例 1　All samples ***<u>showed</u>*** varistor behaviour，although as the sintering temperature was increased from 950℃ to 1300℃ the non-linearity coefficient，α，***<u>decreased</u>*** from 22 to 3. Deep level transient spectroscopy of the varistors showed that the main active electron trap ***<u>migrated</u>*** to shallower levels within the band gap as the sintering temperature increased. At the lowest sintering temperature，where α attained the highest values，a second，shallower trap ***was*** also activated.[20]

例2 Two peaks，indicating two active traps，***were*** found in the spectra from the sample sintered at 950 ℃（Fig. 3a），whereas only a single peak ***was*** observed in the samples sintered at 1100℃（Fig. 3b） and 1300℃（Fig. 3c）.[20]

（3）在引言中叙述同行成果。注意，使用过去时叙述同行已有工作主要是由于这些工作完成于论文写作之前，但也有可能暗含着作者认为该成果普适性不太强。

例1 For example，Fan and Freer ［8］***studied*** the effects of silver and aluminium doping in varistors sintered at 1180℃.[20]

例2 Jeong et al.（1997）***illustrated*** the importance of media wear in addition to particle size on nano-composites.[35]

11.3 现在完成时

1）基本功能

用来表示已经发生的事情、始于过去且一直持续到现在的事态和一些习惯性动作或状态。

2）基本结构

主动语态：主语 +have（has）+ 动词过去分词 + 其他辅助成分；被动语态：主语 +have（has）+been+ 动词过去分词 + 其他辅助成分。

3）应用

（1）在引言中强调某研究领域源自过去、到现在一直持续和活跃的状态。其重点是强调相关研究在目前的持续、活跃状态。实质上，作者是想从另外一个侧面说明自己在这样一个历久弥新的领域从事的研究也是有意义的。因此，现在完成时就成为在引言中突显自己研究有意义的一种方法。

例1　With respect to local measurements of conductive properties, points contacts 3，4 as well as scanning surface potential microscopy[5] ***have been*** applied.[24]

例2　Deep level transient spectroscopy （DLTS） is an experimental technique that ***has*** long ***been used*** to characterize trap states in semiconductors ［7］ and ***has*** also ***been applied*** in numerous studies to investigate zinc oxide based systems，including varistors ［8–14］.[20]

例3　Most DLTS studies of varistors to date ***have focused*** on linking the energy and density of traps to variations in the levels of specific dopants in order to understand their origin and effect.[20]

（2）在引言中，在综述研究现状的基础上提出研究中存在的问题。由于一般现在完成时强调的重点在于所描述事实持续到目前的状态，因此，这里就突显出了现存研究问题真的是需要解决的。

例　However，this assumption ***has not been confirmed*** by any analysis despite its importance in applications.[37]

（3）结果开始部分或中间引入新问题时重申研究中存在的问题。

例1　The effects of these structural and symmetrical differences on the formation of the potential barrier ***have not been elucidated***.[37]

例2　The reason for the decrease in the potential barrier height due to higher Pr segregation ***has not yet been explained***.[37]

（4）在结果中引述他人研究成果，重点强调这个成果在所涉及领域普遍为人接受。

例1　Several studies on $BaTiO_3$-based PTCRs have been conducted[12, 13] from the viewpoint of the dependence of barrier formation on symmetry；[37]

例 2　Hayashi et al.[14] ***have reported*** that the PTCR property depends on the grain-boundary characteristics and the coherent $\sum 3$ twin boundary does not exhibit a PTCR. [37]

（5）在讨论开始部分中总结自己文章所涉及的重要研究成果。

例　We ***have found*** that the MIV breakdown and conduction region behavior were consistent with FN tunneling. [36]

11.4　小结

从理论上掌握一般现在时、一般过去时及现在完成时这三种英语科技论文常用时态的基本功能、基本结构对于每一位读者朋友们均不是难事。然而，能根据自己研究的实际情况将这三种时态具体应用到自己的英文论文的创作中却并非易事。它不但涉及上述的三种时态的基本功能与结构，而且还需要读者朋友们能够准确评价自己的研究和结果。此外，还需要读者朋友们掌握足够的专业词汇，多读英语文献，多加练习。最后，读者朋友们还要坚信自己能够写好英语论文，并能够持之以恒。

参 考 文 献

［1］Lindsay D. Scientific writing = thinking in words［M］. Collingwood：CSIRO Publishing，2011.

［2］Ahmad J. Stylistic Features of Scientific English：A Study of Scientific Research Articles［J］. English Language and Literature Studies，2012，2（1）：47-55.

［3］徐祖耀．马氏体相变研究的进展（一）［J］. 上海金属，2003，25（03）：1-8.

［4］刘宗昌，王海燕，任慧平．再评马氏体相变的切变学说［J］. 内蒙古科技大学学报，2009，28（02）：99-104.

［5］刘宗昌，李雪峰，计云萍，等．珠光体、贝氏体、马氏体等概念的形成和发展［J］. 金属热处理，2013，（02）：15-20.

［6］Flowerdew J. Problems in writing for scholarly publication in English：The case of Hong Kong［J］. Journal of Second Language Writing，1999，8（3）：243-264.

［7］Woods G. English Grammar For Dummies［M］. 2nd ed. St. Hoboken：Wiley Publishing，Inc.，2010.

［8］李阳．突破语法［M］. 1. 广州：广东世界图书出版公司，2002.

［9］Gilbert I，Freer R. Donor and acceptor doping of zinc oxide varistors［J］. Journal of Physics Condensed Matter，2002，14（4）：945-954.

［10］Glasman-Deal H. Science research writing for non-native speakers of English［M］. London：Imperial College Press，2010.

［11］Kirkman J. Good Style-writing for science and technology［M］.

2nd ed. Oxon：Routledge，2005.

［12］Minay E J，Boccaccini A R，Veronesi P，et al. Processing of novel glass matrix composites by microwave heating［J］. Journal of Materials Processing Technology，2004，155：1749-1755.

［13］Mahmoud M M. Crystallization of lithium disilicate glass using variable frequency microwave processing［D］. Virginia Polytechnic Institute and State University，2007.

［14］Thridandapan R R. The effect of microwave energy on sintering［D］. Virginia Polytechnic Institute and State University Materials Science and Engineering，2011.

［15］CHUNG S，KIM I，KANG S L. Strong nonlinear current–voltage behaviour in perovskite-derivative calcium copper titanate［J］. Nature Materials，2004，3：774-778.

［16］Srikant V，Clarke D R. On the optical band gap of zinc oxide［J］. Journal of Applied Physics，1998，83（10）：5447-5452.

［17］Cargill M，O' Connor P. Writing scientific research articles：strategy and steps［M］. Oxford：Blackwell Pub，2009.

［18］Johnson J，Weber R，Grimsditch M. Thermal and mechanical properties of rare earth aluminate and low-silica aluminosilicate optical glasses［J］. Journal of Non-crystalline Solids，2005，351（8-9）：650-655.

［19］Donald I W，McMillan P W. The influence of internal stresses on the mechanical behaviour of glass-ceramic composites［J］. Journal of Materials Science，1977，2（2）：290-298.

［20］Leach C，Vernon-Parry K. The effect of sintering temperature on the development of grain boundary traps in zinc oxide based varistors［J］.

Journal of Materials Science，2006，41（12）：3815.

［21］Roether J A，Daniel D J，Rani D A，et al. Properties of sintered glass-ceramics prepared from plasma vitrified air pollution control residues［J］. Journal of Hazardous Materials，2010，173：563-569.

［22］Evans A，Rupp J L M，Gauckler L J. Crystallisation of Foturan®glass–ceramics［J］. Journal of the European Ceramic Society，2012，32（1）：203-210.

［23］Harrington R，Miles G C，West A R. Crystal chemistry of Co-doped $Zn_7Sb_2O_{12}$［J］. Journal of Solid State Chemistry，2008，181（2）：334-339.

［24］Schloffer M，Teichert C，Supancic P，et al. Electrical characterization of ZnO multilayer varistors on the nanometre scale with conductive atomic force microscopy［J］. Journal of the European Ceramic Society，2010，30（7）：1761-1764.

［25］Miles G C，West A R. Polymorphism and thermodynamic stability of Zn7Sb2O12［J］. Journal of The American Ceramic Society，2005，88（2）：396-398.

［26］Hynes A P，Doremus R H，Siegel R W. Sintering and characterization of nanophse zinc oxide［J］. Journal of the American Ceramic Society，2002，85（8）：1979-1987.

［27］Donald I W，Metcalfe B L，Gerrard L A. Interfacial reactions in glass–Ceramic-to-Metal seals［J］. Journal of the American Ceramic Society，2008，91（3）：715-720.

［28］Mayrhofer P H，Mitterer C，Hultman L，et al. Microstructural design of hard coatings［J］. Progress in Materials Science，2006，51（8）：1032-1114.

[29] Leach C，Freer R，Azough F，et al. Direct observation of the barrier structure of a praseodymium-doped grain boundary in a zinc oxide bicrystal by charge collection microscopy [J]. Interface Science，2000，8（2）：141-146.

[30]南策文. 非线性ZnO陶瓷的导电理论（Ⅰ）导电模型理论[J]. 物理学报，1986，（5）：623-632.

[31] 成鹏飞，李盛涛，李建英. ZnO压敏陶瓷介电损耗的温度谱研究 [J]. 物理学报，2009，（8）：5721-5725.

[32] Hartley J. Academic Writing and Publishing-A Practical Handbook [M]. Oxon：Routledge，2008.

[33] Zhang H，Tatsuya Watanabe，Okumura M，et al. Catalytically highly active top gold atom on palladium nanocluster [J]. Nature Materials，2012，11：49-52.

[34] Burmeister C F，Kwade A. Process engineering with planetary ball mills [J]. Chemical Society Reviews，2013.

[35] Kelleher M C，Hashmi M S J. The effect of vibratory milling on the powder properties of zinc oxide varistors [J]. Journal of Materials Processing Technology 10th International Conference on Advances in Materials and Processing Technologies - AMPT 2007，2008，201（1-3）：645-650.

[36] Weimer M A，Weimer A W，Park W. Theory of conduction in ultrafast metal-insulator varistors [J]. Journal of Applied Physics，2008，（104）：114516-114523.

[37] Hirose S，Nishita K，Niimi H. Influence of distribution of additives on electrical potential barrier at grain boundaries in ZnO-based multilayered chip varistor [J]. Journal of Applied Physics，2006，100：83706.

附　　录

附录一：科技论文写作主要参考步骤汇总

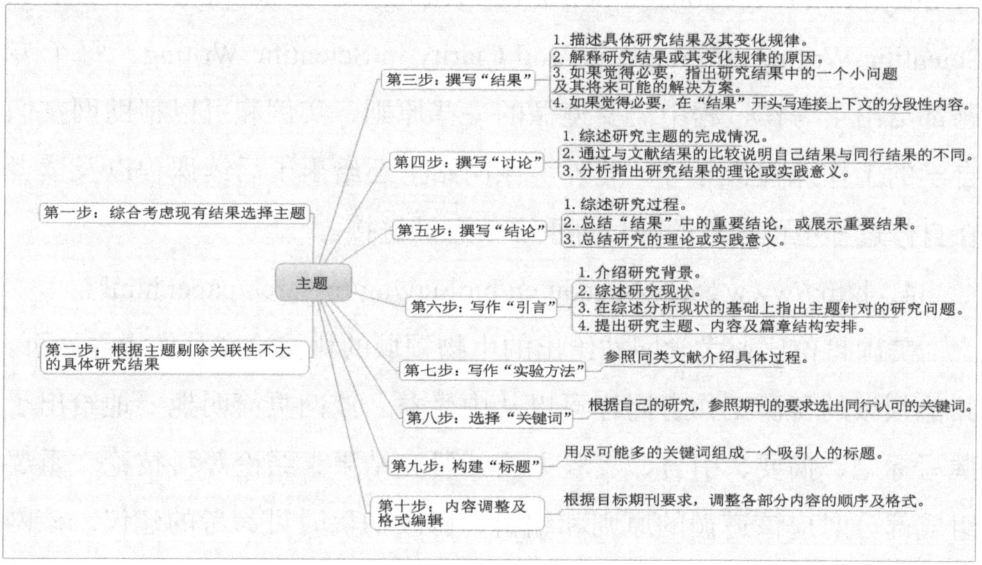

附录二：科技论文写作相关网站简介

1．http://www.jcu.edu.au/tldinfo/writingskills/essay/

James Cook 大学开设的科技论文写作指导网站，从引言、论文修改注意事项、论文结构、范方和评价等几个不同的侧面模块化介绍科技论文写作方面的所应有的思路、策略和所应掌握的方法。

2．http://www.lc.unsw.edu.au/onlib/Essay.html

澳大利亚新南威尔士大学学习中心网站上的科技论文写作指导网站，从写作基础（The Basics）、开始写作（Starting the essay）、主题研究（Researching the topic）、构思（Organising your ideas）、写作（Writing the essay）、标注参考文献（Referencing the essay）和编辑（Editing the essay）等不同的方面来介绍科技论文写作。

3．https://cgi.duke.edu/web/sciwriting/

这是美国知名的杜克大学研究生院专门以科技论文写作指导为主要目建立的一个专门网站。该网站主页上列出的三个讨论专题分别为 Subject and A ctions in Scientific Writing；Cohesion and Emphasis in Scientific Writing 和 Simplicity and Clarity in Scientific Writing。每个专题都给出了写作过程中需要遵循的一些原则、实例和可以帮助网友们自学的工作课程指导等。此外，该网站上还给出了后续课程以及读者在自修过程中可参考的书目等重要信息的链接。

4．http://www.columbia.edu/cu/biology/ug/research/paper.html

美国哥伦比亚大学网站给出的生物领域的科技论文写作指导网页。其他领域的科研工作者同样可以从中受益。该网页简明扼要地给出了撰写标题、摘要、引言、实验方法、研究结果、结论等科技论文重要组成部分时应该遵循的原则和编辑、修改初稿时可参考的建议。该网页的最后一部分给出了五本生物领域科技论文写作可参考的书目的简介。其中前三本是该领域科技论文写作指导的专用书籍，后两本 *How to Write and Publish a Scientific Paper* 和 *The Elements of Style* 却是可以惠及所有领域的科技论文写作的指导书。

5．http://www.bates.edu/biology/student-resources/resources/

成立于 1885 年、位于美国缅因州刘易斯顿的贝茨学院（Bates College）的网上资源的网址。虽然是一所私立文理学院，但其在网上给出了与科技论文写作及发表相关的基础理论、评审应对、海报制作方面的好建议。这里需要说明，制作该网站的最主要目的还是宣传该学院及与科技论文写作相关的课程。

6．http://www.phrasebank.manchester.ac.uk/index.htm

成立于 1824 年的英国曼彻斯特大学建立的科技论文写作句型库网站。使用完全免费。为方便读者的查询与使用，该网站将科技论文写作过程常用句型分成 Introducing Work（研究背景介绍）、Referring to the Literature（描述研究现状）、Being Critical（分析并指出问题）、Describing Methods（描述研究方法）、Reporting Results（叙述结果）、Discussing Findings（结果讨论）、Writing Conclusions（结论总结）和 General Functions（一般常用句型）八类。读者朋友们可以把这个网址存储在自己常用浏览器的“收藏夹”中，在需要的时候随时参考。读者朋友们经过若干篇文章的写作后，这些句型就会逐渐转化成你自己的宝贵财富。

此外，该网站还将 *Inside Track to Successful Academic Writing* 一书的作者 Andy Gillett 创建的科技论文写作教学网站 Using English for Academic Purposes: A Guide for International Students、多伦多大学创建的 Advice on Academic Writing 网站、普渡大学建立的 Purdue Online Writing Lab 和香港大学的 Academic Writer 等网站的网址收录于其中的 Useful links（有益链接）中。读者朋友们可以根据自己的需求进入相应网站学习。